Study on Rural Tourism under the Conversion of New and Old Driving Forces
—— Based on Research in Shandong Province

新旧动能转换下乡村旅游研究

基于山东省的调研

李涛 著

·北京·

图书在版编目（CIP）数据

新旧动能转换下乡村旅游研究：基于山东省的调研／李涛著．－－北京：中国经济出版社，2020.12（2023.9 重印）
ISBN 978-7-5136-6409-7

Ⅰ.①新… Ⅱ.①李… Ⅲ.①乡村旅游－旅游业发展－研究－山东 Ⅳ.①F592.752

中国版本图书馆 CIP 数据核字（2020）第 247462 号

责任编辑　杨元丽
责任印制　巢新强
封面设计　任燕飞设计

出版发行	中国经济出版社
印 刷 者	北京建宏印刷有限公司
经 销 者	各地新华书店
开　　本	710mm×1000mm　1/16
印　　张	17.25
字　　数	240 千字
版　　次	2020 年 12 月第 1 版
印　　次	2023 年 9 月第 2 次
定　　价	78.00 元

广告经营许可证　京西工商广字第 8179 号

中国经济出版社 网址 www.economyph.com 社址 北京市东城区安定门外大街 58 号 邮编 100011
本版图书如存在印装质量问题，请与本社销售中心联系调换（联系电话：010－57512564）

版权所有　盗版必究（举报电话：010－57512600）
国家版权局反盗版举报中心（举报电话：12390）　　服务热线：010－57512564

自序

乡村旅游是乡村振兴和新旧动能转换的巨大助力，推动乡村旅游的高质量发展顺应了中国经济发展趋势，符合我国经济社会长远发展的战略指引。在乡村旅游快速发展过程中，乡村旅游的发展为乡村地区注入了新的产业活力，但也显现出生态环境保护不力、乡村旅游竞争力不足、产业发展不均衡等一系列问题。

本书依托山东省社会科学规划研究项目旅游发展研究专项"新旧动能转化背景下乡村旅游竞争力研究"，山东省软科学研究计划一般项目"新旧动能转化背景下山东旅游经济与生态环境协调发展的决策分析研究"，山东省教育厅高等学校科研发展计划A项目"山东省旅游与生态环境协调发展的评价与相关性研究"，潍坊科技学院哲学社会科学基金项目（2018WKRQZ004-2）"乡村振兴时代寿光休闲农业旅游对农民影响的研究"和潍坊科技学院农圣文化研究中心、乡村文化与旅游研究中心，以乡村旅游为研究对象，采用文献研究法、问卷调查法、访谈法、实证研究法、数学建模法等研究方法，梳理新旧动能转换、可持续发展、旅游环境、文化旅游、生态环境、因子分析、模糊数学、灰色预测等理论，整理2004—2018年山东省GDP、山东省旅游收入、山东省乡村旅游收入及相关影响因素的数据，运用GM（1，1）模型对乡村旅游收入进行预测，运用因子分析模型对乡村旅游农民的影响进行分析，进而分析了新旧动能转换背景下山东省乡村旅游发展现状，构建了新旧动能转换背景下山东省乡村旅游竞争力的评价指标体系，建立了新旧动能转换背景下山东省乡村旅游竞争力的评价模型，并借助调查问卷和搜集的数据进行实证分析，找出当前山东省乡村旅游发展中存在的实际问题，进而为山东省乡村旅游的发展提出建议与对策。

李 涛

2020年2月于潍坊科技学院

目录

第一章　绪　论 ··· 1
　　第一节　研究背景 ··· 2
　　第二节　政策解读 ··· 6
　　第三节　研究思路 ·· 16
　　第四节　研究意义 ·· 20

第二章　文献综述 ·· 23
　　第一节　关于新旧动能的研究 ····································· 23
　　第二节　关于乡村旅游的研究 ····································· 24
　　第三节　关于旅游竞争力的研究 ··································· 28
　　第四节　关于旅游经济的研究 ····································· 31
　　第五节　关于生态环境的相关研究 ································· 33
　　第六节　关于旅游经济与生态环境协调发展的研究 ··············· 37
　　第七节　研究动态及述评 ··· 40

第三章　理论基础 ·· 41
　　第一节　新旧动能转换 ·· 41
　　第二节　可持续发展 ·· 45
　　第三节　旅游环境 ·· 47

第四节　旅游经济学 …………………………………………… 49
　　第五节　文化旅游 ……………………………………………… 51
　　第六节　数学模型理论 ………………………………………… 53
　　第七节　概念界定 ……………………………………………… 64

第四章　山东省旅游经济与生态环境协调发展分析 ………… 69
　　第一节　旅游经济与生态环境协调发展影响因素分析 ……… 69
　　第二节　山东省旅游经济与生态环境协调发展现状调查 …… 72
　　第三节　旅游经济与生态环境协调评价指标体系 …………… 90
　　第四节　山东省旅游经济与生态环境协调发展的评价 ……… 92

第五章　山东省乡村旅游竞争力的理论分析 ………………… 102
　　第一节　新旧动能转换背景下山东省乡村旅游收入分析 …… 102
　　第二节　新旧动能转换背景下山东省乡村旅游对农民的影响 …… 113
　　第三节　山东省乡村旅游竞争力评价的必要性和紧迫性 …… 125

第六章　山东省乡村旅游影响因素分析 ……………………… 128
　　第一节　山东省乡村旅游的现状分析 ………………………… 128
　　第二节　山东省乡村旅游的环境分析 ………………………… 137
　　第三节　山东省乡村旅游的发展分析 ………………………… 139

第七章　新旧动能转换背景下乡村旅游竞争力的评价 …… 145
　　第一节　新旧动能转换背景下乡村旅游竞争力的评价指标 … 145
　　第二节　新旧动能转换背景下乡村旅游竞争力的评价模型 … 161
　　第三节　新旧动能转换背景下乡村旅游竞争力评价的实证分析
　　　　　　………………………………………………………… 170

第八章 山东省乡村旅游发展的建议与对策 …………… 201
第一节 山东省乡村旅游发展存在问题及原因分析 ………… 201
第二节 山东省乡村旅游发展的建议与对策 ………………… 208

附 件 ………………………………………………………… 226
附件一：关于寿光市旅游与生态环境协调发展的调查问卷 … 226
附件二：关于山东省旅游经济与生态环境协调发展影响因素的调查 ………………………………………………………… 229
附件三：关于山东省旅游经济与生态环境协调发展评价指标权重的调查问卷 ……………………………………………… 233
附件四：关于乡村旅游对农民影响的调查问卷 ……………… 236
附件五：附件四调查问卷 SPSS 处理结果 …………………… 241
附件六：关于新旧动能转换背景下乡村旅游竞争力评价指标权重的调查问卷 ……………………………………………… 244
附件七：关于新旧动能转换背景下潍坊市乡村旅游竞争力的调查 ………………………………………………………… 248
附件八：关于新旧动能转换背景下山东省乡村旅游竞争力的调查 ………………………………………………………… 252

参考文献 ……………………………………………………… 256
索 引 ………………………………………………………… 263
后 记 ………………………………………………………… 265

第一章 绪 论

《山东新旧动能转换综合试验区建设总体方案》是党的十九大后国务院批复的首个区域性国家发展战略,是全国第一个新旧动能转换区域发展。山东新旧动能转换综合试验区位于山东省境内,包括济南、青岛和烟台3个主要城市,14个设区市的国家和省级经济技术开发区、高新技术产业开发区以及海关特殊监管区域,形成"三核引领、多点突破、融合互动"的新旧动能转换总体布局。国务院于2018年01月10日正式批复《山东新旧动能转换综合试验区建设总体方案》(国函〔2018〕1号),同意设立山东新旧动能转换综合试验区,总体要求为:坚持新发展理念,坚持质量第一、效益优先,以供给侧结构性改革为主线,以新技术、新产业、新业态、新模式为核心,以知识、技术、信息、数据等新生产要素为支撑,促进产业智慧化、智慧产业化、跨界融合化、品牌高端化。建设践行新发展理念的高地、推进供给侧结构性改革的高地、对接国家发展战略的高地、承接南北转型发展的高地。建成全国重要的新经济发展聚集地和东北亚地区极具活力的增长极,为促进全国新旧动能转换、建设现代化经济体系作出积极贡献。

新旧动能转换是一个理论问题,也是一个实践问题,在研究过程中既存在机遇又存在挑战。中国经济经历了40多年的快速增长期后已经进入新常态,培育新动能、实现新旧动能转换是把握和引领新常态的要求,是落实新发展理念的要求,是中国实现跨越中等收入阶段的内在要求。同时,培育新动能必须处理好前沿技术创新和传统产业升级的关系，必须处理好技术创新与商业模式创新的关系，必须处理好市场与政府的关系。总之，培育新动能要求理论、理念及相关政策手段、体制机制等都必须创新。

第一节 研究背景

当前，中国经济处在经济转型、产业升级、结构调整的重要阶段，急需新动能的培育，从而实现新旧能动的转换。黄少安（2017）认为，所谓的旧动能就是拉动中国经济的人力资源和自然资源投入、大量中低端产品的出口和大量房地产投资、改革，也就是说，改革是原来经济发展的最大的、最本源的动能，而新动能指的是改革开放和体制创新、技术创新、产业结构转化和产业升级。旅游是综合性产业，是拉动经济增长和经济发展的新动力，是山东省经济和社会发展的新动能。

同时，生态环境是人类生存生活的基础，是社会发展的前提，是国家发展的根本，它制约着国家经济的发展。近些年，随着经济的快速发展，经济与生态环境之间的矛盾日趋严重。生态环境的可持续发展问题已经成为社会各界关注的热点问题，各省市已经将生态环境的可持续发展作为社会经济发展的目标。旅游经济是社会经济的重要组成部分，山东省是旅游大省，在旅游业飞速发展带动经济发展的同时也给生态环境带来了巨大压力，其资源依托、环境消耗的产业特征比较明显，在新旧动能转化背景的当下，关于旅游经济与生态环境协调发展的决策分析、乡村旅游竞争力的评价模型等成为研究和讨论的热点问题。

当前全国都在进行新旧动能转换研究，对于集人口大省、经济大省、旅游大省于一身的山东省来说，全国新旧动能转换，山东应该走在前面。从国家层面的战略布局来看，山东省地理位置比较尴尬，南未纳入长三角，西未纳入京津冀，北未纳入东北计划，身处战略洼地。山东省蓝色经济区建设没有达到预定目标，黄三角经济区建设也没法与珠三角、长三角相比。因此，在国家制定新战略布局的契机下，山东省必须抓住机遇，举起新旗，完成新旧动能转换。而新旧动能转换必须在"创造新供给"上下功夫，由此旅游业就显得相当重要。

山东省地处中国东部沿海，因居太行山以东而得名，是环渤海经济圈的重要成员，位于黄河下游京杭大运河中北段，境内有青岛、烟台、威海、日照等港口城市，海陆交通方便。同时，山东省境内有山有水有人，其自然旅游资源和人文旅游资源丰富，有曲阜、泰山等传统旅游胜地，还重点开发了两带六区："山水圣人"、"黄金海岸带"、齐文化旅游区、民俗旅游区、水浒旅游区、沂蒙山旅游区、黄河口旅游区、古运河——微山湖旅游区。山东省丰富的旅游资源促进了旅游业的飞快发展，属于中国旅游业发达的省份。《山东旅游年鉴》（2018）显示，2017年，山东省的GDP为72678.2亿元，旅游总收入为9200.3亿元，其中，乡村旅游消费2549亿元，同比增长15.9%。截至2017年底，山东省基本建成威海、临沂、泰安等6个环城市游憩带，烟台市长岛县、日照市东港区等10多个集群化发展的县（市、区），安丘市柘山镇等30多个集群化发展的乡镇，形成仙境海岸、齐长城，以及黄河、运河沿岸等乡村旅游产业连绵带，建成的旅游强乡镇达527家、特色村1180个、精品采摘园921个、农业旅游示范点1098个。

在旅游带动经济发展的同时，山东省旅游业的持续发展面临重大问题——生态环境问题。当前，山东省的经济仍以传统化石燃料为主要能源的重工业为主，产业调整任重道远，生态环境的威胁正持续加大。同时，旅游业的发展对生态环境也有较为明显的影响。20世纪60年代末，全球生态环境危机凸显，人类环保意识觉醒，生态环境问题成为国际社会备受关注的问题，进而相关专家提出了生态环境的"可持续发展"理念，为旅游与生态环境的协调发展指明了道路。旅游与生态环境的协调性在旅游地的持续发展中具有举足轻重的地位，两者在社会经济发展过程中有着非常密切的联系。旅游业的发展使地方在经济收入增加的同时往往忽略对环境的影响，从而造成旅游资源的破坏，进而造成旅游与生态的失衡。旅游资源是旅游地吸引游客的根源，保持良好的生态环境是旅游业赖以生存和发展的根本。

2018年中央一号文件提出：提升农业发展质量，培育乡村发展新动能；推进乡村绿色发展，打造人与自然和谐共生发展新格局；繁荣兴盛农村文化，焕发乡风文明新气象；加强农村基层基础工作，构建乡村治理新体系；提高农村民生保障水平，塑造美丽乡村新风貌；打好精准脱贫攻坚战，增强贫困群众获得感；推进体制机制创新，强化乡村振兴制度性供给；汇聚全社会力量，强化乡村振兴人才支撑；开拓投融资渠道，强化乡村振兴投入保障。这为乡村旅游的发展和新旧动能的转换提供了便利条件。

那为什么要大力发展乡村旅游呢？简单总结如下：

（1）乡村旅游的发展可以提高农民的收入，促进新农村建设。

发展乡村旅游，能够使农业生产实现物化产品和精神产品双重增值，有效增加农业经营性收入；能够延长农业产业链条，扩大就业容量，有效增加农民工资性收入；能够把农家庭院变成市民休闲的"农家乐园"和可住可租的旅店，有效增加农民的财产性收入；能够把农业产区变成居民亲近自然、享受田园风光的景区，保障农民收入"四季不断"；能够改善农村基础设施和公共服务，美化村貌、绿化道路、净化环境，营造良好的休闲氛围；能够提高乡村的文化内涵，提升乡风文明水平，让乡村更加美丽，推动新农村建设。

（2）乡村旅游有效推动城乡统筹发展。

近年来，在乡村旅游发展好的地方，均出现了外出务工人员回流的高潮，农村的人气和资源要素开始从城市回流，农村"三留守""空心村"等问题得到缓解；大批城里的工商资本投入农业和农村改造，资金聚集效应明显，先进生产技术和管理技术得到广泛应用；乡村的路、电、水、气等公共设施都得到较大改善，城市的基础设施和公共服务正在快速地向农村延伸，消费支出由城市向农村流动；长期以来，难以启动的国内消费正在被充分激发，资金、人才等现代要素主要由农村向城市单向流动的格局正在快速而悄无声息地发生改变。可以看出，发展乡村旅游能够有效推动城乡统筹发展。

（3）乡村旅游的发展能够推动现代农业的快速发展。

发展乡村旅游，能够开拓农业的新功能，如休闲观光、生态保护、文化传承、健身养生、采摘体验等，可以满足城市居民走进自然、走进农户、体验农趣、增强科普的需求，能够调动改善农业基础设施、转变经营方式、保护生态环境的积极性。

（4）乡村旅游可以推动现代旅游业的进程，加速旅游业转型发展。

在人们思维转换的当下，城市居民的收入稳步提升，其消费方式也在发生转变，今后很长一段时期，乡村旅游将持续处在快速发展阶段。由于城市人居环境、生活工作压力等诸多因素的影响，市民远离市区喧嚣，到乡村望蓝天白云、看碧水清波、吸清新空气、品特色美食的愿望日趋强烈，乡村旅游逐渐被人们作为休闲娱乐的首选。

（5）乡村旅游是现代农业和旅游业产业融合发展的独特载体。

乡村旅游高度体现了现代农业和现代旅游业产业融合的理念，每一个经营业主既可生产原生态的农产品，也可将其做成味道鲜美的可携带的商品，同时商品具有简单、可品尝、可观赏特点，因此每一个经营业主不仅是新形势、新业态下的农产品经营主体，还是中小农产品加工企业。他们以服务游客乡村休闲娱乐为目的，将农产品生产、加工和娱乐观光服务结合在一起，实现现代农业和现代旅游业的高度融合、相互促进，推动现代农业和现代旅游业的快速发展。

乡村旅游是现代休闲农业旅游发展的重要依托，两者不可分割。因此，要推进旅游业发展，必须同时高度重视和支持乡村旅游发展。本书以乡村旅游竞争力为研究对象，梳理并总结国内外相关研究，结合新旧动能转换理论、可持续发展理论、旅游经济理论、模糊理论及灰色理论，对新旧动能转换背景下乡村旅游竞争力的机理进行分析，构建新旧动能转换背景下乡村旅游竞争力的评价指标体系；以山东省2008—2017年10年的数据为研究基础，构建模糊数学评价模型，分析山东省乡村旅游发展现状，为山东省乡村旅游的发展提出合理建议和对策。

第二节 政策解读

一、国家政策解读

中国在改革开放之初，将农村、农业、农民问题作为国家的"重中之重"，中共中央更是从1982年到1986年连续出台以"三农"为主题的中央一号文件，对当时的农村改革和农业发展作出具体部署。之后多年，中央一号文件没有以"三农"为重点进行部署，直到2004年，中央一号文件才重新回归"三农"问题，一直到2018年，中央一号文件都涉及"三农"问题。

1. 《全国农村工作会议纪要》

1982年1月，中央一号文件《全国农村工作会议纪要》发布，解决的是联产承包制的性质问题。该文件是国家的首个关于农村、农业和农民问题的中央一号文件，对即将推行的农村改革进行了部署和总结。文件中指明包产到户、包干到户或大包干不同于合作化以前的小私有的个体经济，而是社会主义农业经济的组成部分，指出它们都是社会主义生产责任制，为农村改革指明方向。

2. 《当前农村经济政策的若干问题》

1983年1月，中央一号文件《当前农村经济政策的若干问题》发布，解决的是家庭联产承包责任制问题。文件中指出，家庭联产承包责任制是在党的领导下中国农民的伟大创造，是马克思主义农业合作化理论在我国实践中的新发展。

3.《关于一九八四年农村工作的通知》

1984年1月,中央一号文件《关于一九八四年农村工作的通知》发布。文件中指出,要继续稳定和完善联产承包责任制,规定土地承包的期限一般应在15年以上,生产周期长的项目和开发性项目,承包期应当更长一些。

4.《关于进一步活跃农村经济的十项政策》

1985年1月,中央一号文件《关于进一步活跃农村经济的十项政策》发布。文件取消了30年来农副产品统购派购的制度,对粮、棉等少数重要产品采取国家计划合同收购的新政策。

5.《关于一九八六年农村工作的部署》

1986年1月,中央一号文件《关于一九八六年农村工作的部署》发布。文件肯定了农村改革的方针政策是正确的,必须继续贯彻执行。

6.《中共中央 国务院关于促进农民增加收入若干政策的意见》

2004年1月,中央一号文件《中共中央 国务院关于促进农民增加收入若干政策的意见》发布。文件主要针对全国农民人均纯收入连续增长缓慢的情况进行部署。

7.《中共中央 国务院关于进一步加强农村工作提高农业综合生产能力若干政策的意见》

2005年1月,中央一号文件《中共中央 国务院关于进一步加强农村工作提高农业综合生产能力若干政策的意见》发布。文件要求,坚持"多予少取放活"的方针,稳定、完善和强化各项支农政策,并在当前和今后的一个时期,要把加强农业基础设施建设,加快农业科技进步,提高农业综合生产能力,作为一项重大而紧迫的战略任务,切实抓紧抓好。

8.《中共中央 国务院关于推进社会主义新农村建设的若干意见》

2006年2月,中央一号文件《中共中央 国务院关于推进社会主义新农村建设的若干意见》发布。文件指出,中共十六届五中全会提出的社会主义新农村建设的重大历史任务将迈出有力的一步。

9.《中共中央 国务院关于积极发展现代农业扎实推进社会主义新农村建设的若干意见》

2007年1月，中央一号文件《中共中央 国务院关于积极发展现代农业扎实推进社会主义新农村建设的若干意见》发布。文件中指出，发展现代农业是社会主义新农村建设的首要任务，要用现代物质条件装备农业，用现代科学技术改造农业，用现代产业体系提升农业，用现代经营形式推进农业，用现代发展理念引领农业，用培养新型农民发展农业，提高农业水利化、机械化和信息化水平，提高土地产出率、资源利用率和农业劳动生产率，提高农业素质、效益和竞争力。

10.《中共中央 国务院关于切实加强农业基础建设进一步促进农业发展农民增收的若干意见》

2008年1月，中央一号文件《中共中央 国务院关于切实加强农业基础建设进一步促进农业发展农民增收的若干意见》发布。文件中要求：加快构建强化农业基础的长效机制；切实保障主要农产品基本供给；突出抓好农业基础设施建设；着力强化农业科技和服务体系基本支撑；逐步提高农村基本公共服务水平；稳定完善农村基本经营制度和深化农村改革；扎实推进农村基层组织建设；加强和改善党对"三农"工作的领导。

11.《中共中央 国务院关于2009年促进农业稳定发展农民持续增收的若干意见》

2009年2月，中央一号文件《中共中央 国务院关于2009年促进农业稳定发展农民持续增收的若干意见》发布。文件中指出，做好2009年农业农村工作，具有特殊重要的意义。文件要求：扩大国内需求，最大潜力在农村；实现经济平稳较快发展，基础支撑在农业；保障和改善民生，重点难点在农民。

12.《中共中央 国务院关于加大统筹城乡发展力度进一步夯实农业农村发展基础的若干意见》

2010年1月,中央一号文件《中共中央 国务院关于加大统筹城乡发展力度进一步夯实农业农村发展基础的若干意见》发布。文件在保持政策连续性、稳定性的基础上,进一步完善、强化"三农"工作的好政策,提出了一系列新的重大原则和措施。文件要求:对"三农"投入首次强调"总量持续增加、比例稳步提高",这一要求不仅确保"三农"资金投入的总量,更确定了比例要稳步提高。扩大了马铃薯良种补贴范围,新增了青稞良种补贴,实施花生良种补贴试点,把林业、牧业和抗旱、节水机械设备首次纳入补贴范围。首次提出要在3年内消除基础金融服务空白乡镇;拓展了农业发展银行支农领域,政策性资金将有更大的"三农"舞台。大幅度提高家电下乡产品的最高限价,允许各地根据实际增选一个品种纳入补贴范围,补贴对象也扩大到国有农林场区职工。增加产粮大县奖励补助资金,提高产粮大县人均财力水平,这将有利于提高我国800个产粮大县的种粮积极性,维护我国粮食安全。

13.《中共中央 国务院关于加快水利改革发展的决定》

2011年1月,中央一号文件《中共中央 国务院关于加快水利改革发展的决定》发布。该文件是新中国成立以来在国家层面上首次对水利工作进行的全面部署。文件中强调,水利是现代农业建设不可或缺的首要条件,是经济社会发展不可替代的基础支撑,是生态环境改善不可分割的保障系统,具有很强的公益性、基础性、战略性。文件中提出,力争今后10年全社会水利年平均投入比2010年高出一倍,要不断加大公共财政对水利的投入,发挥政府在水利建设中的主导作用,将水利作为公共财政投入的重点领域。

14.《关于加快推进农业科技创新持续增强农产品供给保障能力的若干意见》

2012年2月,中央一号文件《关于加快推进农业科技创新持续增强农产品供给保障能力的若干意见》发布。文件突出强调部署农业科技创新,把推进农业科技创新作为"三农"工作的重点。

15.《中共中央 国务院关于加快发展现代农业,进一步增强农村发展活力的若干意见》

2013年1月,中央一号文件《中共中央 国务院关于加快发展现代农业,进一步增强农村发展活力的若干意见》发布。文件要求:始终把解决好农业农村农民问题作为全党工作重中之重,把城乡发展一体化作为解决"三农"问题的根本途径;必须统筹协调,促进工业化、信息化、城镇化、农业现代化同步发展,着力强化现代农业基础支撑,深入推进社会主义新农村建设。

16.《关于全面深化农村改革加快推进农业现代化的若干意见》

2014年1月,中央一号文件《关于全面深化农村改革加快推进农业现代化的若干意见》发布。文件要求:完善国家粮食安全保障体系;强化农业支持保护制度;建立农业可持续发展长效机制;深化农村土地制度改革;构建新型农业经营体系;加快农村金融制度创新;健全城乡发展一体化体制机制;改善乡村治理机制。

17.《关于加大改革创新力度加快农业现代化建设的若干意见》

2015年2月,中央一号文件《关于加大改革创新力度加快农业现代化建设的若干意见》发布。文件要求:围绕建设现代农业,加快转变农业发展方式;围绕促进农民增收,加大惠农政策力度;围绕城乡发展一体化,深入推进新农村建设;围绕增添农村发展活力,全面深化农村改革;围绕做好"三农"工作,加强农村法治建设。

18.《关于落实发展新理念加快农业现代化实现全面小康目标的若干意见》

2016年1月,中央一号文件《关于落实发展新理念加快农业现代化实现全面小康目标的若干意见》发布。文件要求:持续夯实现代农业基础,提高农业质量效益和竞争力;加强资源保护和生态修复,推动农业绿色发展；推进农村产业融合，促进农民收入持续较快增长；推动城乡协调发展，提高新农村建设水平；深入推进农村改革，增强农村发展内生动力；加强和改善党对"三农"工作指导。

19.《中共中央 国务院关于深入推进农业供给侧结构性改革加快培育农业农村发展新动能的若干意见》

2017年2月，中央一号文件《中共中央 国务院关于深入推进农业供给侧结构性改革加快培育农业农村发展新动能的若干意见》发布。文件要求：优化产品产业结构，着力推进农业提质增效；推行绿色生产方式，增强农业可持续发展能力；壮大新产业新业态，拓展农业产业链价值链；强化科技创新驱动，引领现代农业加快发展；补齐农业农村短板，夯实农村共享发展基础；加大农村改革力度，激活农业农村内生发展动力。

20.《关于实施乡村振兴战略的意见》

2018年2月，中央一号文件《关于实施乡村振兴战略的意见》发布。文件要求：提升农业发展质量，培育乡村发展新动能；推进乡村绿色发展，打造人与自然和谐共生发展新格局；繁荣兴盛农村文化，焕发乡风文明新气象；加强农村基层基础工作，构建乡村治理新体系；提高农村民生保障水平，塑造美丽乡村新风貌；打好精准脱贫攻坚战，增强贫困群众获得感；推进体制机制创新，强化乡村振兴制度性供给；汇聚全社会力量，强化乡村振兴人才支撑；开拓投融资渠道，强化乡村振兴投入保障等内容。

21.《中共中央 国务院关于坚持农业农村优先发展做好"三农"工作的若干意见》

2019年2月，中央一号文件《中共中央 国务院关于坚持农业农村优先发展做好"三农"工作的若干意见》发布。文件要求：大力发展休闲农业和乡村旅游。依托农村绿水青山、田园风光、乡土文化等资源，大力发展休闲度假、旅游观光、养生养老、创意农业、农耕体验、乡村手工艺等，使之成为繁荣农村、富裕农民的新兴支柱产业。强化规划引导，采取以奖代补、先建后补、财政贴息、设立产业投资基金等方式扶持休闲农业与乡村旅游业发展，着力改善休闲旅游重点村进村道路、宽带、停车场、厕所、垃圾污水处理等基础服务设施。积极扶持农民发展休闲旅游业合作社。引导和支持社会资本开发农民参与度高、受益面广的休闲旅游项目。加强乡村生态环境和文化遗存保护，发展具有历史记忆、地域特点、民族风情的特色小镇，建设一村一品、一村一景、一村一韵的魅力村庄和宜游宜养的森林景区。依据各地具体条件，有规划地开发休闲农庄、乡村酒店、特色民宿、自驾露营、户外运动等乡村休闲度假产品。实施休闲农业和乡村旅游提升工程、振兴中国传统手工艺计划。开展农业文化遗产普查与保护。支持有条件的地方通过盘活农村闲置房屋、集体建设用地、"四荒地"、可用林场和水面等资产资源发展休闲农业和乡村旅游。将休闲农业和乡村旅游项目建设用地纳入土地利用总体规划和年度计划合理安排。

综合21年的中央一号文件可以看出，国家非常重视"三农"问题，特别是从2015年开始，中央一号文件专门涉及乡村旅游。具体如下：2015年的中央一号文件首次提及要推进农村一、二、三产业融合发展，提出要积极开发农业多种功能，挖掘乡村生态休闲、旅游观光、文化教育价值，扶持建设一批具有历史、地域、民族特点的特色景观旅游村镇，打造形式多样、特色鲜明的乡村旅游休闲产品。2016年的中央一号文件强调大力发展休闲农业和乡村旅游，指出依托农村绿水青山、田园风光、乡土文化等资源，大力发展休闲度假、旅游观光、养生养老、创意农业、农耕体验、乡村手工艺等，使之成为繁荣农村、富裕农民的新兴支柱产业。2017年的中央一号文件指明乡村旅游六大发展方向：一是更产业——优化农业产业结构，推进"乡村旅游后备厢工程"；二是更绿色——推行绿色生产方式，放大生态环境吸引力价值；三是更多元——壮大新业态，释放产业链条旅游价值；四是更科技——

引领创新驱动,拓展科普、研学旅游场域空间;五是更共享——补齐乡村发展短板,营造高品质旅游环境;六是更活力——加大改革力度激活乡村旅游内生发展动力。2018年的中央一号文件主题是乡村振兴,在产业兴旺中明确要求"实施休闲农业和乡村旅游精品工程,建设一批设施完备、功能多样的休闲观光园区、森林人家、康养基地、乡村民谣、特色小镇"。文件明确规定,"加快发展森林草原旅游、河湖湿地观光、冰雪海上运动、野生动物驯养观赏等产业,积极开发观光农业、游憩休闲、健康养生、生态教育等服务,创建一批特色生态旅游示范村镇和精品路线,打造绿色生态环保的乡村生态旅游产业链"。2019年的中央一号文件要求大力发展休闲农业和乡村旅游,依托农村绿水青山、田园风光、乡土文化等资源,大力发展休闲度假、旅游观光、养生养老、创意农业、农耕体验、乡村手工艺等,使之成为繁荣农村、富裕农民的新兴支柱产业;积极扶持农民发展休闲旅游业合作社;引导和支持社会资本开发农民参与度高、受益面广的休闲旅游项目;加强乡村生态环境和文化遗存保护,发展具有历史记忆、地域特点、民族风情的特色小镇,建设一村一品、一村一景、一村一韵的魅力村庄和宜游宜养的森林景区;依据各地具体条件,有规划地开发休闲农庄、乡村酒店、特色民宿、自驾露营、户外运动等乡村休闲度假产品;实施休闲农业和乡村旅游提升工程、振兴中国传统手工艺计划;支持有条件的地方通过盘活农村闲置房屋、集体建设用地、"四荒地"、可用林场和水面等资产资源发展休闲农业和乡村旅游;将休闲农业和乡村旅游项目建设用地纳入土地利用总体规划和年度计划合理安排。

  由此可见,中央越来越重视乡村旅游在"三农"发展中的作用。从战略和全局高度来看,大力发展乡村旅游是非常必要的,因此要加强对乡村旅游竞争力的研究。

二、部委政策解读

2018年10月，国家发展改革委、财政部、生态环境部、人力资源和社会保障部、交通运输部、自然资源部、农业农村部、住房城乡建设部、文化和旅游部、国家卫生健康委、中国人民银行、国家市场监管总局、银保监会共十三个部门联合印发了《促进乡村旅游发展提质升级行动方案（2018—2020年）》，从多个方面提出具体要求，促进乡村旅游发展提质扩容。文件要求：补齐乡村旅游道路和停车设施建设短板；推进垃圾和污水治理等农村人居环境整治；建立健全住宿餐饮等乡村旅游产品和服务标准；鼓励引导社会资本参与乡村旅游发展建设；加大对乡村旅游发展的配套政策支持。

三、山东省政策解读

2011年3月，山东省人民政府印发《山东省乡村旅游业振兴规划（2011—2015年）》（鲁政发〔2011〕8号文件），其目的是为加快山东省乡村旅游业的全面振兴，拓展农业发展功能，最大限度地增加农民收入。

2013年8月，山东省人民政府印发《山东省人民政府关于提升旅游业综合竞争力加快建成旅游强省的意见》（鲁政发〔2013〕16号文件），要求把乡村旅游摆上重要位置，顺应大众旅游休闲消费的新趋势，把乡村旅游作为旅游经济新的增长点，认清乡村旅游在增加农民收入、改善农村环境、推进新型城镇化中的重要作用，坚持农民为主体，创新经营组织模式，加大政策扶持力度，推动乡村旅游业快速发展。

2014年11月，山东省人民政府发布《关于贯彻落实国发〔2014〕31号文件促进旅游业改革发展的实施意见》（鲁政发〔2014〕21号），要求推进乡村旅游提质增效，加快实施县域乡村旅游规划，按照保持田园风光、完善服务设施、美化村落庭院、传承优秀文化原则，开展特色景观旅游名镇、名村和乡村旅游示范单位创建活动。

2017年5月，山东省人民政府办公厅印发《山东省乡村旅游提档升级工作方案》（鲁政办字〔2017〕84号文件），目的是贯彻落实省委、省政府关于加快旅游强省建设的部署要求，充分发挥乡村旅游在新旧动能转换工作中的重要作用，进一步调整优化农业产业结构，扩大农民就业，促进农民增收，传承优秀传统文化，促进新农村建设，满足人民群众日益增长的旅游需求，加快乡村旅游提档升级。

2018年2月，山东省人民政府印发《山东省新全域旅游发展总体规划》（鲁政发〔2018〕7号文件），提出发展精品旅游产业，丰富旅游新产品新业态。要深入实施"旅游+"战略，推动旅游与工业、农业、生态、文化、教育、体育、医疗等产业融合渗透，加快旅游服务和产品创新，延伸提升旅游产业链、价值链。

2018年3月，山东省人民政府印发《山东省全域旅游发展总体规划》（鲁政发〔2018〕56号文件）。文件中指出，到2022年，山东省年接待国内外游客将突破11亿人次，旅游休闲产业增加值超过8000亿元，对就业和税收的综合贡献率超过10%，省内居民年人均出游次数达到6次，全省旅游实现治理规范化、发展全域化、供给品质化、参与全民化、效应最大化，创建成为国家全域旅游示范区；到2025年，"好客山东"品牌知名度显著提升，成为世界著名旅游目的地品牌，旅游消费总额持续强劲增长，旅游业战略性支柱产业地位进一步彰显，在现代化强省建设中发挥更加突出的作用。在乡村旅游方面，规划要求最大程度发展高品质的乡村旅游，展示乡村生活、艺术、文化和传统，传承乡村文化遗产、再现乡村生活、促进乡村脱贫，提高游客体验度，让地方社区实现经济和社会效益双丰收。

第三节 研究思路

一、基本思路

当前,通过农旅融合转换乡村发展动能、优化旅游产品结构、引导生产要素均衡配置、完善旅游配套服务,全面提升产业发展质量与综合效益,是突破乡村旅游发展瓶颈、激活乡村产业新动能的当务之急,是实现乡村振兴的重要途径。本书以应用研究为主,坚持理论与实际相结合的原则,站在乡村旅游发展全局的角度,从山东省乡村旅游的实际出发,选取带有全局性、前瞻性、长远性、战略性的重要问题开展系统的研究。本书在研究的区域范围上,主要以山东省17地市(2019年初莱芜市划到济南市,山东省变为16地市)为研究对象。在研究的时间范围上,主要是使用数据的时间集中在2007—2018年12年。本书采取文献研究和实证分析相结合、调查和统计相结合、定性分析和定量分析相结合、理论研究与实验探索相结合、综合研究与专题研究相结合的技术路线,开展持续深入的调查和研究。

二、研究方法

本书以应用研究为主,紧密结合我国乡村旅游发展的方针政策,从山东省乡村旅游发展的实际出发,运用经济管理学、应用统计学、社会学、运筹学等学科的相关知识和方法,采用文献研究、调查分析、案例研究、比较研究、数学建模、数理统计、实证分析等多种方法,对山东省乡村旅游进行了系统且深入的研究。

1. 文献研究法

文献研究法就是根据研究问题进行参考文献的搜集、鉴别、整理,梳理有用的内容,确定问题的研究方向、研究方法以及研究过程,使得研究问题更加科学化。文献资料是开展相关研究的基础资源。本书注重收集与整理文献资料和相关政策文件，对1982年以来的中央一号文件尤其是涉及"三农"问题的方针政策进行了全面梳理，整理了近几年部委和山东省关于乡村旅游的政策文件，见表1-1。

表1-1 梳理政策文件情况

文件名称	时间	发布单位
中央一号文件	1982—1986年 2004—2019年	国务院
促进乡村旅游发展提质升级行动方案 （2018—2020年）	2018年	国家发展改革委、财政部、生态环境部、人力资源和社会保障部、交通运输部、自然资源部、农业农村部、住房城乡建设部、文化和旅游部、国家卫生健康委、中国人民银行、国家市场监管总局、银保监会共十三个部门联合发布
山东省乡村旅游业振兴规划 （2011—2015年）	2011年	山东省人民政府
山东省人民政府关于提升旅游业综合竞争力加快建成旅游强省的意见	2013年	山东省人民政府
关于贯彻落实国发〔2014〕31号文件促进旅游业改革发展的实施意见	2014年	山东省人民政府
山东省乡村旅游提档升级工作方案	2017年	山东省人民政府办公厅
山东省新全域旅游发展总体规划	2018年	山东省人民政府

2. 调查分析法

采用实地调查、网络调查和问卷调查的方法，对寿光市旅游与生态环境协调发展情况、山东省旅游与生态环境协调发展情况、山东省旅游经济与生态环境协调发展评价指标权重、乡村旅游对农民的影响、新旧动能转换背景下乡村旅游竞争力的评价指标权重、新旧动能转换背景下潍坊市乡村旅游竞争力、新旧动能转换背景下山东省乡村旅游竞争力进行了问卷调查。具体情况见表1-2~表1-8。

表1-2 寿光市旅游与生态环境协调发展调查问卷基本情况

问卷调查地点	寿光林海生态博览园、泊淀湖、弥河公园、牡丹园、蔬菜博览会、仓圣公园、田柳镇北岭村大棚采摘园等地
调查时间	2017年7月13日—2017年7月21日
发放问卷情况	发放问卷230份，回收有效问卷214份，回收有效率93.04%

表1-3 山东省旅游与生态环境协调发展调查问卷基本情况

问卷调查地点	山东省内各地、网络
调查时间	2017年10月
发放问卷情况	发放问卷2632份，回收有效问卷2378份，回收有效率90.35%

表1-4 山东省旅游经济与生态环境协调发展评价指标权重调查问卷基本情况

问卷调查地点	山东省内各地、网络
调查时间	2017年11月
发放问卷情况	发放问卷60份，回收有效问卷60份，回收有效率100%

表1-5 乡村旅游对农民的影响调查问卷基本情况

问卷调查地点	潍坊市各县（市）
调查时间	2018年7月
发放问卷情况	发放问卷300份，回收有效问卷300份，回收有效率100%

表1-6 新旧动能转换背景下乡村旅游竞争力的评价指标权重调查问卷基本情况

问卷调查地点	山东省（网络）
调查时间	2018年7月
发放问卷情况	发放问卷60份，回收有效问卷60份，回收有效率100%

表1-7 新旧动能转换背景下潍坊市乡村旅游竞争力调查问卷基本情况

问卷调查地点	潍坊市各县（市）（问卷星）
调查时间	2018年7月
发放问卷情况	发放问卷64份，回收有效问卷64份，回收有效率100%

表1-8 新旧动能转换背景下山东省乡村旅游竞争力调查问卷基本情况

问卷调查地点	山东省各地（问卷星）
调查时间	2019年1月
发放问卷情况	发放问卷48份，回收有效问卷43份，回收有效率89.58%

3. 数学建模法

数学建模法是指用数学符号和数学函数将评价目标和评价因素有机结合起来，并把相互间的关系通过数学公式表达出来的一种方法，该方法可以是定量分析，也可以是定性分析，可以客观地解决一些问题，操作性强。本书在研究过程中分别建立了旅游与生态环境协调发展评价模型、旅游经济预测模型、乡村旅游因子分析模型、乡村旅游竞争力评价模型等，借助调查问卷和搜集的数据进行实证分析（见表1-9）。

表1-9 建立的数学模型情况

数学模型	使用范围	数据来源
层次分析模型	山东省旅游经济与生态环境协调发展评价指标权重、新旧动能转换背景下乡村旅游竞争力评价指标权重	调查问卷
模糊综合评价模型	旅游经济与生态环境协调发展评价、新旧动能转换背景下乡村旅游竞争力评价	《山东统计年鉴》、《山东旅游年鉴》、调查问卷
EGM预测模型	乡村旅游收入预测、旅游收入预测、GDP预测	《山东统计年鉴》及各官方网站
因子分析模型	乡村旅游对农民的影响、山东省乡村旅游竞争力影响因素分析	调查问卷、《山东统计年鉴》、《山东旅游年鉴》

4. 案例研究法

本书选取山东省潍坊市、寿光市等作为研究案例进行实地调研、实证分析、案例研究，获取第一手资料，开展持续深入的系统研究，总结山东省乡村旅游发展过程中取得的成功经验，查找存在的不足，探讨提升山东省乡村旅游竞争力的策略和路径，为山东省乡村旅游的发展提供有价值的参考。

第四节 研究意义

山东省的旅游经济较为发达，旅游业是社会经济发展的主导产业之一，占 GDP 的比重逐年增加。随着经济的发展，山东省乡村旅游发展势头良好，但生态环境破坏严重、乡村旅游竞争力后劲不足成为突出问题。本书旨在通过对新旧动能转换下山东省旅游经济和生态环境的协调发展状况和乡村旅游竞争力进行现状调查、评价仿真和预测，深入剖析山东省旅游经济和生态环境的协调发展状况和评价等级，查找山东省乡村旅游竞争力不足的原因，找寻山东省旅游经济和生态环境协调发展的规律，为解决山东省旅游经济与生态环境之间的不可调和的矛盾提供评价方法和决策分析依据，为山东省乡村旅游竞争力的提升提出对策和建议。新旧动能转换下乡村旅游竞争力的研究，既是一个新颖的理论选题，又是一个紧要的现实问题。

一、理论价值

本书收集并梳理山东省乡村旅游的相关数据对其进行分析，建立乡村旅游竞争力评价模型、预测模型及乡村旅游对农民的影响分析模型，对新旧动能转换下山东省乡村旅游收入进行了预测分析，对乡村旅游对农民的影响进行了分析，提出了新旧动能转换下山东省乡村旅游竞争力提升的对策与建议。

本书的理论价值主要体现在：

第一，深化乡村旅游研究。本书内容上的"乡村旅游竞争力"、工具理性上的"多学科统计方法"特别是统计学方法，对乡村旅游研究领域来讲，是新颖的视角，以此取得的成果具有原创性。

第二，丰富乡村振兴和新时代文明实践理论体系。乡村振兴战略的五大要求里，"生态宜居、乡风文明、治理有效"这三条直接与文明建设有关，乡村是开展新时代文明实践的主阵地。乡村旅游消费映射出乡村的秩序、文明状态，反映着人民的安居乐业情况，其如何有益于解决农村面临的深刻问题，如何促进乡风文明、以文化人、成风化俗，从这个视角切入，以大规模的实证调研反映、反思和找寻乡村旅游对振兴乡村的意义与途径，可以丰富乡村振兴和新时代文明实践理论体系。

二、实际应用价值

国家正在布置新的发展战略，社会经济高速发展。山东省正逐渐淘汰旧动能，争取实现新旧动能转换。旅游业作为新动能，正处在战略发展的机遇下，山东省旅游经济和生态环境繁荣协调发展是影响山东省可持续发展的关键，对旅游经济与生态环境的协调发展进行科学合理的评价凸显了其重要性，乡村旅游发展在新旧动能转换中的作用举足轻重。因此，分析山东省旅游经济与生态环境协调发展的现状，建立新旧动能转换背景下乡村旅游竞争力的评价指标体系覆盖了乡村旅游竞争力的各项影响因素，对乡村旅游竞争力的研究具有指导功能；基于模糊集的乡村旅游竞争力评价模型相比其他评价方法更加客观，评价结果更加全面与科学；对新旧动能转换背景下山东省乡村旅游收入进行预测和对新旧动能转换背景下乡村旅游对农民的影响进行分析，为新旧动能转换背景下山东省乡村旅游的发展提出建议与对策，为山东省旅游发展改革委员会和政府相关部门制定相关政策促进山东省旅游业的可持续发展，以及为相关研究提供参考。

因此，本书具有广泛的应用价值，主要体现在：

第一，为乡村旅游发展决策提供实证依据。乡村旅游的调研可以分析当前乡村旅游发展中存在的问题，促进有意识、有计划、有组织、系统地进行乡村旅游规划和发展。该研究能够为政府部门和乡村旅游发展地提供有价值的决策依据。

第二，为发挥乡村旅游经济价值，振兴农村经济提供决策依据。乡村旅游消费通过带动村民从事乡村旅游服务、进入乡村旅游企业务工、生产销售土特产品、出租空闲房屋等多种渠道促进农民增收。本书通过大规模调研，致力于探寻乡村旅游给予农民持续增收的长效机制，促进乡村旅游产业兴旺、农村经济更加富裕，为农村经济现代化和农村全面奔小康提供价值依据。

第三，为旅游文化内涵建设和新时代文明实践提供借鉴。乡村旅游消费带来城乡融合发展，助力农业绿色发展和农村人居环境整治，推动乡村生态振兴；能促进新型职业农民培训、解决农民能力不足；能满足和提升农民精神文化生活，实现以农民为主体推动乡村全面振兴；深入推动新时代文明建设，促进人的全面发展。

第二章 文献综述

第一节 关于新旧动能的研究

新旧动能的概念自2015年提出以来,多以报纸的报道为主,以期刊形式出现的不多,但随着研究的深入,相关研究的学术文章发表数量增速较快,创新文章较多。

王小广(2015)总结分析了加速新旧能动转换是2015年经济运行和发展的新特性,预示着加快经济结构调整进程,由此可知:新旧动能转换是培育新动能,释放各种社会风险与矛盾,因此必须重视新旧动能转换过程中各类社会风险与矛盾的加大或激化,做好防范与化解。

黄少安(2017)指出山东经济发展的阶段性与全国基本一致,在新旧动能转换的现阶段,山东省所面临的任务有其独特的性质,具体体现在着眼于需求,继续加大投资、消费和出口的投资;依靠新技术、新管理提升既有产业的水平,调整产业结构,提升产业升级的维度;加强山东经济与其他省市的联系,改革政府管理模式,改革国有企业体制,改革民营企业管理,优化文化、营商环境、识人用人机制。

赵丽娜(2017)对山东省的产业转型升级、新旧动能转换进行了分析,提出在经济新常态下推动经济平稳、健康发展的路径:顺应社会生产力发展要求,实施创新驱动发展,释放企业创新活力;准确把握产业发展战略定位,做优、做强山东实体经济;深化改革供给结构,实现供需平衡；推动产业聚集，提升经济绿色发展；创新优化服务管理，激发市场活力。

乔梁（2017）认为，山东省的发展得益于动能转换，并对两化融合发展的三个阶段进行总结，指出了新旧动能转换的产品智能化、过程信息化、管理创新化、市场整合化四个特性，以及智能制造是核心点，并提出了新旧动能转换的模式和建议。

李佐军（2017）指出，新旧动能转换是实现经济健康可持续发展的重要措施，关系着当前各种经济社会发展问题的解决，因此，要发挥新动能的推动作用，提高新动能的比重，实现经济的可持续发展。

在知网中以新旧动能为关键词进行主题检索（截至2019年9月10日），2015年有6条，2016年有60条，2017年有317条，2018年有862条，2019年有355条，剔除报纸、杂文等，数据如表2-1所示。

表2-1 关于新旧动能研究的学术论文统计表

年份	2015	2016	2017	2018	2019
论文篇数	1	36	207	647	290

从研究时间和论文篇数看，2016年之前，关于新旧动能的研究还没开展，从2016年开始，相关学术论文快速增加，但总体仍旧欠缺。

第二节 关于乡村旅游的研究

一、国外相关研究

国外关于乡村旅游的研究相对较早，其研究成果主要大多在20世纪80年代到21世纪初，研究方向集中在乡村旅游概念、乡村旅游供给、乡村旅游需求、乡村旅游效益、乡村旅游管理等方面。

Manude等（1985）对英国坎布里亚郡的文献研究和实地调查显示，不仅乡村旅游收入在区域经济生活中的作用微不足道，而且这些收入的获得还要以失去生活的独立性和个人生活隐私为代价。

Edward Inskeep（1991）将农业旅游（Agro-tourism）、农庄旅游（Farm tourism）、乡村旅游（Rural tourism）等提法不加区分，相互替代，对偏远乡村的传统文化和民俗文化旅游称之为 Village tourism。

Lane（1994）对乡村旅游的概念作了较为全面的阐述，他界定纯粹形式的乡村旅游是：①位于乡村地区；②旅游活动是乡村的，即旅游活动建立在小规模经营企业，开阔空间，与自然紧密相连，具有文化传统和传统活动等乡村世界的特点；③规模是乡村的，即无论是建筑群还是居民点，都是小规模的；④社会结构和文化具有传统特征，变化较为缓慢，旅游活动常与当地居民家庭相联系，乡村旅游在很大程度上受当地控制；⑤由于乡村自然、经济、历史环境和区位条件的复杂多样，因而乡村旅游具有不同的类型。

Richard Sharpley（2001）通过塞浦路斯的乡村旅游研究，提出乡村旅游发展极大促进经济增长，同时通过实地的调查，他也指出乡村旅游对经济的影响也存在消极的一面。

Ribeiro（2002）在葡萄牙2个乡村地区的实证研究证明：由于乡村旅游的季节性，乡村旅游企业的规模小、就业层次低、收入水平差，乡村旅游收入对缓和经营者的经济窘迫只不过是杯水车薪，企图通过旅游复兴乡村经济的政治和社会期望只能是梦想。

放眼国外，各国关于乡村旅游的政策和做法也不尽相同，具体体现在：

西班牙利用170多个乡村旅游协会之间的信息、技术、培训、管理，加强沟通和合作，进一步推动乡村旅游的发展。

阿根廷政府则通过"南美土著部落""马背上的阿根廷"等乡土气息浓厚的乡村旅游项目，吸引了广大的国内外游客。

南非更是在国家白皮书中明确将发展乡村旅游作为南非经济发展的主要方式，鼓励自然资源独特、文化底蕴深厚的乡村社区通过开展野生动植物的观赏、博彩业等乡村旅游活动来提高社区生活水平。

新西兰、爱尔兰等国家通过法律法规将乡村旅游作为避免农村人口盲目进城的主要手段。

日本各地观光农场结合生产独辟蹊径，用富有诗情画意的田园风光和特色的服务设施吸引游客。

马来西亚乡村旅游充分体现花卉之国特色，大力发展农场花卉旅游业。

葡萄牙把乡村旅游的宣传和促销作为旅游管理部门的主要工作。

加拿大重视乡村旅游的宣传和教育，在各个主要乡村社区向旅游者提供乡村自助游的宣传手册。

二、国内相关研究

当前，国内乡村旅游处在发展初期，属于尝试阶段，因此乡村旅游的经济收益成为当前学术界比较敏感的话题，乡村旅游的影响和社会效益也成为研究焦点，主要涉及乡村旅游的开发意义、挖掘条件、发展模式及战略作用等。国内研究人员大多认为乡村旅游的开发和发展会带动农村产业的发展和农业的再发展，进而增加农村就业的机会，从而提高农民的收入，通过高度开发建设乡村旅游，推动农村城镇化的建设进程，有助于中国乡村经济的发展。例如：

保继刚、蔡辉（1995）采用实地访谈和调查问卷的方法，研究了南昆山旅游开发对山区经济的影响。

李兆林（2003）通过对县域国民生产总值、财政税收、农民收入、农村就业结构等方面与旅游发展的对比分析，研究了石林旅游对当地农村发展的作用和影响。

金毅（2004）探讨了民族地区开展社区旅游对地方经济发展的正、负面影响。

赵秋红（2005）研究分析了腾冲旅游开发对地方经济、农业产值、农民收入与就业的影响。

李慧欣（2003）从经济学角度探讨了乡村旅游增加农民收入的问题；张清、陈智文（2003）主要讨论了发展乡村旅游的经济意义。

张成君、陈忠萍（2001）基于农村经济系统角度，认为乡村旅游将成为我国农村地方经济的新增长点，并提出拓展经济发展空间的几种新举措。

同时，也有部分学者对乡村旅游的影响研究站在一个更为中立的角度，例如：

顾筱和、黄郁成（2006）从正反两个角度论述乡村旅游的经济影响，认为其除了上述的正面影响，还会拉大农民之间的贫富差距、导致服务价格上涨、引发当地村民和开发者之间的经济纠纷。

杜艳（2008）则提出乡村旅游的社会文化的负面效应及相关对策。

自2006年被确定为"中国乡村旅游年"之后，国内乡村旅游研究的文献数量增长明显，其内容集中于发展模式（钟林生、郑群明，2004；罗盛峰，2009；张树民，2012；谢萍、李慧敏、安玥娇，2016；等）、参与主体（葛学峰、武春友，2010；邓祖涛，2012；等）、产业开发（张颖、刘智磊，2016；等）、转型升级（郑耀星、刘国平、张菲菲，2013；赵爱华，2014；白祥、黄如梦，2015；黎玲，2016；毛峰，2016；等）等方面。

在知网中以乡村旅游为关键词进行主题检索（检索日期截至2019年9月10日），剔除报纸、杂文等，具体学术论文情况如表2-2所示。

表2-2 关于乡村旅游的学术论文统计表

年份	2000	2001	2002	2003	2004	2005	2006	2007	2008	2009
论文篇数	22	28	47	58	93	145	432	648	743	820
年份	2010	2011	2012	2013	2014	2015	2016	2017	2018	2019
论文篇数	870	996	1009	1161	1279	1649	2301	2738	3532	1688

从研究时间和论文篇数看，关于乡村旅游的研究较多，2006年之

后，学术论文数量增加迅速。

第三节 关于旅游竞争力的研究

一、国外相关研究

20世纪60年代开始，随着全球经济的恢复和发展，旅游需求量增加，旅游业蓬勃发展，逐渐形成旅游竞争局面。但不同阶段，旅游竞争的内涵和主题也不尽相同，因此研究的焦点也差异较大。初期多以旅游资源的区域禀赋和吸引力为研究重点，例如：

G. R. Deasy 和 P. R. Griess（1966）认为，旅游目的地和客源地之间具有资源指向性，可建立引力模型对旅游目的地进行引力大小定量测算。

20世纪80年代，K. Wbber（1980）利用旅游需求、过夜旅游增长率、游客季节分布和旅游地承载力四个指标对欧洲的39个首都城市进行比较研究，勾画出这39个城市的综合竞争力空间分布图。

A. J. Haahti等（1986）借助旅游需求模式和"推—拉"模式对旅游者选择目的地的心理过程进行了分析。

S. smith（1987）建立了引力模型和旅游概率模型，并进行了总结和修正，使得旅游目的地吸引力的评价更加合理化。

到20世纪90年代，Leiper（1990）指出旅游者的需求和旅游企业行为对城市旅游竞争具有较大影响，只有存在人的需要、有吸引人的地方、相关信息的推介三个条件同时满足才能让潜在旅游行为付诸实施。

Jansen-Verbeke等（1994）深入研究了城市旅游的吸引模式，从表意、组织、感知三个层次对城市旅游吸引力进行研究。

随着研究的深入，研究者提出旅游系统的概念，围绕旅游系统的构建和要素展开研究，推动了竞争优势理论、产品生命周期理论、可持续发展理论的研究，尤其是波特（Michael E. Porter）的竞争优势理论为旅游竞争力的深入研究提供理论支撑。Butler 等（1985）在研究中引入生命周期理论，指出旅游地的发展要经历探索、参与、发展、巩固、停滞、复苏等阶段。

R. Mcintosh 和 C. Coeldner（1990）提出旅游产品竞争的信息指标概念。

E. Canestrill 和 P. Costa（1991）指出一个旅游地的竞争力应该看它的长远发展能力，而不是暂时旅游流的增加。

John Tribe（1997）用 CPEST 方法对旅游竞争优劣势进行分析。

进入 21 世纪，D. Fodncss 和 W. Schertler（1999）指出，信息网络是连接旅游供给者、旅游需求者的重要途径，未来旅游者将在网上查找旅游目的地。旅游目的地可以借助信息结构、信息可达性、信息质量及传播速度体现城市竞争力。

二、国内相关研究

国内旅游行业起步比较晚，关于旅游竞争力的研究最早开始于 20 世纪 90 年代，在此之前，大多数研究人员基本上都以旅游资源为重点进行研究。20 世纪 90 年代末期，我国城市旅游竞争力的研究热点是城市旅游形象，认为旅游者的旅游需求需要依靠旅游形象来激发，例如：

白祖成等（1994）以城市旅游形象为对象进行了研究。旅游目的地的形象受旅游环境、旅游整体竞争力的影响，随着经济和社会的发展，旅游业受到了知识、技术、信息、网络及人才的影响，研究者的研究重点也发生了改变。

郭来喜、刘锋（1999）指出，高新技术已经成为旅游业优胜劣汰的关键，成为强化国际旅游市场竞争的重要手段。

苏伟忠、杨英宝、顾朝林（2003）构建了城市旅游竞争力评价指标体系，选取郑州与北京、南京、西安进行对比实证分析。

温碧燕、张子澎（2010）采用元分析方法，从研究内容及对象、评价指标体系和评价方法三个方面对目前国内有关旅游竞争力评价的文献进行研究，归纳总结了文献中使用频率最高的11个旅游竞争力评价一级指标和44个二、三级指标。

陈衡民（2017）立足于烟台市乡村旅游的发展状况，构建了合理有序的烟台市乡村旅游竞争力的评价指标和评价体系，并进行实证分析，为提高烟台乡村旅游竞争力提出了建议。

当前，随着世界经济国际化，旅游竞争力的培养与提升成为经济发展和管理创新的新焦点。例如：

张明清、刘超（2000）利用比较优势理论和竞争优势理论对旅游业竞争力进行了分析，认为旅游产业竞争力主要体现在旅游产品竞争力、旅游企业竞争力和旅游业竞争力三个层面。

万绪才、李刚、张安（2001）建立了包括旅游资源与产品条件、社会经济条件和其他条件三大方面的评价指标体系，并以江苏省各地市为例进行实证研究。

黄露（2015）结合成都旅游发展的特点，以现有竞争力、可持续竞争力和环境竞争力三大类进行层次划分，构建旅游目的地竞争力的影响因素模型及评价指标体系，分析了影响成都市国际竞争力的因素。

在知网中以旅游竞争力为关键词进行主题检索（检索日期截至2019年9月10日），剔除报纸、杂文等，具体学术论文情况如表2-3所示。

表2-3 关于旅游竞争力的学术论文统计表

年份	2000	2001	2002	2003	2004	2005	2006	2007	2008	2009
论文篇数	12	20	32	25	39	64	105	137	156	214
年份	2010	2011	2012	2013	2014	2015	2016	2017	2018	2019
论文篇数	190	205	192	197	226	222	162	159	166	68

从研究时间和论文篇数看，关于旅游竞争力的研究较少，从2006年开始，每年相关学术论文超过100篇。

第四节 关于旅游经济的研究

一、国外相关研究

国外关于旅游业研究较早,研究成果比较多,研究结论也比较成熟。当前,国外研究人员关于旅游经济方面的研究多以旅游需求、区域差异、可持续发展、旅游市场等方面为主。例如:

Christaller(1964)早在1964年就对郊区旅游的旅游空间差异进行了对比分析。

M. fagence(1995)比较分析亚太地区不同国家的旅游经济发展的特征。

Jenny Holland(2003)针对捷克的乡村旅游从大空间角度进行了经济差异分析。

Prideaux(2005)总结归纳出影响当地旅游经济的主要因素可以概括为个人因素、政府因素、经济因素、政治因素等。

Rittichainuwat B.(2011)对前往东南亚地区旅游的德国、美国、中国和日本游客进行统计,总结分析了2004年海啸对地区旅游经济的影响程度。

Seetaram(2012)对1980—2010年澳大利亚30年的数据进行分析,建立动态分析模型,分析旅游经济发展水平的影响因素。

二、国内相关研究

国内学者对旅游经济的研究集中在旅游经济时空差异研究和旅游经济差异的影响因素研究两个方面,研究相对较晚。

方叶林、黄震方、王坤(2012)对中国31省份1999—2008年20年的旅游经济数据进行计算,对其相关性分析,得出结论:中国31省份的旅游经济发展不均衡。

李在军、管卫华、蒲英霞（2013）搜集了2003—2010年的面板数据，借助空间数据分析的方法对山东省旅游经济差异的时空演变特征进行了分析，总结出山东省旅游经济区域发展不平衡，但相对差异逐年缩小。

庄汝龙、叶持跃、马仁锋（2014）运用空间计量方法研究浙江省旅游经济的总体差异和市际差异，探讨浙江旅游经济时空差异演进影响因素，从海陆统筹等方面提出促进浙江旅游可持续发展的建议。

胡文海、孙建平、余菲菲（2015）分析了安徽省区域旅游发展模式，搜集2001—2013年各市旅游总收入、入境旅游收入及国内旅游收入的数据，对安徽省区域旅游的时间变化和空间演变进行经济差异分析。

蔡碧凡、陶卓民、方叶林（2016）针对1997—2013年31个省份的数据，借助全局空间自相关指数、局部空间自相关指数、Theil指数、重心及标准差椭圆等时空分析的方法，对国内入境旅游与旅游经济时空差异进行比较分析。

在知网中以旅游经济为关键词进行主题检索（检索日期截至2019年9月10日），剔除报纸、杂文等，具体学术论文情况如表2-4所示。

表2-4 关于旅游经济的学术论文统计表

年份	2000	2001	2002	2003	2004	2005	2006	2007	2008	2009
论文篇数	379	405	495	544	595	766	967	1234	1473	1640
年份	2010	2011	2012	2013	2014	2015	2016	2017	2018	2019
论文篇数	1766	1840	2078	1831	1941	1959	1955	1931	1815	531

从研究时间和论文篇数看，关于旅游经济的研究较多，从2000年开始，关于旅游经济的学术论文数量持续增长，但增长率逐渐降低。

第五节 关于生态环境的相关研究

国内外针对生态环境的研究大多集中在生态环境的脆弱性、质量和生态环境的影响因素等几个方面。

一、国外相关研究

1. 生态环境脆弱性的相关研究

国外关于生态环境脆弱性方面的研究起步较早。主要相关研究有：

Kovshar（1991）针对俄罗斯干旱生态系统进行了脆弱性分析。

Klein（1999）针对社会生态系统未来风险进行了脆弱性分析。

Smith（2001）针对社会生态系统未来风险的脆弱性进行了分析。

Stezenmuller（2010）对威尔士海域油气工业、人类活动和渔业三种活动的累积性压力和敏感性的海洋景观的关系进行了分析，并利用贝叶斯网络模型分析了人类活动与海洋景观的脆弱性影响。

Gutierrez（2011）借助贝叶斯网络定义驱动力、地质约束和海岸效应的相互关系，利用THK99数据集训练模型，预测美国大西洋海岸海平面上升的速率，进而预测海平面沿海的脆弱性。

Smith（2014）借助遥感数据集分析了陆地植被脆弱性变化，并提出前瞻性建议。

Roberta（2015）根据脆弱性概念线性模型提出了GIS决策支持系统，主要解决两个方面的问题：一是保持其自然特征，避免人为及自然干扰风险；二是减少火灾造成系统的脆弱性。

Caniani（2016）基于模糊数学模型对意大利巴斯利卡塔地区生态系统固有脆弱性和综合脆弱性展开研究，模型中的指标兼顾景观格局指数和人类活动对生态脆弱性的影响，借助GIS平台制作不同评价等级的栖息地空间分布图。

McNeeley（2017）分析了美国联邦公共土地管理决策下生态脆弱性评价的优缺点，提出了一种新的社会生态系统脆弱性评价方法。

综上可知，关于生态环境脆弱性的研究，国外在理论研究和实践研究方面都取得了大量研究成果且比较成熟。

2. 生态环境质量和影响因素的相关研究

国外关于生态环境质量和影响因素方面的可查相关研究资料可追溯到1979年，加拿大的David J. Rapport和Tony Friend最初建立了生态环境质量评价的压力—状态—响应模型，为人类对生态环境的反作用提供了有效分析框架。

Pearce等（1990）通过研究指出，随着城市的发展和膨胀，城市繁荣背后隐藏着城市病，生态环境日益恶化。

Dietz等（1994）建立了生态环境质量影响随机IPAT模型，为此后科研人员研究生态环境质量水平的影响因素提供理论基础。

P. V. Druzhinin等（2012）的研究结果显示，政府部门的行为干预对地区生态环境具有重要影响作用。

Walter（2013）的研究得出，推动城市化进程同生态环境质量保护同等重要。

R. Hermann（2014）通过对澳大利亚进行实地考察分析，确定了科学技术水平、社会组织结构、政府部门政策是影响当地生态环境质量的重要因素。

Andrew K. Jorgenson等（2015）研究指出，社会经济的发展不会降低人类生存环境的质量，不意味着生态环境的破坏。

Andrew Jorgenson等（2017）研究发现，不同收入阶层的人群对区域生态环境质量的影响是不同的，收入越低的人群对生态环境质量的影响越小。

二、国内相关研究

1. 生态环境脆弱性的相关研究

国内对生态环境脆弱性的研究比国外要晚很多。在知网中，以生态环境为关键词进行搜索，结果达 198337 条，其中，2019 年 3165 条，2018 年 12769 条，2017 年 13109 条，可见生态环境是当前研究的热点问题。

牛文元（1989）在其研究中阐述了生态环境脆弱的概念，并用数学函数表示出了生态脆弱性。

赵跃龙、刘燕华（1994）借助生态环境成因类型的指标，将中国的生态环境脆弱性分成了 7 类，并画出了中国生态环境脆弱性的分布图。

王让会、宋郁东等（2000）利用 3S 技术，通过航天遥感信息对 1959 年、1983 年、1992 年、1996 年的塔里木河下游的生态环境情况进行对比分析，结果显示，地区生态环境的变化与自然及人为因素密切相关，并已影响到了流域可持续发展战略的实施。

杨建平、丁永建、陈仁升（2007）构造了长江黄河源区生态环境脆弱性的评价指标，将长江黄河源区分为八大地区，使用主成分分析法对各地区的生态环境进行综合评价，将生态环境的脆弱度分为极脆弱型、强脆弱型、中脆弱型、轻脆弱型和微脆弱型五个等级。

徐庆勇、黄玫、陆佩玲（2011）借助空间主成分分析的方法构建了生态环境脆弱性评价指标体系，利用 AHP 计算出指标权重，结合遥感数据与地理信息系统软件，对长江三角洲生态环境脆弱性进行了综合评价，对脆弱性成因进行了分析。

韦晶、郭亚敏等（2015）针对三江源独特的生态环境，选取坡度、降水、人口密度等 16 个影响因素，确定三江源生态环境脆弱性评价体系，建立了生态敏感性—生态恢复力—生态压力模型，对三江源地区的生态环境脆弱性进行了仿真评价。

2. 生态环境质量和影响因素的相关研究

通过查阅资料发现，国内关于生态环境质量和影响因素的研究多以生态环境质量或水平的评价体系、影响生态环境质量的因素为主。具体如：

周荣华（2000）通过调查研究构建了具有农业生态、自然生态、人为压力三个一级指标的评价体系，结合新疆的实际情况选取了适当二级指标，对新疆生态环境质量进行等级划分，比较不同等级下的情况。

吴开亚、李如忠等（2003）利用灰色系统和矢量投影理论建立了区域生态环境评价模型，将评价区域及各级质量标准视为矢量进行投影，确定区域生态环境质量等级和优劣排序。

胡炳清、孟伟（2004）以可持续发展为原则，在生态环境质量评价方法中融入管理学知识，结合计算机技术、遥感控制技术和地理信息系统技术，构建科学、合理、客观的评价指标体系。

王军、陈振楼等（2006）结合生态经济学理论，构建了生态环境评价指标体系，建立了灰色关联模型，对长江流域的生态环境情况进行测度和评价。

陈傲（2008）利用多元线性回归模型对我国生态环境质量水平的影响因素进行分析，结果显示，环保资金投入、环境政策和产业结构对我国生态环境质量影响较大。

陈享莉、丁桑岚、李智（2010）通过构建的生态环境质量灰色关联投影评价模型得出经济发展指标、社会发展指标和四川生态环境质量水平关联度较高，对四川的生态环境质量影响较大的结论。

陈群元、宋玉祥（2011）通过研究显示，在政府主导下，城市群生态环境管理水平和管理方法的提升能够促使区域生态环境质量的提高。

孙慧宗（2013）研究表明，制度管理对于提高生态环境水平、改善生态环境质量具有重要作用。

安迪（2014）认为，不同区域的生态环境质量指标体系应该随其自然环境的异质性而变化，他将整体指标分为共同与特征指标体系。

魏伟、石培基、周俊菊（2015）构建了包含自然资源、社会经济、环境状况三个一级指标的评价体系，借助赋权法对区域生态环境质量进行了评价。

李洁（2016）通过测算"产业—生态"影响力指数，测度一定时间范围内产业结构水平辅导对生态环境质量水平的作用程度，认为产业转型升级后的长三角城市群重化工业比例居高不下是影响该地区生态环境质量的主要因素。

在知网中以生态环境为关键词进行主题检索（检索日期截至2019年9月10日），剔除报纸、杂文等，具体学术论文情况如表2-5所示。

表2-5 关于生态环境的学术论文统计表

年份	2000	2001	2002	2003	2004	2005	2006	2007	2008	2009
论文篇数	4157	4505	4737	4984	4822	5394	5885	6639	7482	6971
年份	2010	2011	2012	2013	2014	2015	2016	2017	2018	2019
论文篇数	6823	6817	6990	8225	8462	8662	8669	8872	9831	3169

从研究时间和论文篇数看，关于生态环境的研究已经非常成熟，学术文章数量的增加速度趋于缓慢。

第六节 关于旅游经济与生态环境协调发展的研究

一、国外相关研究

国外研究人员对旅游经济与生态环境协调发展的研究很少直接从耦合度视角下进行研究，早期的研究一般多集中在旅游经济效益上，随着后期旅游的负面影响加大，关于旅游活动对生态环境影响的研究增多，同时，学者开始研究经济与环境的协调发展关系，有人也会对旅游经济与生态环境的协调发展开展研究。

Wall 和 Wright（1977）界定了"旅游环境影响"的概念，运用相应的研究方法，从互动化视角阐释了旅游活动对生态环境的影响机制，为今后的研究工作提供了新的视角。

Stankey（1981）提出"首要关注点应是控制环境影响而非游客人数"的研究原则，引导研究者离开承载力的角度，进而重新审视旅游经济与环境影响的本质。

Cole D. N.（1994）提出，生态环境是衡量旅游地质量高低的一项重要指标，同时旅游发展可以引导和加速旅游地生态环境质量的改善，探讨了旅游对野生生物多样性的七种主要影响，对钓鱼、狩猎及相关经营管理等显著影响生物多样性活动进行了跟踪研究。

Conlin Hunter（2002）将"生态足迹"引入旅游研究中，并阐述了旅游生态足迹对旅游可持续发展具有的积极作用。

Buckley（2004）利用数学模型探讨了旅游成为 EIA 有效性检验工具的可能，同时分析总结了制定旅游 EIA 的阈值和标准的困难。

Andres–Abellan（2005）针对西班牙阿尔瓦塞特省生态区旅游对土地和植被造成的影响进行了分析与研究。

二、国内相关研究

国内针对旅游经济与生态环境协调发展的研究也不是很多，主要有：

李向农、丁艳平（2007）探讨了旅游经济发展和生态环境之间的共生互动关系，运用共生理论，构建了旅游经济和生态环境的共生互动结构模型，指出旅游经济与生态环境良性互动持续发展的关键是要确保系统向对称性互惠共生方向进化。

崔峰（2008）借助协调发展度数学模型，对上海市 2000—2006 年旅游经济与生态环境协调发展进行了评价，得出上海市旅游经济与生态环境的协调发展度呈总体上升趋势的结论，认为其旅游经济的发展还有较大的发展空间。

庞闻、马耀峰、唐仲霞（2011）借助复杂系统理论构建了旅游经济与生态环境耦合协调发展的数学模型，搜集西安市2001—2009年的相关数据进行了实证分析。

吴耀宇、崔峰（2012）基于协调发展度模型和计算方法，对南京市2005—2009年的旅游经济与生态环境的协调发展状况进行了研究。

耿松涛、谢彦君（2013）以中国的15个副省级城市为例，对于各城市的旅游经济与生态环境耦合发展问题进行了深入研究。

郭晓东、李莺飞（2014）构建了旅游经济与生态环境耦合系统评价指标体系，运用AHM权重和熵值权重相结合的方法及协调发展度测度模型，搜集东中西部11个省份1996—2010年的数据，对旅游经济与生态环境协调发展水平的时空演变特征进行了分析。

徐凯、李悦铮（2015）针对中国沿海八大经济区的91个城市，确定了旅游经济与生态环境耦合协调度评价体系，借助改进熵值法计算出权重，构建耦合协调度模型计算，根据计算结果对协调发展类型进行分类，进而对2009年、2010年、2011年、2012年这4年中国沿海八大经济区91个城市旅游经济与生态环境协调发展状况进行综合评价分析。

闵曙辉、张郴（2016）选取2006—2012年江苏省的数据，确定旅游经济与生态环境的12个指标，对江苏省旅游经济与生态环境的协调发展做了定量研究。

张洪、司家慧、时浩楠（2017）利用皖江城市带2006—2015年的面板数据，构建皖江城市带旅游经济与生态环境耦合关系的评价体系，建立评价模型，分析皖江城市带旅游经济与生态环境系统的耦合关系与协调发展状况以及各市的具体情况。

在知网中以旅游经济与生态环境协调发展为关键词进行主题检索（检索日期截至2019年9月10日），剔除报纸、杂文等，具体学术论文情况如表2-6所示。

表2-6 关于旅游经济与生态环境协调发展的学术论文统计表

年份	2006	2007	2008	2009	2010	2011	2012
论文篇数	2	0	2	1	1	4	4
年份	2013	2014	2015	2016	2017	2018	2019
论文篇数	13	15	21	23	21	20	3

从研究时间和论文篇数看,关于旅游经济与生态环境协调发展的学术论文比较少,从2013年之后,每年的学术论文超过10篇,因此,相关研究具有一定的创新空间。

第七节 研究动态及述评

综上所述,通过国内外研究人员对旅游相关研究情况可以看出,旅游行业在世界范围内发展迅速,旅游人数增速较快,相关产业不断壮大,乡村旅游的发展更是成为热点。

当前,生活节奏变快,人们期冀"久在樊笼里,复得返自然"的轻松惬意,徜徉绿水青山间,乡村旅游势正兴。乡村旅游能使游客感知"乡愁千万斛",触摸乡村记忆,获得精神享受,能够使游客亲近自然,购买绿色农产品,增长见识、开阔视野。乡村旅游已成为国内旅游消费市场的新热点。党的十八大以来,以习近平同志为核心的党中央坚持把解决好"三农"问题作为全党工作重中之重,每年召开中央农村工作会议,出台中央一号文件,加快推进农业农村现代化。党的十九大提出了实施乡村振兴的伟大战略,习近平总书记指出,既要鼓励发展乡村农家乐,也要对乡村旅游做分析和预测,提前制定措施,确保乡村旅游可持续发展。2019年,中央一号文件强调,大力发展休闲农业和乡村旅游,年中出台的《国务院关于促进乡村产业振兴的指导意见》再次将优化乡村休闲旅游业作为培育壮大乡村产业的重大举措,乡村旅游迎来重要发展契机。

第三章 理论基础

第一节 新旧动能转换

2017年1月,国务院办公厅印发《关于创新管理优化服务培育壮大经济发展新动能加快新旧动能接续转换的意见》,提出提高政府服务的能力和水平,探索包容创新的审慎监管制度,激发新生产要素流动的活力,强化支撑保障机制建设。

一、新旧动能转换的内涵

新旧动能转换的内涵可以从两个方面来看。第一,新旧动能转换是指培育新动能、改造旧动能。新动能是指新一轮科技革命和产业变革中形成的经济社会发展新动力,主要包含新技术、新产业、新业态和新模式;而旧动能是指传统产业,主要包含传统生产经营的农业、工业和服务业。第二,新旧动能转换应该包含三层含义:首先是通过新动能的增量来对冲传统动能的减弱,加快培育新技术、新产业,找到新的经济增长点;其次是通过"大众创业、万众创新""互联网+"等创造出新业态、新模式来改造传统动能;最后是通过新动能创造的"战略纵深"为传统动能升级赢得空间。

在科技快速发展的今天,世界各国都在进行新一轮的科技革命和产业变革,并呈现出多领域、跨学科、群体性新常态,突破新态势,渗透到社会经济各个领域。随着我国经济发展进入新常态，创新驱动发展战略深入实施，"大众创业、万众创新"蓬勃兴起，诸多新产业、新业态蕴含巨大发展潜力，呈现技术更迭快、业态多元化、产业融合化、组织网络化、发展个性化、要素成果分享化等新特征，以技术创新为引领，以新技术、新产业、新业态、新模式为核心，以知识、技术、信息、数据等新生产要素为支撑的经济发展新动能正在形成。

加快新旧动能转换，是以新发展理念引领地方经济发展新常态的重要举措。加快培育壮大新动能，改造提升传统动能，实现新旧动能转换，是促进经济结构转型和实体经济升级的重要途径，也是推进供给侧结构性改革的重要着力点。

二、怎样加速新旧动能转换

（一）改造旧动能

积极推动传统产业转型升级，推进传统产业供给侧结构性改革，做强"存量"。

1. 促进农业现代化

大力发展设施农业、订单农业、精准农业、智慧农业等新型农业，推动"互联网＋农业"发展。大力发展农村电子商务，提高农业组织化、标准化、集约化、专业化和规模化程度。开展电商扶贫，推进农产品上行，促进农民增收。发展智慧林业和林下经济。推进养殖智能化，发展智慧牧业和智慧渔业。

2. 推动工业转型升级

深入落实"中国制造2025"，推动信息化与工业化深度融合，深化制造业与互联网融合发展，大力发展智能制造、网络化协同制造、大规模定制、服务型制造、云制造等先进制造业，全面推进传统工业的转型升级。以信息化促进工业节能减排和安全生产。在制造业推广应用物联网、云计算、移动互联网、大数据、3D打印等新一代信息技术，着力发展智能装备和智能产品，推进研发设计、生产制造、经营管理、市场营销等关键环节的智能化。鼓励企业按需生产，建设无人工厂、互联工厂和智能工厂，实现闭环管理。推行机器换人，以应对"招工难、招工贵"问题。鼓励企业上云，降低中小企业信息化门槛。

3. 改造传统服务业

大力发展电子商务，推动传统商贸流通行业转型升级。大力发展跨境电子商务。规范发展互联网金融，拓宽企业融资渠道，破解融资难、融资贵问题。推动"互联网＋交通""互联网＋物流"发展，培育一批本地无车承运人，提高物流效率，降低物流成本。积极发展智慧旅游、全域旅游和乡村旅游，推动"互联网＋旅游"发展，建设一批旅游综合体，打造国际旅游目的地，加快旅游强区建设。推进电影院、剧院、博物馆、美术馆等文化设施的数字化、网络化、智能化改造，推动"互联网＋文化"发展，推进文化信息资源共享，弘扬传统优秀文化。

4. 树立经济发展的跨界思维

积极推进第一、第二、第三产业融合发展，建设一批田园综合体和现代农业庄园。稳步推进产城融合，建设一批特色小镇。大力推进互联网与实体经济的融合发展，以信息流带动技术流、资金流、人才流、物资流，促进资源配置优化，促进全要素生产率提升。

（二）增加新动能

大力培育和发展新技术、新产业、新业态、新模式，形成新的经济增长点，做大"增量"。

（1）实施创新驱动战略，培育和发展节能环保、新一代信息技术、生物医药、高端装备制造、新材料、新能源汽车等战略性新兴产业。围绕实体经济发展，培育和发展高技术服务业、科技服务业、生产性服务业等新兴服务业。以研发设计服务、知识产权服务、检验检测服务、科技成果转化服务、信息技术服务、电子商务服务等为重点，大力发展高技术服务业。以技术转移、创业孵化、科技咨询、科技金融等为重点，大力发展科技服务业。以第三方物流、融资租赁、节能环保服务、服务外包、人力资源服务和品牌建设等为重点，大力发展生产性服务业。

（2）加快发展新经济，培育新动能。培育和发展网络经济、数字经济、信息经济、共享经济等新经济，引领经济新常态。实施"互联网+"行动计划，大力发展互联网产业。推动物联网、云计算、大数据、3D打印、人工智能、虚拟现实、新硬件等新产业发展。

（3）在培育和发展新兴产业时，要立足本地产业发展现状和特色优势，突出重点，有所为、有所不为。对于高层次人才，要"不求所有，但求所用"，既要引进高端人才，又要培养本地优秀人才。要规划建设一批新兴产业园区，招商引资，集聚发展，完善产业链。要加强政策引导、资金扶持，改善营商环境，通过举办双创大赛、"痛客计划"等营造产业氛围。

（三）营造好环境

深化"放管服"改革，推行"互联网 + 政务服务"，让数据多跑腿、群众少跑腿，提高政府办事效率，提高公共服务水平。

（1）转变政府职能是深化经济体制改革和行政体制改革的关键。深化"放管服"改革，既要进一步做好简政放权的"减法"，又要善于做加强事中事后监管的"加法"和优化服务的"乘法"，切实转变政府职能，努力做到审批更简、监管更强、服务更优，为促进就业创业降门槛，为各类市场主体减负担，为激发有效投资拓空间，为公平营商创条件，为群众办事生活增便利。

（2）加快构建互联网时代的新型政府，即整体政府、智慧政府、透明政府、开放政府和服务型政府，运用"互联网+"和大数据更好地履行经济调节、市场监管、社会治理、公共服务和环境保护等职能。

大力推行"互联网 + 政务服务",推进跨部门、跨地区、跨层级的政务信息共享,让数据多跑腿,让企业和老百姓少跑腿,逐步实现"一号"申请、"一窗"受理和"一网"通办,让企业和老百姓办事更方便、更快捷、更有效率,更有获得感。

第二节　可持续发展

一、可持续发展的概念

关于可持续发展的定义非常多,涉及自然、环境、社会、经济、科技、政治等多个方面,但总体要求达到"能满足当代人的需要,又不能对后人造成危害"。可持续发展要发展经济,但同时必须保护好人类赖以生存的大气、淡水、海洋、土地和森林等自然资源和环境,使后代能够永续发展和安居乐业。归纳可持续发展的概念主要有四种,具体如表3-1所示。

表3-1　可持续发展的概念

可持续发展的概念	侧重自然方面	"持续性"最早在生态学中提出,也就是"生态持续性",是指自然资源及其开发利用程序间的平衡。1991年11月,国际生态学联合会(IN-TECOL)和国际生物科学联合会(IUBS)联合举行了关于可持续发展问题的专题研讨会。该研讨会的成果发展并深化了可持续发展概念的自然属性,将可持续发展定义为:"保护和加强环境系统的生产和更新能力",其含义为:"可持续发展是不超越环境,系统更新能力的发展"。
	侧重社会方面	1991年,由世界自然保护同盟(INCN)、联合国环境规划署(UN-EP)和世界野生生物基金会(WWF)共同发表《保护地球——可持续生存战略》(*Caring for the Earth：A Strategy for Sustainable Living*),将可持续发展定义为"在生存于不超出维持生态系统涵容能力之情况下,改善人类的生活品质",并提出了人类可持续生存的九条基本原则。

续表

可持续发展的概念	侧重经济方面	爱德华-B. 巴比尔（Edivard B. Barbier）在其著作《经济、自然资源：不足和发展》中，把可持续发展定义为"在保持自然资源的质量及其所提供服务的前提下，使经济发展的净利益增加到最大限度"。皮尔斯（D-Pearce）认为："可持续发展是今天的使用不应减少未来的实际收入"，"当发展能够保持当代人的福利增加时，也不会使后代的福利减少"。
	侧重科技方面	斯帕思（Jamm Gustare Spath）认为："可持续发展就是转向更清洁、更有效的技术——尽可能接近'零排放'或'密封式'工艺方法——尽可能减少能源和其他自然资源的消耗"。

二、可持续发展的基本原则

可持续发展的基本原则主要包含六个方面，具体如表3-2所示。

表3-2 可持续发展的基本原则

可持续发展的基本原则	公平性	可持续发展中的公平包含本代人之间的公平、当代人与后代人之间的公平和资源分配与利用的公平。因此，公平性原则是指可持续发展具有平等的选择机会，它的内容包含三个方面：第一，指本代人之间的横向公平，可持续发展要实现本代人之间的公平；第二，指代际的纵向公平，可持续发展要求实现本代人与后代人的公平，各代人之间的公平要求任何一代都不能处于支配地位，即各代人都有同样选择的机会空间；第三，指人与自然及人与其他生物之间资源分配与利用的公平。
	持续性	持续性原则是指不能超越资源和环境的承载能力，在生态系统受到某种干扰时能保持其生产率的能力。也就是说，在发展的过程中要限制，不能过度，主要限制因素有人口数量、环境、资源，以及技术状况和社会组织对环境满足眼前和将来需要能力施加的限制。最主要的限制因素是人类赖以生存的物质基础——自然资源与环境。自然资源可持续性的利用和生态系统可持续性的保持是人类社会可持续发展的前提保障，可持续发展要求人们根据可持续性的条件调整生活方式，在生态可能的范围内确定自己的消耗标准。因此，持续性原则的核心是人类的经济和社会发展不能超越资源与环境的承载能力，从而真正将人类的当前利益与长远利益有机结合。

续表

可持续发展的基本原则	共同性	地球上，各国可持续发展的模式虽然不同，但公平性和持续性原则是共通的。地球的整体性和相互依存性决定全球必须联合起来，认知我们的家园。可持续发展是超越文化与历史的障碍来看待全球问题的，它所讨论的问题是关系到全人类的问题，所要达到的目标是全人类的共同目标。虽然国情不同，实现可持续发展的具体模式不可能是唯一的，但是无论富国还是贫国，公平性原则、协调性原则、持续性原则是共通的，各个国家要实现可持续发展都需要适当调整其国内和国际政策。只有全人类共同努力，才能实现可持续发展的总目标，从而将人类的局部利益与整体利益结合起来。

第三节　旅游环境

一、旅游环境的概念

旅游环境主要包含两方面内容，一方面，从旅游者角度来看，旅游环境是以旅游者为中心，使旅游活动得以存在、进行和发展的各种旅游目的地与依托地的自然、社会、人文等外部条件的总和；另一方面，从旅游资源角度来看，旅游环境是指以旅游资源为中心，围绕在旅游资源周围的其他自然生态、人文社会各种因素的总和。旅游环境，以自然风景为主，称为天然景观；以建筑为主，称为建筑景观；以人工雕筑为主，称为雕筑景观；等等。一个良好的旅游环境，必须是一个风光秀丽，未受破坏和污染，并能够满足旅游者观赏和行为心理活动的地区。旅游区有两种：一种是风景优美的天然名胜（名山大川、深山峡谷、茂密的森林、辽阔的草原、蔚蓝的海洋等），以及一些自然壮观（火山、海潮、冰川、沙漠）等；另一种是人工胜地如历史古迹、著名建筑、繁华城市、优美园林等。通常是两者兼而有之。

旅游环境是旅游活动的基础，是吸引游客来此参观的重要因素，因此，旅游环境的好坏直接关系到旅游地的竞争力和旅游收入。

二、旅游环境学

旅游环境学主要研究旅游活动与环境之间的关系、旅游经济与环境之间的关系，它的主要目标是推动旅游活动与生态环境协调发展，以保证旅游业的可持续发展。旅游环境学旨在探讨旅游经济系统和旅游环境系统之间的相互作用、相互影响，发掘内在规律。广义上说，旅游环境系统是自然环境、生态环境、文化环境、社会环境等的综合；狭义上说，旅游经济系统是与旅游活动相关的各个利益相关者的综合。旅游环境学旨在通过对旅游经济系统和旅游管理系统相互作用的规律分析，然后优化和调整旅游环境系统，减少人类旅游活动对环境系统的破坏，维护旅游环境系统的可持续发展，保障旅游业的健康有序发展。

旅游环境学的研究内容主要包含：旅游环境系统的组成部分及功能分析；人类各种旅游活动对环境的要求及对环境要素的影响分析；旅游环境的容量、旅游环境质量的评价；旅游环境的破坏原因、治理和监管等；旅游环境的可持续发展等问题；旅游环境学的一些基本概念、特点等方面。

旅游环境学的研究方法主要包括：实地调研法、比较分析法、数学建模法、数据统计法等。旅游环境学的交叉性特点较为突出，具有综合性、动态性等特性，在与其他学科的交互影响中不断发展，可以用于指导旅游经济的健康发展，促进旅游环境的逐步优化和升级。

三、旅游环境的特征

旅游环境根据中心事物的不同而不同，但总体具有一定的特征，如表3-3所示。

表3-3 旅游环境的特征

旅游环境的特征	内容广泛性	旅游环境可以是各种天然的和人工改造的自然因素的总体（如地质地貌、大气、水体、动植物、自然保护区及各类自然遗迹等），也可以是风景名胜区、人文遗迹、社会经济文化、城市和乡村以及旅游接待设施和服务等。
	脆弱性	旅游环境的脆弱性是相对于干扰而言的。旅游环境受旅游活动的影响会产生动态变化，如周期性变化（季节性、节律性变化）和随机性变化（比如地质灾害对旅游环境的影响等）、线性变化和非线性变化、渐进性变化和突变性变化等，表现出非常明显的脆弱性。
	地域性	所谓旅游环境的地域性是指旅游区域的差异性，是共性之中的个性体现。旅游者的旅游动机之一就是追求旅游地与居住地环境的差异性，因此旅游环境的显著特点之一就是旅游环境的地域特色。总的来说，旅游客源地与旅游目的地相距越远，旅游目的地的地域特性越强烈，就越能吸引异地的游客。
	休憩性	旅游区的环境给游客提供一种新鲜的感官认知，从一定程度上给游客带来一种享受。游客在旅游区游玩，不再受家庭琐事的羁绊，而是通过欣赏美景、山水风光或者名胜古迹带来精神上的享受和放松，从而使其在体验旅游活动过程中身体得到恢复、精神获得欢娱、性情得到陶冶、感官获得享受，甚至激发对生活的热爱、对生命的渴望。旅游活动起到了消除疲劳、放松精神、增进健康的作用，体现了旅游环境对游客的休憩性。
	稀缺性	旅游环境其实就是一种资源，它包括物质性和非物质性两种。物质性旅游资源主要包括生物资源、矿产资源、淡水资源、海洋资源、土地资源、森林资源等；非物质性旅游资源主要包括环境状态、环境质量等。旅游环境资源相对于人类的需要而言，在数量上表现出稀缺性。

第四节　旅游经济学

一、旅游经济学概念

旅游经济学（Economics of Tourism）是以研究旅游活动及其发展规律为目的的综合性经济科学，主要研究旅游经济活动中的各种经济关系以及旅游业发展规律，属于研究国民经济中某一部门的经济学科。酒店管理学、旅游管理学、旅行社管理、旅游地理学等学科都是以旅游业中某一具体业务为对象,而旅游经济学以政治经济学作为理论基础,研究旅游经济活动的整个过程。旅游经济学研究的内容主要包含:①旅游经济活动在国民经济中的地位、旅游经济学的作用及它同国民经济各部门的相互关系;②旅游业的历史、特性,旅游经济中的供求关系及内在规律;③旅游资源的规划、开发、建设、利用、保护、改造的经济原则及具体措施等;④旅游业的经营管理理念、原则和措施,旅游者的消费结构等;⑤旅游开发模式、旅游服务、旅游市场、旅游商品的特点、旅游方式及发展途径、旅游方向预测、旅游风险规避、旅游业的未来方向等。

二、旅游经济学发展阶段

旅游经济学发展的阶段如表3-4所示。

表3-4 旅游经济学发展阶段

旅游经济学发展阶段	萌芽阶段	原始社会的生产力水平低下,生活条件差,人们为生存而不断地进行空间迁徙活动,这就是旅游活动的雏形。古代旅游活动通常包含:皇帝巡游、官吏宦游、买卖商游、宗教云游、士人漫游等。随着这些活动的开展,以商品生产、交换等为目的的旅游经济开始萌芽。
	形成阶段	旅游经济的形成主要是在18世纪的产业革命期间。产业革命提高了社会生产力,促进商品生产和交换的迅速发展,为旅游经济的形成和发展提供物质基础和经济条件,为旅游经济的形成创造了市场需求和经济基础,推动了旅游活动的根本变革。
	发展阶段	旅游经济的发展始于19世纪后半叶,但直到20世纪50年代以后才高速发展。21世纪初始,旅游业成为世界经济中发展势头最为强劲的产业,旅游经济的增长速度远远超过世界经济的增长速度,使得现代旅游业成为世界经济中最大的经济产业。

旅游经济学的研究范畴包括:国内外旅游的现状、旅游统计、旅游业经营等。代表作品有意大利学者博迪奥发表的《关于意大利外国旅游者的流动及其花费》(1889)、意大利学者马里奥蒂出版的《旅游经济

学讲义》(1927)、德国博尔曼的《旅游学概论》(1931)、英国奥格尔维的《旅游者流动论》(1933)、德国的克拉普特的《旅游消费》(1954)、南斯拉夫乌恩科维奇的《旅游经济学》(1978)等。旅游经济作为新兴产业吸引各国学者的研究，主要研究方向集中在旅游业的经营管理、饭店经营管理、旅游市场、旅游心理、旅游经济等，为旅游经济学奠定了理论基础。

第五节 文化旅游

一、文化旅游的概念

文化旅游是近些年才出现的一个名词，与旅行者的需求紧密相关。人们普遍认为，文化旅游是以人文资源为主的旅游活动，主要涉及历史人文、遗迹、民俗、宗教文化、民族艺术等。

文化旅游是旅游发展到一定程度的必然产物，满足了广大游客的需求。它是游客感知、了解、观察文化具体内容的一种旅游形式，旨在使游客鉴赏异国异地的传统文化，追寻文化名人遗踪，参加异地的各种文化活动等。

文化旅游的概念，主要有两种说法：

(1) 文化旅游是以旅游文化的地域差异性为诱因、以文化的碰撞与互动为过程、以文化的相互融合为结果的一种旅游形式，具有文化性、差异性、民族性、艺术性、多样性、互动性等特性。文化旅游实际就是旅游者对旅游资源文化内涵进行的体验，给其一种超然的文化感受，以饱含文化内涵的旅游景点为载体，体现审美情趣激发功能、教育启示功能和民族、宗教情感寄托功能。

(2) 文化旅游也指以鉴赏异国异地传统文化、追寻文化名人遗迹或参加当地举办的各种文化活动为目的的旅游，是当前旅游业出现的新时尚，主要包括历史遗迹、建筑、民族艺术、宗教等具有文化特色的内容。①

归纳总结文化旅游的概念，文化旅游是以旅游经营者创造的观赏对象和休闲娱乐方式为消费内容，使旅游者获得富有文化内涵和深度参与旅游体验的旅游活动的集合。

二、文化旅游的分类

文化旅游可以分为十大类型，如表3-5所示。

表3-5 文化旅游的分类

文化旅游的分类	故居类	依托名人的诞生地或居住地，进行文化旅游开发，"跳出故居做故居，整合文化做文化"的故居打造思路，对名人故居背后隐藏的文化深度挖掘，通过景观景点、多样化产品设计和体验性的展陈设计，将名人故居与周围环境相联系，实现以故居为核心的文化旅游开发。
	宗教类	宗教旅游项目的开发走向大型化、综合化，由单纯满足朝拜、观赏的功能向吃、住、行、游、购、娱等综合性旅游配套功能发展，进而建设成为独立的宗教类综合旅游区。
	古镇古街古村类	以古镇/古村/古街区保护为前提，以改善原住民生活环境为基础，将休闲旅游、文化体验、休闲商业融入古民居，通过历史文化的引入、多元业态的设计以及慢生活方式的诠释，促进老街重新焕发生机，实现可持续保护发展的思路。
	史前遗址类	通过情境规划和体验设计对遗址进行合理开发，依据项目主题和文化脉络，设计情景、讲故事，形成景区或旅游区的文化、主线和灵魂，使游客充分融入旅游区设计的情境和文化中去，使旅游体验活动更加生动。
	古代设施类	古代设施包括古运河、古长城、城楼、军事防御设施等。运用"从文物旅游到文化旅游"的策略，以"景观情景化"手法，打造如长城边塞文化等的可体验场景与氛围。

---

① https://baike.baidu.com/item/%E6%96%87%E5%8C%96%E6%97%85%E6%B8%B8/6311468？fr=aladdin。

续表

文化旅游的分类	文化主题公园类	文化主题公园将传统文化与现代游乐结合在一起，形成一种创新旅游产品，将中国古代文化转化为现代人喜闻乐见的、拥有市场吸引力的、新型的游憩方式，建构出旅游、休闲、娱乐、游乐的产品。
	文化新区类	此类项目有三大核心要素： （1）旅游体验核心，由文化观光型景区、大型实景演出等承担，吸引人气、聚集人流，是聚集区的主要收益结构。 （2）旅游服务核心，是以旅游观光与体验为基础的旅游服务收益区域，通常在新区、新城的入口区、附近村落小镇，形成吃、住、行、游、购、娱等功能积聚。 （3）休闲度假核心，是旅游体验的升级内容，在大众观光与体验之外，以当地独特文化内涵与生态背景为特色，形成特色会议、商务、度假、养生等项目，促进旅游地产开发。
	旅游小镇类	与当地文化结合进行旅游小镇的开发。旅游小镇打造的"七步曲"：文化挖掘，主题定位；肌理打造，搭建骨架；风貌选择，塑造外观；业态设计，输入血脉；功能规划，注入活力；产业整合，良性互动；城镇配套，景镇合一。
	文化产业园区类	文化产业园区，是市场经济条件下文化旅游建设的新形态和"文化旅游生产力"的重要组成部分，是以文化为主题的都市体验式休闲消费区。成功构建文化旅游产业园区需要植根于七大要素：文化主线的选择与定位；整合资源，塑造园区产业驱动力；旅游产业要素体系构建完备；创新文化旅游体验模式；创意文化旅游产品；强化营销策略整合；构建全新管理融资机制。由此，文化旅游产业园区才能在众多园区建设中脱颖而出。
	纪念园类	纪念园的独特性包括：（1）纪念性精神内涵的吸引力。（2）娱乐性与美观度吸引力。

第六节　数学模型理论

一、因子分析理论

因子分析由 Charles Spearman 在 1904 年首次提出，现在已发展成为统计学的重要分支。因子分析在一定程度上可以看成是主成分分析的推广，但其研究更深入，能够将具有错综复杂关系的众多变量汇总成为包含大部分原始信息的几个因子，使其反映原始变量与因子之间的相互关系。因子分析借助多个变量间相关系数矩阵的内部依赖关系，综合找出包含所有变量主要信息的少数几个因子。各个因子间互不相关，所有变量都可以表示成公因子的线性组合。因子分析的根本就是减少变量的数量，用少数因子代替所有变量来分析问题。具体模型如下：

设有样本 N 个，因子 P 个，随机向量为 $X = (X_1, X_2, \cdots, X_P)^T$，公因子为 $F = (F_1, F_2, \cdots, F_m)^T$，其选用的因子分析模型为：

$$X_1 = a_{11}F_1 + a_{12}F_2 + \cdots + a_{1m}F_m + \varepsilon_1$$
$$X_2 = a_{21}F_1 + a_{22}F_2 + \cdots + a_{2m}F_m + \varepsilon_2$$
$$\vdots$$
$$X_p = a_{p1}F_1 + a_{p2}F_2 + \cdots + a_{pm}F_m + \varepsilon_p$$

其中，矩阵 $A = (a_{ij})$ 被称为因子载荷矩阵，a_{ij} 为因子载荷（公因子 F_i 和变量 X_j 的相关系数），ε 为特殊因子（表示公因子以外的影响因子所导致的变量变异，实际分析时往往忽略不计）。

通过因子分析模型确定的公因子，要观察它们较大的负荷主要表现在哪些变量上，根据这些确定公因子的实际含义。但对于分析得到的初始因子模型，其因子载荷矩阵往往比较复杂，难于对因子 F_i 给出一个合理的解释，此时可以考虑进一步做因子旋转，以求旋转后能得到更加合理的解释。

因子分析模型有两个特点：一个是模型不受量纲的影响；另一个是因子载荷不是唯一的，通过因子轴的旋转可以得到新的因子载荷矩阵，使其意义更加明显。

二、层次分析法

层次分析法，简记 AHP，是确定权重常用的方法之一，其基本原理是将不定量的问题定量化，将问题层次化，然后通过比较各因素之间的重要性来进行决策。其过程如下：

1. 建立层次结构图
2. 构造两两比较矩阵

对同一层上的因素进行两两比较,确定重要性,构造两两比较矩阵,比较时采用 1~9 标度值,如表 3-6 所示。

表 3-6　1~9 标度值

标度 a_{ij}	1	2	3	4	5	6	7	8	9
指标 i 与 j 的比较	相同		稍强		强		明显强		绝对强

3. 相对权重向量确定

在此采用求根法(几何平均法)计算各级指标的权重向量,基本算法分三步:

(1) 计算比较矩阵中每一行元素的乘积,得向量 α。

(2) 对向量 α 进行 n 次开方,得向量 β。

(3) 对向量 β 进行归一化处理得向量 γ,此为指标权重向量。

4. 一致性检验

比较矩阵的确定人为因素较多,需进行一致性检验,检验过程分三步:

(1) 计算一致性指标: $CI = \dfrac{\lambda_{max} - n}{n - 1}$,其中,$\lambda_{max} = \dfrac{1}{n} \sum_{i=1}^{n} \dfrac{\sum_{j=1}^{n} \alpha_{ij} r_j}{r_i}$ 为最大特征值。

(2) 根据 n 确定随机一致性指标 RI,具体取值如表 3-7 所示。

表 3-7　随机一致性指标

n	1	2	3	4	5	6	7	8	9	10
RI	0	0	0.58	0.90	1.12	1.24	1.32	1.41	1.45	1.49

(3) 计算一致性比率 $CR = \dfrac{CI}{RI}$,当 $CR < 0.10$ 时,认为比较矩阵的一致性是可以接受的,即通过检验。

三、模糊评价理论

1. 模糊集理论

(1) 模糊集。

若 A 是论域 X 到 $[0, 1]$ 的一个映射,即有:

$$A: X \to [0, 1], x \to A(x)$$

则称 A 是论域 X 上的模糊集,$A(x)$ 为模糊集 A 的隶属函数,x 为模糊集 A 的隶属度。

(2) t-模。

若映射 $T: [0, 1] \times [0, 1] \to [0, 1]$,$\forall a, b, c, d \in [0, 1]$ 满足:

$T(a, b) = T(b, a)$;$T(T(a, b), c) = T(a, T(b, c))$;$a \leq c, b \leq d \Rightarrow T(a, b) \leq T(c, d)$;$T(a, 1) = a = T(1, a)$;

则称 T 为 t-模,$T(a, b)$ 可记作 aTb。

(3) t-余模。

若映射 $S: [0, 1] \times [0, 1] \to [0, 1]$,$\forall a, b, c, d \in [0, 1]$ 满足:

$S(a, b) = S(b, a)$;$S(S(a, b), c) = S(a, S(b, c))$;$a \leq c, b \leq d \Rightarrow S(a, b) \leq S(c, d)$;$S(a, 0) = a = S(0, a)$;

则称 S 为 s-模或 t-余模,$S(a, b)$ 可记作 aSb。

(4) 伪补。

若映射 $N: X \to X$,且 $\forall a, b \in X$ 满足:$a \leq b \Rightarrow N(b) \leq N(a)$;$N(N(a)) = a$;则称 N 为 X 上的伪补;

特别地,$N: [0, 1] \to [0, 1]$,满足 $N(0) = 1$,$N(1) = 0$,且 $\forall a \in [0, 1]$,$N(a) = 1 - a$,则 N 为 $[0, 1]$ 上的伪补,此时 N 是一一对立的满射,且在 $[0, 1]$ 上连续。

下面介绍一下常见的一些模糊算子：

①Drastic 和：$S_1(a, b) = \begin{cases} b, & a = 0 \\ a, & b = 0 \\ 1, & ab \neq 0 \end{cases}$

Drastic 积：$T_1(a, b) = \begin{cases} b, & a = 1 \\ a, & b = 1 \\ 0, & a \neq 1, b \neq 1 \end{cases}$

②代数和：$S_2(a, b) = a + b - ab$

代数积：$T_2(a, b) = ab$

③有界和：$S_3(a, b) = min\{a + b, 1\}$

有界积：$T_3(a, b) = max\{0, a + b - 1\}$

④Einstein 和：$S_4(a, b) = \dfrac{a + b}{1 + ab}$

$Einstein$ 积：$T_4(a, b) = \dfrac{ab}{1 + (1 - a)(1 - b)}$

⑤Hamacher 和：$S_5(a, b) = \dfrac{S_2(a, b) - (1 - r)ab}{r + (1 - r)(1 - ab)}, r \in (0, +\infty)$

Hamacher 积：$T_5(a, b) = \dfrac{ab}{r + (1 - r)T_2(a, b)}, r \in (0, +\infty)$

⑥取大算子：$S_6(a, b) = a \vee b = max\{a, b\}$

取小算子：$T_6(a, b) = a \wedge b = min\{a, b\}$

2. 模糊集的改进

对模糊集理论进行改进与推广。

（1）矛盾模糊集、对立模糊集、中介模糊集。

若 $A \in F(X)$，a，b 为论域 X 的左右端点，T 为 t-模，N 为 X 上的伪补，$\forall x \in X$，有：

①若映射 A_1 满足当 $X \to [0, 1]$ 时，$A_1(x) = N(A(x))$，则称 A_1 确定的模糊集为 A 的矛盾模糊集。

特别地，当 N 为线性补时，$A_1(x) = N(A(x)) = 1 - A(x)$。

②若映射 A_2 满足当 $X \to [0, 1]$ 时，$A_2(x) = A(a + b - x)$，且 $A_2(x) + A(x) \leq 1$，则称 A_2 确定的模糊集为 A 的对立模糊集。

③若映射 A_3 满足当 $x \to [0, 1]$ 时，$A_3(x) = T(A_1(x), N(A_2(x))) = T(N(A(x)), N(A(a + b - x)))$，则称 A_3 确定的模糊集为 A 的 $T - N$ 中介模糊集。

特别地，若 t -模 T 取 $\min$，N 取线性补，则称 $A_3(x) = min\{1 - A(x), 1 - A(a + b - x)\}$ 为 A 的中介模糊集。

在后面的运算中 A 的模糊集均为 t -模 T 取 $\min$，N 取线性补。

利用改进模糊集定义，在确定隶属函数过程中可进行加强或者减弱，具体修饰函数如下文定义。

（2）修饰函数。

若函数 $f: [0, 1] \to [0, 1]$ 满足 $f(0) = 0$，$f(1) = 1$，且 f 为连续严格递增函数，则称 f 修饰函数。

如果 $\forall x \in [0, 1]$，有 $f(x) \leq x$，则 f 为加强修饰函数；如果 $\forall x \in [0, 1]$，有 $f(x) \geq x$，则 f 为减弱修饰函数。

常用修饰函数为 $f_p(x) = x^p$，其中，$P > 0$，$x \in [0, 1]$。一般地，$f_2(x) = x^2$ 为"非常"或者"多"修饰函数，$f_4(x) = x^4$ 为"极"修饰函数，$f_{1.25}(x) = x^{1.25}$ 为"相当"修饰函数，$f_{0.75}(x) = x^{0.75}$ 为"比较"修饰函数，$f_{0.5}(x) = x^{0.5}$ 为"略"修饰函数，$f_{0.25}(x) = x^{0.25}$ 为"微"修饰函数。

3. 基于改进模糊集的多层次模糊评判模型

模糊综合评判是模糊决策中最常用的一种有效方法，是对受多个元素影响的对象进行评价的一种综合模糊评价法，它主要是利用模糊数学中的隶属度原理，确定评价因素集和评判集，构造评判矩阵，进而最终确定评价对象的评判等级。模糊综合评判的优点在于可以将模糊且难以量化的问题通过数学语言进行描述，进而对受到多种因素制约的对象做出一个总体的定性评价。模糊综合评判有单因素综合评判和多因素综合评判，在此选用多因素综合评判。具体过程如下：

（1）建立因素集。

建立评判因素集 $U = \{u_1, u_2, u_3, \cdots, u_n\}$，并根据因素集 u_i（$i = 1, 2, \cdots, n$）的属性、相关性等分成若干组 $U = \{U_1, U_2, \cdots, U_s\}$，且满足 $U = \bigcup\limits_{i=1}^{s} U_i$，$U_i \cap U_j = \Phi$（$i, j = 1, 2, \cdots, s$，且 $i \neq j$）。

在此，称 $U_1, U_2, \cdots, U_s$ 为一级指标（或一级因素集），$u_1, u_2, u_3, \cdots, u_n$ 为二级指标（或二级因素集），其中，u_i、U_i 的真实取值均在某有限数值集 X 中，且 X 的左右端点分别为 a，b。

在评价具体对象时，可根据实际情况设立三级指标及更多级指标，在此不再赘述。

（2）建立评判集。

根据评判对象可能出现的等级情况，结合改进模糊集理论建立评判集，记为 $V = \{v_1, v_2, \cdots, v_m\}$。一般情况下，将评判对象的评判等级分为五级。

（3）确定模糊评判矩阵。

根据各个指标的测度数据及指标类型，对一级指标 U_i（$1 \leq i \leq s$）对应的二级指标集 $U_i = \{u_1^{(i)}, u_2^{(i)}, \cdots, u_t^{(i)}\}$ 进行评判，建立对应的评判矩阵 R_i，也就是形成了 U_i 到 $F(V)$ 的一个模糊映射：

$$f_i: U_i \to F(V),\ u_t^{(i)} \to f_i(u_t^{(i)}) = \frac{r_{t1}^{(i)}}{v_1} + \frac{r_{t2}^{(i)}}{v_2} + \cdots + \frac{r_{tm}^{(i)}}{v_m}$$

其中，$0 \leq r_{tj}^{(i)} \leq 1$，$i = 1, 2, \cdots, m$；$j = 1, 2, \cdots, t$。从而，由 $f_i: U_i \to F(V)$ 可诱导出模糊关系，得到模糊评判矩阵：

$$R_i = \begin{bmatrix} r_{11}^{(i)} & r_{12}^{(i)} & \cdots & r_{1m}^{(i)} \\ r_{21}^{(i)} & r_{22}^{(i)} & \cdots & r_{2m}^{(i)} \\ \vdots & \vdots & \vdots & \vdots \\ r_{i1}^{(i)} & r_{i2}^{(i)} & \cdots & r_{tm}^{(i)} \end{bmatrix}$$

（4）确定各指标的权重值。

权重的确定方法有很多，常见的方法有模糊统计法、模糊协调决策法、模糊关系方程法、层次分析法等。在此，可用以上方法确定各二级指标的权重向量 $w_i = \{w_{i1}, w_{i2}, \cdots, w_{it}\}$ 和一级指标的权重向量 $w = \{w_1, w_2, \cdots, w_s\}$，其中，$w_i, w_{ij} \in [0, 1]$。

一般地，权重向量有两种，分别为：

①归一化权重向量：$\sum_{i=1}^{s} w_i = 1$；

②正规化权重向量：$\bigvee_{i=1}^{s} w_i = 1$。

（5）综合评判。

由二级指标的模糊评判矩阵 R_i 和权重向量 $w_i = \{w_{i1}, w_{i2}, \cdots, w_{it}\}$ 计算各一级指标的模糊评判矩阵 R。

①若权重向量为归一化向量，则：

$$R = (\omega_1 \cdot R_1 \quad \omega_2 \cdot R_2 \quad \cdots \quad \omega_s \cdot R_s)^T$$

其中，·为加权运算。

②若权重向量为正规化向量，则：

$$R = (\omega_1 \circ R_1 \quad \omega_2 \circ R_2 \quad \cdots \quad \omega_s \circ R_s)^T$$

其中，为 sup - T 运算。

再由一级指标的模糊评判矩阵 R 和权重向量 $w = \{w_1, w_2, \cdots, w_s\}$ 计算评判对象的综合评判向量：

$$Q = \omega \cdot R \text{ 或者 } Q = \omega \circ R$$

最后，根据最大隶属度原则确定评判对象的等级。

四、EGM 预测

1. EGM 预测模型的定义

GM（1，1）模型是灰色预测模型中最简单的一种模型，是利用离散的原始数据经过加工处理，生成随机性被显著削弱而且较有规律的数据建立起微分方程形式的模型,对未来的状态作出科学、合理的定量预测。本书在研究过程中选取均值模型(EGM)进行研究。

设 n 元序列 $X^{(0)} = \{x^{(0)}(1), x^{(0)}(2), \cdots, x^{(0)}(n)\}$,$X^{(1)} = \{x^{(1)}(1), x^{(1)}(2), \cdots, x^{(1)}(n)\}$,其中,$X^{(1)}(k) = \sum_{i=1}^{k} x^{(0)}(i)$,$k = 1, 2, \cdots, n$,取 $z^{(1)}(k) = \frac{1}{2}[x^{(1)}(k) + x^{(1)}(k-1)]$,$k = 2, \cdots, n$,得到序列:$z^{(1)} = \{z^{(1)}(2), z^{(1)}(3), \cdots, z^{(1)}(n)\}$,称式子 $x^{(0)}(k) + az^{(1)}(k) = b$ 为 GM(1,1)模型的均值形式。其中,参数向量 $\hat{a} = \begin{bmatrix} a \\ b \end{bmatrix}$ 利用最小二乘法计算,公式为 $\hat{a} = \begin{bmatrix} a \\ b \end{bmatrix} = (B^TB)^{-1}B^TY$,其中,

$$Y = \begin{bmatrix} x^{(0)}(2) \\ x^{(0)}(3) \\ \vdots \\ x^{(0)}(n) \end{bmatrix}, B = \begin{bmatrix} -z^{(1)}(2) & 1 \\ -z^{(1)}(3) & 1 \\ \cdots & \cdots \\ -z^{(1)}(n) & 1 \end{bmatrix}$$

一般地,称式子 $\frac{dx^{(1)}}{dt} + ax^{(1)} = b$ 为 GM(1,1)模型均值形式 $x^{(0)}(k) + az^{(1)}(k) = b$ 的白化值微分方程,即影子方程。

利用式子 $x^{(0)}(k) + az^{(1)}(k) = b$,借助微分方程 $\frac{dx^{(1)}}{dt} + ax^{(1)} = b$ 的解构造 GM(1,1)时间响应式的差分、微分混合模型称为 GM(1,1)模型的均值混合形式,记为 EGM,其中,EGM 的时间响应式为 $\hat{x}^{(1)}(k) = [x^{(0)}(1) - \frac{b}{a}]e^{-a(k-1)} + \frac{b}{a}$。在均值 GM(1,1)模型中,参数 $-a$ 为发展系数,b 为灰色作用量,发展系数 $-a$ 反映 $\hat{x}^{(1)}(k)$ 及 $\hat{x}^{(0)}(k)$ 的发展态势。

2. EGM 预测模型的数据确定原则

在建立 GM (1, 1) 模型前需要进行数据预处理,记原始序列为

$$x^{(0)} = \{x^{(0)}(1), x^{(0)}(2), \cdots, x^{(0)}(n)\}$$

其中,$X^{(0)}(k) \geq 0$,$k = 1, 2, \cdots, n$;

$X^{(0)}$ 的一次累加序列为 $X^{(1)} = \{x^{(1)}(1), x^{(1)}(2), \cdots, x^{(1)}(n)\}$。

①原始序列准光滑性检验。

$$\rho(k) = \frac{x^{(0)}(k)}{\sum_{i=1}^{k-1} x^{(0)}(i)}, k = 2, \cdots, n$$ 为序列 $X^{(0)}$ 的光滑比,$\rho(k)$ 越小,序列 $X^{(0)}$ 越光滑。

如果 $\rho(k)$ 满足以下三个条件:(ⅰ)$\frac{\rho(k+1)}{\rho(k)} < 1$,$k = 2, \cdots, n-1$;(ⅱ)$\rho(k) \in [0, \varepsilon]$,$k = 3, \cdots, n$;(ⅲ)$\varepsilon < 0.5$,则称 $X^{(0)} = \{x^{(0)}(1), x^{(0)}(2), \cdots, x^{(0)}(n)\}$ 为准光滑序列。

②累加生成序列的准指数检验。

记 $\sigma^{(1)}(k) = \frac{x^{(1)}(k)}{x^{(1)}(k-1)} = 1 + \rho(k)$,$k = 2, \cdots, n$,如果 $\sigma^{(1)}(k) \in [1, 1.5]$,则称非负准光滑序列的一次累加生成序列具有准指数规律。

③级比检验。

如果 $\sigma^{(0)}(k) = \frac{x^{(0)}(k-1)}{x^{(0)}(k)}$,$k = 2, \cdots, n$ 为级比,若 $\sigma^{(0)}(k) \in [e^{\frac{2}{n-1}}, e^{\frac{2}{n+1}}]$,则序列 $X^{(0)} = \{x^{(0)}(1), x^{(0)}(2), \cdots, x^{(0)}(n)\}$ 满足构建 GM (1, 1) 预测模型的条件。如果 $X^{(0)} = \{x^{(0)}(1), x^{(0)}(2), \cdots, x^{(0)}(n)\}$ 为非负准光滑序列,则进行一次累加生成就可以进行指数建模,但是降低光滑比并不能提高原始序列 $X^{(0)} = \{x^{(0)}(1), x^{(0)}(2), \cdots, x^{(0)}(n)\}$ 的光滑度,因此降低光滑比并不是提高预测精度的充分条件。

3. EGM 预测模型的检验

GM（1，1）预测模型可采用残差检验法和后验差检验法对预测结果进行检验。

设原始序列数据为 $X^{(0)} = \{x^{(0)}(1), x^{(0)}(2), \cdots, x^{(0)}(n)\}$，其利用 GM（1，1）模型进行模拟预测的结果序列为 $\hat{X}^{(0)} = \{\hat{x}^{(0)}(1), \hat{x}^{(0)}(2), \cdots, \hat{x}^{(0)}(n)\}$。

（1）残差检验法。

残差序列：$\varepsilon = \{\varepsilon(1), \varepsilon(2), \cdots, \varepsilon(n)\} = \{x^{(0)}(1) - \hat{x}^{(0)}(1), x^{(0)}(2) - \hat{x}^{(0)}(2), \cdots, x^{(0)}(n) - \hat{x}^{(0)}(n)\}$

相对误差序列：

$$\left\{\frac{\hat{x}^{(0)}(1) - x^{(0)}(1)}{x^{(0)}(1)}, \frac{\hat{x}^{(0)}(2) - x^{(0)}(2)}{x^{(0)}(2)}, \cdots, \frac{\hat{x}^{(0)}(n) - x^{(0)}(n)}{x^{(0)}(n)}\right\}$$

绝对误差序列：$\{\hat{x}^{(0)}(1) - x^{(0)}(1), \hat{x}^{(0)}(2) - x^{(0)}(2), \cdots, \hat{x}^{(0)}(n) - x^{(0)}(n)\}$

平均绝对百分误差：$MAPE = \frac{1}{n}\sum_{k=1}^{n}\left|\frac{\hat{x}^{(0)}(k) - x^{(0)}(k)}{x^{(0)}(k)}\right|$

对于年度数据来说，当平均绝对百分误差 $MAPE$ 小于 10% 时预测的效果较好。

（2）后验差检验法。

原始序列均值：$\bar{x} = \frac{1}{n}\sum_{k=1}^{n}x^{(0)}(k)$

原始序列方差：$S_1^2 = \frac{1}{n}\sum_{k=1}^{n}[x^{(0)}(k) - \bar{x}]^2$

残差序列均值：$\bar{\varepsilon} = \frac{1}{n}\sum_{k=1}^{n}\varepsilon^{(0)}(k)$

残差序列方差：$S_2^2 = \frac{1}{n}\sum_{k=1}^{n}(\varepsilon(k) - \bar{\varepsilon})^2$

后验方差比：$C = \frac{s_2}{s_1}$

对于给定的 C_0，当 $C < C_0$ 时，称为后验方差合格模型；

小误差概率：$p = p\ (\ |\ \varepsilon\ (k)\ - \bar{\varepsilon}|\ < 0.6745 S_1)$

对于给定的 P_0，当 $P > P_0$ 时，称为小概率误差合格模型。

GM（1,1）预测模型精度的检验等级可参考表3-8。

表3-8 GM（1,1）模型精度检验等级参照表

GM（1,1）模型精度等级	相对误差	后验方差比值 C_0	小误差概率 P_0	关联度 ρ
1级—好	0.01	$C_0 \leq 0.35$	$P_0 \geq 0.95$	$\rho \geq 0.90$
2级—合格	0.05	$0.35 < C_0 \leq 0.50$	$0.80 \leq P_0 < 0.95$	$0.80 \leq \rho < 0.90$
3级—勉强	0.10	$0.50 < C_0 \leq 0.65$	$0.70 \leq P_0 < 0.80$	$0.70 \leq \rho < 0.80$
4级—不合格	0.20	$C_0 > 0.65$	$P_0 < 0.70$	$0.60 \leq \rho < 0.70$

第七节 概念界定

结合以上理论，本书中的概念界定如下：

一、新旧动能转换

本书中，新旧动能转换主要是指旧动能的改造及新动能的培育，主要包括：

（1）大力发展设施农业、订单农业、精准农业、智慧农业等新型农业，推动"互联网+农业"发展，发展"旅游+"和"+旅游"，大力发展农村电子商务，提高农业组织化、标准化、集约化、专业化和规模化程度；开展电商扶贫，推进农产品上行，促进农民增收；发展智慧林业和林下经济；推进养殖智能化，发展智慧牧业和智慧渔业；进一步推动旅游的发展，特别是乡村旅游的发展。

（2）积极发展智慧旅游、全域旅游和乡村旅游，推动"互联网+旅游"发展，建设一批旅游综合体，打造国际旅游目的地，加快旅游强

区建设；推进电影院、剧院、博物馆、美术馆等文化设施的数字化、网络化、智能化改造，推动"互联网＋文化"发展，推进文化信息资源共享，弘扬传统优秀文化。

（3）积极推进第一、第二、第三产业融合发展，建设一批田园综合体和现代农业庄园；稳步推进产城融合，建设一批特色小镇；大力推进互联网与实体经济的融合发展，以信息流带动技术流、资金流、人才流、物资流，促进资源配置优化，促进全要素生产率提升。

（4）加快发展新经济，培育新动能。培育和发展网络经济、数字经济、信息经济、共享经济等新经济，引领经济新常态。实施"互联网＋"行动计划，大力发展互联网产业。推动物联网、云计算、大数据、3D打印、人工智能、虚拟现实、新硬件等新产业发展。在培育和发展新兴产业时，要立足本地产业发展现状和特色优势，突出重点，有所为、有所不为。对于高层次人才，要"不求所有，但求所用"，既要引进高端人才，又要培养本地优秀人才。要规划建设一批新兴产业园区，招商引资，集聚发展，完善产业链。要加强政策引导、资金扶持，改善营商环境，通过举办双创大赛、"痛客计划"等营造产业氛围。

（5）深化"放管服"改革，推行"互联网＋政务服务"，让数据多跑腿、群众少跑腿，提高政府办事效率，提高公共服务水平。

二、旅游经济相关概念

旅游经济相关概念如表3－9所示。

表3－9　旅游经济相关概念汇总

旅游经济	旅游经济是旅游活动中，游客与旅游经营者发生经济交往的各种经济活动和经济关系的总和。旅游经济的前提是旅游活动，基础是商品经济。旅游经济是旅游活动中旅游者与旅游经营者之间所发生一系列经济现象和经济关系的统称。在旅游活动期间，按照现代市场经济中的供给与需求关系，旅游经营者也即旅游地政府或相关企业向旅游者提供旅游产品以及"吃、住、行、游、购、娱"等方面的服务，而旅游者在享受这些旅游服务时向旅游经营者支付一定的报酬，由此构成了旅游经济的内容。

续表

生态环境	生态环境主要是指影响人类生存和发展的淡水、生物、土地、气候等资源数量与质量的总称,它关系到社会和经济持续发展的复合生态系统的平衡。生态环境主要包括水、大气、土地、矿产、草原、海洋、动物、森林等自然环境以及自然遗迹、风景名胜区、自然保护区、湿地公园、城市和乡村等。
旅游收入	旅游收入是指旅游接待部门(或国家、地区)在一定时期内通过销售旅游商品而获取的全部货币收入。旅游收入可分为基本旅游收入和非基本旅游收入,其中,基本旅游收入主要指旅游者在旅游过程中必须支出的费用,包含交通、食宿、门票、游览等费用。一般地,基本旅游收入与旅游者的人次数、停留时间成正比例变化,由此可以大致估量一个国家或地区旅游业的发达程度;非基本旅游收入是指其他相关部门向旅游者提供其设施、物品和服务所获得的货币收入,即旅游者在旅游过程中可能发生的消费支出,如邮电通信费、医疗保健费、修理费、咨询费及购物的费用等。
旅游人数	旅游人数主要是指入境国际旅游者人数、出境居民人数和国内旅游者人数的总和。入境国际旅游者人数主要是指来国内旅行、参观、访问、探亲、休养、访友、考察、参加会议和从事文化、经济、教育、科技和宗教等活动的外国人、华侨、港澳同胞和台湾同胞的总人数,但不包括外国在我国的常驻机构,如使领馆、通讯社、企业办事处的工作人员和来我国常住的外国留学生、专家及在岸逗留的不过夜人员。出境居民人数是指大陆居民因公务活动或私人事务短期出境的人数,其中包括在国际交通工具上的中国服务员工。国内旅游者人数是指我国大陆居民和在我国常住一年以上的外国人、华侨、港澳台同胞离开常驻地在境内其他地方的旅游设施内至少停留一夜,最长不超过六个月的人数。
客运量	客运量主要是指在一定阶段内公共汽车、火车、飞机等交通工具实际运送的旅客人数。
人均GDP	人均国内生产总值是由一年内实现的国内生产总值与常住人口相比计算得到的,是衡量各国人民生活水平的一个标准,其计算方法为:人均 GDP = GDP 总额/总人口。
第三产业	第三产业即服务业,主要包含:旅游业,住宿和餐饮业,金融业,交通运输,仓储和邮政业,计算机服务和软件业,批发和零售业,房地产业,科学研究,技术服务和地质勘察业,居民服务和其他服务业,社会保障和社会福利业,体育和娱乐业,公共管理和社会组织,国际组织等。
财政收入	财政收入是政府履行其职能、实施公共政策和提供公共物品与服务需要的一切资金的总和,是指一年内所取得的货币收入。
进出口总额	进出口总额是实际进出我国国境的货物总金额,主要包括对外贸易实际进出口货物;来料加工装配进出口货物;国家间、联合国及国际组织无偿援助物资和赠送品;华侨、港澳台同胞和外籍华人捐赠品;租赁期满归承租人所有的租赁货物;进料加工进出口货物;边境地方贸易及边境地区小额贸易进出口货物;中外合资企业、中外合作经营企业、外商独资经营企业进出口货物和公用物品;到、离岸价格在规定限额以上的进出口货样和广告品;从保税仓库提取在中国境内销售的进口货物以及其他进出口货物;等等。

续表

人均消费水平	人均消费水平主要是指一年内平均每人占有和享受的物质生活资料和服务的数量。
工业总产值	工业总产值是以货币表现的工业企业在一年内生产的工业产品总量，分为现价工业总产值和不变价工业总产值。
空气质量	空气质量根据空气污染物浓度来判断，它的好坏反映了空气污染程度。空气污染受许多因素影响，主要影响因素有车辆、船舶、飞机的尾气、工业污染、居民生活和取暖、垃圾焚烧、城市的发展密度、地形地貌等。
地表水	地表水是指陆地表面上动态水和静态水的总称，包含有河流、湖泊、沼泽、冰川、冰盖等。
植被覆盖率	植被覆盖率主要指森林面积与土地总面积之比，但在计算森林覆盖率时还包括灌木林面积、农田林网树占地面积以及四旁树木的覆盖面积，是反映森林资源和绿化水平的重要指标。
负离子浓度	负离子浓度是指单位体积空气中的负离子数目，其单位为个/立方厘米。
舒适度	舒适度是指人们对客观环境从生理与心理方面所感受的满意程度而进行的综合评价，受各种因素及条件的影响，舒适度会因个体差异而呈现不同结果。
生物多样性	生物多样性是描述自然界多样性程度的一个内容广泛的概念。本书中的生物多样性体现在多个层次上，是生物及其环境形成的生态复合体以及与此相关的各种生态过程的综合。

三、乡村旅游

本书中，乡村旅游是指传统乡村旅游与现代农业休闲旅游的结合，是以乡村的自然和文化为旅游吸引物，依托农村区域的优美景观、自然环境、建筑和文化等资源，在传统农村休闲游和农业体验游的基础上，拓展开发会务度假、休闲娱乐等项目的新兴旅游方式。旅游的时间不再局限于假期，能够充分利用乡村的资源，增加当地农民的收入，进而增加当地的财政收入，创造当地就业机会，给农业经济注入新活力。

四、乡村旅游竞争力

竞争力,是通过参与者双方或多方的一种角逐或比较而体现出来的综合能力。它是一种相对指标,必须通过竞争才能表现出来,笼统地说,竞争力有大有小或强或弱,但真正要准确测度出来又是比较难的。竞争力是竞争对象在竞争中显示的能力。本书主要研究的是山东省及各地市乡村旅游的竞争力,属于区域竞争力的一种,是各区域在乡村旅游市场竞争的过程中形成并表现出来的争夺资源或市场的能力,或者是一个区域在更大区域中相对于其他同类区域的资源优化配置能力。

第四章 山东省旅游经济与生态环境协调发展分析

第一节 旅游经济与生态环境协调发展影响因素分析

旅游经济与生态环境之间是相互影响、相互作用的,是一个紧密相连的整体,具体的影响作用可表现在以下三个方面。

一、旅游经济的发展对生态环境的改善具有促进作用

1. 旅游开发和旅游运营为旅游目的地带来良好的环境投资

为吸引更多的游客和改善与当地政府的关系,旅游开发者往往在开发过程中会针对生态环境问题进行投资改善,如建设污水处理厂和垃圾处理厂、种植大量观赏植物以提高植被覆盖率,改善旅游地区生态环境质量,保持旅游地区的生态平衡;同时,旅游经营者在经营过程中会通过维护性投资使得当地的生态环境保持在一个可接受的水平上。合理的环境投资促进生态环境的改善,吸引更多的游客,提高旅游业的收入,使得更多的投资投放到生态环境改善中来,形成旅游经济与生态环境协调发展的良性循环。

2. 旅游活动使得生态环境具有教育教学功能

旅游活动对旅游者、旅游景区经营者和当地政府部门都具有生态环境教育教学的功能和意义。随着人们生态旅游观念的改变和发展,越来

越多的旅游产品生产者开始注重旅游活动的生态环境教育功能，如许多湿地或海岸生态景区都建有博物馆、展览室等，为游客们介绍生态环境的性质、功能、演变过程等；导游人员经常在旅游过程中进行基本的生态环境要求，如"将垃圾放入垃圾桶""保护花草树木"等，使旅游者的行为满足生态环境保护的基本要求。随着旅游活动生态环境教育教学功能的逐渐发展，当旅游者到达相对陌生的环境中领略自然风光、感受当地人文，这时的旅游者更有可能出离工业社会的"人本位"视角，转而运用一种全新的视角审视和反思自然与个人、自然与社会的关系。这种反思通常会带来生态环境意识的觉醒和加强。与此同时，景区管理者也采用节能减排技术、加强游客教育等手段维护和保持旅游景区的生态平衡，减少乃至放弃伐木、放牧、狩猎等破坏当地生态环境的生活方式，保护旅游地区的生态环境。

二、旅游经济的发展对生态环境的改善具有胁迫作用

从旅游经济的整体来看，旅游系统的正常运转会消耗大量的水、食物及汽油等资源，同时会向环境系统产生大量的废水、垃圾等污染物。因此，旅游经济的发展对生态环境的改善具有胁迫作用，具体体现在旅游经济对水、土地、大气和动植物四个方面的胁迫作用。

1. 旅游经济对水的胁迫作用

旅游活动需要为游客们提供大量的水资源作为基本保障，因此，旅游经济的发展加大了旅游地区供水系统的负荷，同时，旅游活动产生大量的废水和废弃物被自然环境吸纳，引起旅游地区水质的污染。

2. 旅游经济对土地的胁迫作用

旅游活动对土地的影响是长期而巨大的，旅游的开发和运营对土地产生了多种影响。在开发阶段，旅游规划和施工建设对土地造成影响；在旅游运营阶段，景区企业和旅游者对土地产生胁迫作用，如景区企业对景区的日常维护中可能使用诸如化肥、农药等的化学物质，这些物质

渗入土壤后会改变土壤性质；旅游者可能将难以分解的垃圾丢进土壤，导致土地的污染等。

3. 旅游经济对大气的胁迫作用

旅游对大气的影响主要来自交通工具和旅游吃喝玩乐设施，如汽车轮船产生的尾气、供暖供水产生的废气、燃料燃烧产生的废气、餐厅厨房的废气等。旅游经济发展过程中的废气排放具有排放源分散、高度低且距离环境敏感的景区景点近、大多无净化除尘设施等特点，给旅游地区的大气带来胁迫作用。

4. 旅游经济对动植物的胁迫作用

旅游景区建设过程中，景区植物的群落分布发生了改变，可能引进外来植物。总之，旅游建设会影响植物的地表覆盖率、物种多样性、生长速度和年龄构成等。植物是生态环境的重要组成，地表植被的变化将直接导致动物的生存环境和种群分布也随之变化，从而使旅游对动植物产生胁迫作用。

三、生态环境的保护对旅游经济的发展具有支持作用

良好的生态环境可以吸引大量的游客，催生潜在旅游者的旅游动机，对旅游经济的发展起到支持作用。旅游者的良好体验、旅游活动的顺利进行、旅游经济的可持续发展，都离不开生态环境对旅游经济的支持。

四、生态环境对旅游经济的发展具有约束作用

生态环境在对旅游活动起支撑、容纳和净化作用的同时，恶化的生态环境亦会导致旅游目的地的吸引力降低、游客数量减少，从而影响区域旅游经济的发展，对旅游经济起到约束作用。

第二节 山东省旅游经济与生态环境协调发展现状调查

一、寿光市旅游经济与生态环境协调发展现状调查

1. 寿光市简介

寿光市位于山东半岛中部，渤海莱州湾南畔，是山东省县级市，属于潍坊市，总面积2180平方公里，2018年全市户籍人口为110.31万人，完成地区生产总值902.7亿元。寿光市地处鲁中北部沿海平原地区，境内小清河由羊角沟入海，引黄济青水渠横穿中部，还有弥河、丹河、桂河、张增河等大小河流16条，北部沿海、滩涂广阔。寿光市年均气温为13.2℃，年均降水量为708.4毫米，矿产资源主要有石油、卤水、砂子、煤炭等。寿光蔬菜批发市场是全国最大的蔬菜集散中心。寿光市境内古文化遗址有140多处，其中，边线王龙山文化城堡是中国迄今发现的龙山文化城堡中最大的一座，纪国故城遗址、呙宋台遗址都是省级重点文物保护单位，烈士陵园为省级文物保护单位。2016年1月，寿光被住房和城乡建设部评为首批"国家生态园林城市"。2019年1月，寿光市被认定为中国特色农产品优势区。①

2. 关于寿光市旅游经济与生态环境协调发展的问卷调查

近年来，寿光市旅游业发展迅速，在旅游带动经济发展的同时，寿光市也面临着生态环境严重破坏的问题。当前，寿光市的经济仍以传统钢铁、造纸、化工、橡胶塑料等重工业为主，生态环境危机持续加剧，因此，产业的调整升级任重道远。在新旧动能转化的新时机下，寿光旅游产业的发展对生态环境产生了巨大影响。

为解决寿光市旅游经济与生态环境协调发展问题，自2017年7月

---

① https://baike.baidu.com/item/寿光/268662?fromtitle=%E5%AF%BF%E5%85%89%E5%B8%82&fromid=2445802&fr=aladdin。

13 日开始，课题组组织 12 名师生成立"寿光市旅游与生态环境协调发展"调研团，到寿光市各旅游景区进行了为期 8 天的问卷调查和访谈活动，分别到寿光林海生态博览园、洰淀湖、弥河公园、牡丹园、蔬菜博览会、仓圣公园、田柳镇北岭村大棚采摘园等地发放调查问卷 230 份，访谈游客及工作人员 50 人，主要分析寿光市旅游经济与生态环境的相互影响，对寿光市旅游经济与生态环境的协调发展进行初步调研，确定寿光市旅游经济与生态环境协调发展的初步评价体系，利用 SPSS 软件对调研数据进行统计分析，确定寿光市旅游与生态环境协调发展的影响因素，找出寿光市旅游与生态环境协调发展的不足。此次调查，共发放调查问卷（调查问卷具体内容见附件）230 份，回收有效问卷 214 份，有效率 93.04%。具体数据整理如表 4-1 所示。

表 4-1　寿光市旅游与生态环境协调发展的调查问卷数据

题目	1题	2题	3题	4题	5题	6题	7题	8题	9题	10题	11题	12题	13题	14题	15题
选A人数	87	22	36	142	62	38	85	106	57	99	94	30	120	85	131
选B人数	59	101	64	13	48	59	86	48	76	46	51	49	41	44	36
选C人数	45	67	72	11	44	43	28	43	49	43	55	118	33	47	47
选D人数	23	24	42	48	60	15	15	17	32	26	14	17	20	38	
选E人数						59									

数据来源：基于寿光市的调查问卷整理。

用 SPSS 软件分析数据如表 4-2 所示。

表 4-2　寿光旅游与生态环境协调发展调查数据的 SPSS 统计量描述结果

| 题目 | N | 极小值 | 极大值 | 均值 | 标准差 | 方差 |
	统计量	统计量	统计量	统计量	统计量	统计量
第1题	4	23	87	53.50	26.802	718.333
第2题	4	22	101	53.50	37.864	1433.667
第3题	4	36	72	53.50	17.234	297.000
第4题	4	11	142	53.50	61.398	3769.667
第5题	4	44	62	53.50	8.851	78.333

续表

题目	N 统计量	极小值 统计量	极大值 统计量	均值 统计量	标准差 统计量	方差 统计量
第6题	5	15	59	42.80	18.171	330.200
第7题	4	15	86	53.50	37.332	1393.667
第8题	4	17	106	53.50	37.546	1409.667
第9题	4	32	76	53.50	18.267	333.667
第10题	4	26	99	53.50	31.586	997.667
第11题	5	14	88	42.80	29.710	882.700
第12题	4	17	118	53.50	44.963	2021.667
第13题	4	20	120	53.50	45.170	2040.333
第14题	4	38	85	53.50	21.331	455.000
第15题	3	36	131	71.33	51.965	2700.333
有效的 N（列表状态）	3					

表4-2的结果显示，数据符合要求，根据以上的结果，现对每个问题分析如下：

对于问题1"您是（　）"，有87人为当地居民，占40.65%；有59人为游客，占27.57%；45人为景区工作人员，占21.03%；23人为管理人员，占10.75%。

对于问题2"您的年龄（　）"，20岁以下有22人，占10.28%；20~40岁有101人，占47.20%；40~60岁有67人，占31.31%；60岁以上有24人，占11.21%。

对于问题3"您的职业（　）"，有36人选择学生，占16.82%；64人选择工人，占29.91%；有72人选择农民，占33.64%；有42人选择事业单位或公务员，占19.63%。

对于问题4"您的学历（　）"，有142人选择大专及以下，占66.36%；有13人选择本科，占6.07%；有11人选择硕士研究生，占5.14%；有48人选择博士研究生，占22.43%。

对于问题5"您一年平均旅游次数（ ）"，有62人选择一次，占28.97%；有48人选择两次，占22.43%；有44人选择三次，占20.56%；有60人选择四次及以上，占28.04%。

对于问题6"您最喜欢的寿光景点是（ ）"，有38人选择蔬菜博览会，占17.76%；有59人选择弥河公园，占27.57%；有43人选择林海博览园，占20.09%；有15人选择王高塔，占7.01%；有59人选择其他景点，占27.57%。

对于问题7"您在旅游过程中对游客的行为最痛恨的是（ ）"，有85人选择随意破坏周围环境，如刻字留言等，占39.72%；有86人选择随便乱丢垃圾、随地吐痰、随地大小便等，占40.19%；有28人选择看到喜欢的石头、贝壳等任意带走，占13.08%；有15人选择对景区周围的事物和人员指指点点，挑三拣四，占7.01%。

对于问题8"您注重景点的环境质量吗？（ ）"，有106人选择注重，如果景点环境不好，会影响心情和旅游，占49.53%；有48人选择注重，但不影响旅游，占22.43%；有43人选择一般，看景点的类型而定，如果不是自然景区，那要求就不高，占20.09%；有17人选择无所谓，不会对旅游造成任何影响，占7.94%。

对于问题9"您认为寿光各旅游景点中存在最严重的问题是（ ）"，有57人选择空气污染，占26.64%；有76人选择水污染，占35.51%；有49人选择植被锐减，占22.90%；有32人选择土地污染，占14.95%。

对于问题10"您认为寿光旅游与生态环境之间最重要的影响是（ ）"，有99人选择促进效应，促进寿光旅游的发展，形成良性循环，占46.26%；有46人选择胁迫效应，旅游对水、土地、大气和动植物有胁迫影响，占21.50%；有43人选择支持效应，寿光旅游与生态环境相互支持与发展，占20.09%；有26人选择约束效应，恶化的生态环境会导致吸引力降低、游客数量减少，起到制约作用，占12.15%。

对于问题11"您认为寿光旅游与生态环境的协调性主要体现在哪方面？（ ）"，有88人选择游客规模与自然环境承载力的协调，占41.12%；有45人选择游客规模与经济环境承载力的协调，占21.03%；有49人选择游客规模与社会环境承载力的协调，占22.90%；有14人选择旅游资源利用与生态环境的协调，占6.54%；有18人选择游客与当地居民、文化的协调，占8.41%。

对于问题12"您认为在寿光发展旅游的着重点应放在（ ）"，有30人选择旅游规模，占14.02%；有49人选择生态环境，占22.90%；有118人选择旅游与生态环境的协调，占55.14%；有17人选择经济收入，占7.94%。

对于问题13"当您看到有人在寿光的景区内破坏环境，会采取什么措施？（ ）"，有120人选择立刻上前阻止，并且劝说不要再有类似行为，占56.07%；有41人选择上前阻止，并且会发微博痛斥此行为，占19.16%；有33人选择装作没有看到，并且立刻走开，以免有人误会是自己干的，占15.42%；有20人选择司空见惯，无所谓，占9.35%。

对于问题14"您认为寿光发展旅游业，政府最应该采取什么措施保护生态环境？（ ）"，有85人选择控制景点在各时段的旅游人数，减少环境压力，占39.72%；有44人选择合理规划景点开发，宁缺毋滥，占20.56%；有47人选择加大环境保护的宣传力度，普及保护生态环境的知识教育，占21.96%；有38人选择加大对环境的维护和改善的投入，占17.76%。

对于问题15"您如果作为一名游客，感觉到在旅游过程中，必须但又很难做到的是（ ）"，有131人选择保护当地环境，做到不乱扔垃圾和随地刻画，占61.21%；有36人选择不过分利用当地资源，如捕捉当地野生动物等，占16.82%；有47人选择提倡并践行生态旅游，占21.96%。

3. 关于寿光市旅游经济与生态环境协调发展的访谈

为了更好地了解寿光市旅游经济与生态环境协调发展问题，本团队在进行调查问卷的同时对各个旅游景点的工作人员、游客、当地居民等进行了访谈，共回收访谈记录 42 份。主要对五个问题进行了询问，访谈结果总结如下：

（1）您认为当前寿光旅游发展怎样？

对该问题的回答，很多人认为寿光的旅游发展较好，景点较多，发展前途较为广阔，但大部分人对寿光旅游的发展提出了批评，主要方面涉及：寿光旅游发展缓慢，政府部门对旅游景点不够重视，投入不足，同时后期维护不佳，造成了一定程度的环境污染；寿光旅游季节性较强，主要旅游旺季都集中在菜博会期间，其他时间旅游吸引力欠缺；寿光旅游景点虽然多，但是景点建设落后，吸引力不够，设施等不够完善，有些旅游景点对水资源造成了一定的污染；寿光有很多文化古迹，但可以旅游的文化景点几乎没有。

（2）您认为当前寿光的生态环境如何？有什么建议？

对该问题的回答，大部分游客认为，寿光的生态环境还可以或者较好，但绝大部分当地人认为寿光的生态环境污染严重，主要涉及以下几个方面：水污染严重，地下水已经不能直接饮用，含有对身体有害的物质，影响鱼类、鸟类的生存；土地污染严重，生活垃圾乱扔，耕地面积减少；空气污染严重，寿光的化工企业、钢铁企业、淀粉厂等对空气造成了大量污染，使得寿光每年空气良好的天数逐渐减少；在生态环境治理方面的投入较少，绿化不够；空气质量需要加强治理，控制汽车尾气的排放；等等。

（3）您认为寿光的旅游业对生态环境有什么影响？

对该问题的回答，有几个人认为没什么影响，大多数人认为寿光的旅游业对生态环境影响还是较大的，主要表现在：旅游业对寿光的经济有促进作用，带动了经济的发展，但也对环境带来了破坏；个别游客素质低下，对景点周围造成了环境影响，如随地大小便、乱丢白色垃圾、随意采摘花朵和践踏草坪等；旅游业的发展和生态环境是密切相关的，相互作用，应加大投入，对相关破坏生态环境的行为进行制止及保护环境；旅游业的快速发展加快了水资源的污染，造成了植被流失。

（4）您认为寿光旅游经济与生态环境能够协调发展吗？

对该问题的回答，只有三个访谈者认为寿光市旅游经济与生态环境不能协调发展，大多数人认为可以通过一些措施或者政策等让寿光旅游经济与生态环境协调发展，主要可以从以下几个方面着手：政府的支持是寿光旅游经济与生态环境协调发展的前提条件；旅游经济的发展对寿光的环境造成了一定的污染，需要增强群众的保护意识；制定相关的政策，加大对旅游经济与生态环境协调发展的监控。

（5）请给出您对寿光旅游经济与生态环境协调发展的合理化建议。

通过访谈，整理对寿光旅游经济与生态环境协调发展的建议如下：合理利用旅游资源，不要破坏景点建设；加大政府投入，在保证旅游经济的持续、快速发展的同时，加大生态环境的保护；增加绿化面积，每年进行植树造林；对旅游进行合理安排，加强监督，加强对游客的文明指导；合理开发旅游资源，特别是自然资源，尽量避免水资源的污染、空气的污染。

4. 关于寿光旅游经济与生态环境协调发展调查问卷和访谈的主要结果

通过本次关于寿光市旅游经济与生态环境协调发展的问卷调查和专家访谈，可以看出以下几点：

（1）寿光市旅游经济与生态环境协调发展存在诸多问题，旅游与生态环境发展不够协调。

（2）寿光市旅游景区在规划过程中虽然针对生态环境保护方面有具体的措施和方案，但成效不大，生态环境保护工作不明显。

（3）寿光市旅游景区内环境监管缺位，部分景点开发缺乏系统规划。

（4）寿光市旅游景区管理体制不畅，对生态环境保护的职责不明确。

5. 寿光市旅游经济与生态环境协调发展策略

（1）倡导生态旅游。

生态旅游是旅游经济与生态环境的有机结合体，两者相互联系，相互作用，缺一不可。因此，旅游经济与生态环境的可持续发展，是两者协调发展的基本保障。同时，旅游经济的发展必须讲求科学化，勿急于求进，也不要不发展或缓慢发展，失去机会，影响城市旅游竞争力。旅游经济发展要把握一个能够承受的度，这就需要社会力量的集体参与，实现多层次、多方位、多路径可持续发展，进而实现生态环境的可持续发展，从而保证生态旅游的可持续化。

（2）加强生态旅游的宣传力度。

生态旅游的可持续发展离不开全方位的宣传和对游客、旅游从业人员、景区工作人员等的全面教育，只有这样才能让旅游创新的思想植根于旅游从业人员心中，进而保障生态旅游的服务质量和环境质量。旅游目的地附近的宾馆酒店、从业人员、周边群众等都必须认识到生态环境可持续发展的重要性，学会生态旅游的基本流程和注意事项，提供生态旅游的服务和引导，为游客宣传生态旅游和环境保护理念。同时，旅游地要全面布局规划生态旅游标识，循环播放生态旅游和环境保护宣传视频，悬挂生态旅游和环境保护横幅，宣传破坏生态环境的惩戒措施，让生态环境保护与旅游休闲度假紧密结合，实现生态旅游的可持续发展，进而实现旅游经济与生态环境的协调发展。

（3）加强生态旅游的科学规划和科学管理。

在加强生态旅游的科学规划过程中，首先，要对旅游地旅游资源科学分析，规划科学的生态旅游项目，确保生态旅游资源的可持续发展；其次，要对生态旅游资源进行科学调研，确定旅游地生态旅游特色，保证生态旅游的规划布局合理规范，不能过度开发，以免造成生态环境的破坏与污染；最后，在开发生态旅游项目的过程中要统筹兼顾，既要吸引高收入人群，也要让低收入人群能够参与，做到有层次的开发，保障旅游项目开发适度，生态环境得到保护。在加强生态旅游的科学管理过程中，要强化生态旅游的管理，尽量实施旅游地城市统一管理，设立统一的生态旅游管理和监督部门，这样不仅节省投入，还能提升城市旅游竞争力。

（4）加大生态环境保护与治理的投入资金。

环境保护是关系到每一个人的大事，是当前社会的热点问题。国家在发展旅游经济的同时必须加大环境保护的投入及环境治理的力度，真正做到旅游经济与生态环境协调发展，让旅游产业为生态环境保驾护航。因此，旅游管理部门应该招商引资，加大投入，建设旅游环保文化，在各个景区内多设置可分离的垃圾箱，规划最合理的旅游路线，进行门票改革等。另外，应创新观念，积极开发特色旅游产品，升级旅游产业链，为生态环境的保护与治理提供持续资金，保障旅游经济与生态环境协调发展的充足资金。

二、关于山东省旅游经济与生态环境协调发展影响因素的调查

山东省位于中国东部沿海，黄河下游，经济相对较发达，海陆交通便利，其人口众多，2018年常住人口10047.24万人，地区生产总值为76469.7亿元。截至2019年1月，山东省内有16个地级市，县级单位137个（市辖区55个、县级市26个、县56个），乡镇级行政单位1824个［街道办事处660个、镇1094个（回族镇4个）、乡70个］。山东省文化底蕴深厚，旅游业较发达，2018年的旅游消费总额为10461.2亿元，星级旅游饭店637家，A级旅游景区1275家，旅行社2303家，新获国家评定5星级旅游饭店2家，国家级旅游度假区1家。省级以上旅游度假区46家，省级旅游强乡镇527个，省级旅游特色村1180个。全域旅游集散和咨询服务中心286处，跨界融合新业态旅游项目687个。[①]

---

① https://baike.baidu.com/item/山东/155740?fromtitle=%E5%B1%B1%E4%B8%9C%E7%9C%81&fromid=209822&fr=aladdin。

山东省旅游业在多年的发展过程中逐渐形成了两个旅游区,即鲁东和鲁西。鲁东以青岛、烟台、威海为核心城市,形成"黄金海岸"旅游区;鲁西以济南、济宁、泰安为代表,形成"山水圣人"旅游区。旅游资源是山东省旅游经济发展的基础和前提。

1. 山东省旅游资源优势

山东地处黄河下游,北接京津冀,南临长三角,与韩国、日本隔海相望,陆地面积15.79万平方公里,大陆海岸线3345公里。作为经济大省、文化大省、人口大省,山东既有深厚的文化底蕴,又有秀美的自然风光,更有一亿热情好客的山东人民。尤其是五张"旅游名片",光彩夺目、声名远播。

第一张名片是"齐鲁大地"。山东是中华文明的重要发祥地。早在四五千年以前的大汶口文化和龙山文化时期,山东已经出现了精美的石器、玉器、薄如蛋壳的陶器和最原始的文字。春秋战国时代的齐国和鲁国,为后世留下了大量的文化瑰宝和历史传奇,在中华文明史上书写下浓墨重彩的一笔。历经数千年积淀,山东名胜古迹数量众多、类型丰富,集中展现了伟大中华民族的发展进程。踏古寻踪、访问历史,齐鲁大地不容错过。

第二张名片是"孔孟之乡"。山东素来是中国人思想文化上的"圣地"。世界十大思想家之首——"至圣"孔子和"亚圣"孟子,均诞生在山东。除了孔孟,山东还有十大圣人,即"述圣"子思、"宗圣"曾子、"复圣"颜子、"兵圣"孙子、"科圣"墨子、"农圣"贾思勰、"工圣"鲁班、"书圣"王羲之、"算圣"刘洪、"智圣"诸葛亮,以及庄子、荀子、孙膑、扁鹊、颜真卿、张择端、李清照、辛弃疾、蒲松龄等文化巨人。这些历史先贤的伟大作品,对民族精神的养成产生了深远影响。访圣人故里、品圣贤华章、发古今幽思,山东是不二之选。

第三张名片是"海岱胜境"。山东的自然风光不胜枚举,最具代表性的是"一山二水一海岸"。"一山",就是五岳之首的泰山,雄峙于山东中部,被誉为"中华第一山",是全球知名的世界自然与文化双遗产。"二水",指中华民族的"母亲河"——黄河和世界最长的运河——京杭大运河,黄河三角洲四季皆美,山东运河两岸被誉为"镌刻着历史的文化长廊"。"一海岸",就是占全国1/6的海岸线,美丽的海岸带和滩、湾、岛、礁多姿多彩、别具一格,"帆船之都"青岛、"宜居之城"威海、"人间仙境"蓬莱、"阳光海岸"日照等滨海旅游城市群享誉海内外。

第四张名片是"红色圣地"。山东是沂蒙精神的诞生地,有着光荣的革命传统,在战争年代留下了无数可歌可泣的英雄故事和珍贵文物。全省共有不可移动革命文物931处,时间跨度超过100年,完整反映了中国近代以来的革命进程。1894年的甲午战争、抗日战争正面战场取得重大胜利的台儿庄大捷、解放战争期间扭转华东战局的孟良崮战役,以及红嫂的故事、铁道游击队的故事、地雷战的故事,都陈列在山东大地上。

第五张名片是"好客山东"。近年来,山东省委、省政府高度重视旅游业发展,以"好客山东"为统领,倾力打造东方圣地、仙境海岸、平安泰山、泉城济南、齐国故都、鲁风运河、水浒故里、黄河入海、亲情沂蒙、鸢都龙城十大文化旅游目的地品牌,以及国际孔子文化节、青岛国际啤酒节、泰山登山节、潍坊国际风筝会、菏泽牡丹花会等重大节会,努力创建国家全域旅游示范省。截至2016年底,全省A级景区总数达到1054家(5A级景区11家),旅游度假区45家(国家级3家),旅游星级饭店700家。

2. 山东省旅游经济与生态环境协调发展影响因素调查

为确定山东省旅游经济与生态环境协调发展的影响因素,构建科学合理的山东省旅游经济与生态环境协调发展的评价指标体系,2017年10月,课题组通过发放纸质问卷、网络问卷的方式对山东省高校大学生、景区工作人员、游客、旅行社在职人员、退休人员、事业单位人员、公务员等各行各业的人群发放"关于山东省旅游经济与生态环境协调发展影响因素的调查"的调查问卷。计划发放问卷3000份，实际发放问卷2632份，回收有效问卷2378，有效率为90.35%；计划用时30天完成，实际用时46天完成。具体数据统计如表4-3所示。

表4-3 山东省旅游经济与生态环境协调发展影响因素的调查问卷数据

题目	1题	2题	3题	4题	5题	6题	7题	8题	9题	10题
选A人数	1417	201	357	811	1018	85	1013	645	99	1096
选B人数	961	640	416	536	367	493	633	1255	760	1576
选C人数		1048	923	429	515	1171	422	359	734	1421
选D人数		489	682	602	204	508	116	32	347	1918
选E人数					274	121	194	87	438	877
选F人数										964
选G人数										632
选H人数										
选I人数										
选J人数										
选K人数										

题目	11题	12题	13题	14题	15题	16题	17题	18题	19题	20题
选A人数	2298	2301	2276	131	1592	1854	1421	394	956	131
选B人数	2005	2278	2315	1232	1284	1338	554	978	201	729
选C人数	1058	1953	1958	395	1703	1501	364	782	152	996
选D人数	1898	2116	1893	407	1255	1618	11	198	826	319
选E人数	1012	2107	1819	213	1054	864	28	26	243	203
选F人数	1996	1854	1905		1328	1427				
选G人数	1765	2065	1845	1009						
选H人数	1854	986	1803							
选I人数	1109		1665							
选J人数			1554							
选K人数			1432							

数据来源：基于山东省的调查问卷整理。

根据表4-3，用Excel画出山东省旅游经济与生态环境协调发展影响因素调查数据柱状图,如图 4-1 所示。

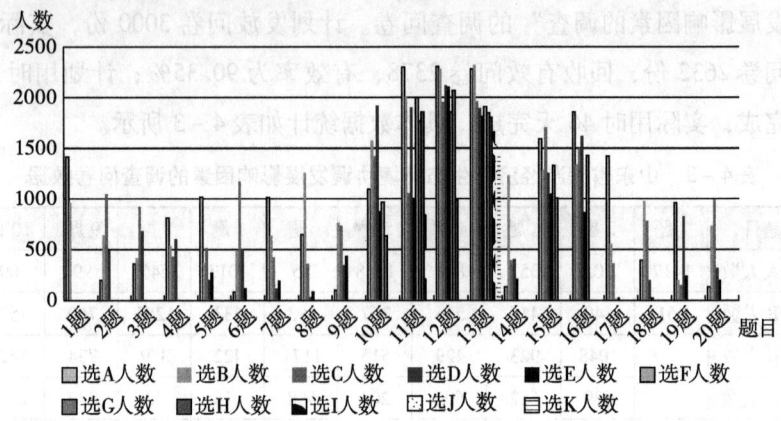

图 4-1　山东省旅游经济与生态环境协调发展影响因素调查数据柱状图
数据来源:基于山东省的调查问卷整理。

现对"关于山东省旅游经济与生态环境协调发展影响因素的调查"调查问卷每个问题分析如下:

对于问题 1 "您的性别是(　　)",有 1417 人为男,占 59.59%;有 961 人为女,占 40.41%。

对于问题 2 "您的年龄为(　　)",20 岁以下有 201 人,占 8.45%;20~35 岁有 640 人,占 26.91%;35~50 岁有 1048 人,占 44.07%;50 岁以上有 489 人,占 20.56%。

对于问题 3 "您的文化程度为(　　)",有 357 人选择中专及以下,占 15.01%;有 416 人选择大专,占 17.49%;有 923 人选择大学本科,占 38.81%;有 682 人选择研究生及以上,占 28.68%。

对于问题 4 "您的专业为(　　)",有 811 人选择旅游管理相关专业,占 34.10%;有 536 人选择生态环境相关专业,占 22.54%;有 429 人选择其他管理学专业,占 18.04%;有 602 人选择其他理工、教育学等专业,占 25.32%。

对于问题 5 "您的职业为(　　)",有 1018 人选择学生,占 42.81%;

367人选择教师，占15.43%；有515人选择旅游业从业人员，占21.66%；有204人选择机关干部，占8.58%；有274人选择其他，占11.52%。

对于问题6"您在山东旅游的频率为（　）"，有85人选择一周一次及以上，占3.57%；有493人选择一月一次，占20.73%；有1171人选择三个月一次，占49.24%；有508人选择半年及以上一次，占21.36%；有121人选择从来没有在山东旅游过，占5.09%。

对于问题7"您在旅游过程中关注过山东省的生态环境质量吗？（　）"，有1013人选择关注过，生态环境对旅游的心情有很大影响，占42.60%；有633人选择关注过，不过不太在意，生态环境对旅游影响不大，占26.62%；有422人选择很少关注，一般只关注景点，占17.75%；有116人选择无所谓，生态环境的质量与旅游无关，占4.88%；194人选择从不关注，不会对旅游造成任何影响，占8.16%。

对于问题8"您认为山东省旅游经济的发展情况为（　）"，有645人选择很好，已经很发达了，占27.12%；有1255人选择较好，还不够发达，占52.78%；有359人选择一般，基本满足群众的需求，占15.10%；有32人选择很差，跟不上社会的发展，占1.35%；有87人选择没有注意，不知道，占3.66%。

对于问题9"您认为山东省旅游景点最吸引人的因素是（　）"，有99人选择交通，占4.16%；有760人选择服务，占31.96%；有734人选择旅游设施，占30.87%；有347人选择景点费用，占14.59%；有438人选择生态环境，占18.42%。

对于问题10（多选题）"您认为影响山东省旅游经济与生态环境协调发展的主要因素有哪些？（　）"，有1096人选择社会因素，占46.09%；有1576人选择旅游因素，占66.27%；有1421人选择经济因素，占59.76%；有1918人选择生态环境因素，占80.66%；有877人选择国家政策因素，占36.88%；有964人选择人口因素，占40.54%；有632人选择其他，占26.58%。

对于问题11（多选题）"您认为影响山东省旅游的主要指标有哪些？（　）"，有2298人选择旅游总收入，占96.64%；有2005人选择游客总人数，占84.31%；有1058人选择山东省旅游景点个数，占44.49%；有1898人选择铁路、民航、公路客运量，占79.81%；有1012人选择旅游商品种类，占42.56%；有1996人选择旅游商品销售总量，占83.94%；有1765人选择旅游餐饮供应总量，占74.22%；有1854人选择旅游客房提供总量，占77.96%；有1109人选择人均消费水平，占46.64%。

对于问题12（多选题）"您认为影响山东省经济发展的主要指标有哪些？（　）"，有2301人选择人均GDP，占96.76%；有2278人选择地区GDP，占95.79%；有1953人选择工业产值总量，占82.13%；有2116人选择第三产业总收入，占88.98%；有2107选择财政总收入，占88.60%；有1854人选择进出口总额，占77.96%；有2065人选择人均消费水平，占86.84%；有986人选择人口总数，占46.64%。

对于问题13（多选题）"您认为影响山东省生态环境的主要指标有哪些？（　）"，有2276人选择空气质量，占95.71%；有2315人选择地表水质量，占97.35%；有1958人选择植被覆盖率，占82.34%；有1893人选择声环境质量，占79.60%；有1819人选择负离子浓度，占76.49%；有1905人选择气候舒适度，占80.11%；有1845人选择生物多样化，占77.59%；有1803人选择地面清洁度，占75.82%；有1665人选择人口密度，占70.02%；有1554人选择化学产品产量，占65.35%；有1432人选择年降水量，占60.22%。

对于问题14"您对'生态旅游'的了解程度为（　）"，有131人选择非常了解，占5.51%；有1232人选择略有了解，占51.81%；有395人选择不了解，占16.61%；有407人选择无所谓，占17.12%；有213人选择没听过，占8.96%。

对于问题15（多选题）"您认为'生态旅游'包括哪些方面？

（　）"，有1592人选择认识自然生态环境，占66.95%；有1284人选择了解当地文化，放松身心，占53.99%；有1703人选择获得美的感受，占71.61%；有1255人选择保护景区自然生态环境，占52.78%；有1054人选择尊重当地风俗，占44.32%；有1328人选择发展当地经济，占55.85%；有1009人选择提高旅游者的环保意识，占42.43%。

对于问题16（多选题）"您认为山东省生态环境存在哪些问题？（　）"，有1854人选择"三废"污染严重，占77.96%；有1338人选择旅游产业开发不合理，占56.27%；有1501人选择违规建筑多，占63.12%；有1618人选择化工橡胶造纸等污染企业多，占68.04%；有864人选择人工畜禽养殖，占36.33%；有1427人选择环境保护与治理制度不完善，占60.01%。

对于问题17"您认为山东省生态环境是否对旅游经济产生影响？（　）"，有1421人选择影响很大，占59.76%；有554人选择有一定的影响，占23.30%；有364人选择没有太大影响，占15.31%；有11人选择完全不影响，占0.46%；有28人选择无所谓，占1.18%。

对于问题18"您认为山东省旅游经济与生态环境是否协调发展？（　）"，有394人选择非常协调，占16.57%；有978人选择比较协调，占41.13%；有782人选择一般协调，占32.88%；有198人选择不协调，占8.33%；有26人选择无所谓，占1.09%。

对于问题19"您认为旅游从业人员最应该采取什么措施保护生态环境？（　）"，有956人选择生态环境保护知识的讲解，占40.20%；有201人选择控制参团人数，减少环境压力，占8.45%；有152人选择正确引导游客消费，占6.39%；有826人选择多开发绿色环保生态旅游线路，占34.74%；有243人选择健康参与，少坐车，占10.22%。

对于问题20"您认为山东省政府部门最应该采用什么措施促进生态环境协调？（　）"，有131人选择控制游客人数，减少生态环境压力，占5.51%；有729人选择合理规划，科学开发景点，宁缺毋滥，占

30.66%；有996人选择加大环境保护宣传力度，倡导生态旅游，占41.88%；有319人选择加大对环境维护和质量的投入，占13.41%；有203人选择制定并实施破坏生态环境的处罚措施，占8.54%。

3. 山东省旅游经济与生态环境协调发展影响因素分析

通过对"关于山东省旅游经济与生态环境协调发展影响因素的调查"调查问卷的分析，确定山东省旅游经济与生态环境协调发展的主要影响因素如下：

（1）根据调查问卷中问题10的结果，旅游因素、经济因素、生态环境因素的选题率都超过50%，是该题的前三位，所以选定旅游因素、经济因素、生态环境因素为山东省旅游经济与生态环境协调发展的主要影响因素。

（2）根据调查问卷中问题11的结果，旅游总收入，游客总人数，铁路、民航、公路客运量，旅游商品销售总量，旅游餐饮供应总量，旅游客房提供总量六个指标的选题率都超过50%，因此选定旅游总收入，游客总人数，铁路、民航、公路客运量，旅游商品销售总量，旅游餐饮供应总量，旅游客房提供总量六个指标为山东省旅游因素中的主要影响指标。

（3）根据调查问卷中问题12的结果，人均GDP、工业产值总量、第三产业总收入、财政总收入、进出口总额、人均消费水平六个指标的选题率都超过50%，虽然地区GDP的选题率也超过50%，但根据指标选取不能重复的原则，选取人均GDP，舍弃地区GDP，因此选定人均GDP、工业产值总量、第三产业总收入、财政总收入、进出口总额、人均消费水平六个指标为山东省经济因素中的主要影响指标。

（4）根据调查问卷中问题13的结果，该题所有选项的选题率都超过50%，在此选取选题率超过75%的选项作为山东省生态环境因素中的主要影响指标，具体为空气质量、地表水质量、植被覆盖率、声环境质量、负离子浓度、气候舒适度、生物多样化、地面清洁度八个指标。

4. 山东省旅游经济与生态环境协调发展的建议与对策分析

通过对"关于山东省旅游经济与生态环境协调发展影响因素的调

查"调查问卷的分析，提出山东省旅游经济与生态环境协调发展的建议与对策分析，具体如下：

（1）根据调查问卷中问题 14 的结果可以看出，大部分对生态旅游不够了解，只有约 5.51% 的人非常了解，还有约 8.96% 的人没有听过，因此，必须要加大生态旅游的宣传力度，让人们及时充分了解生态旅游。

（2）根据调查问卷中问题 15 的结果可以看出，人们在对生态旅游的理解中，选择获得美的感受的人比重最大，约占 71.61%，其次是认识自然生态环境，约占 66.95%。也就是说，人们在旅游过程中最注重的是对美的获取，其次才是自然生态环境，但是只有自然生态环境得到保护，游客才可能获取美的体验，一旦生态环境遭到破坏，肯定无法得到美的感受。

（3）根据调查问卷中问题 16 的结果可以看出，关于山东省生态环境问题中，有 77.96% 的人认为"三废"污染严重，其次有 68.04% 的人认为化工橡胶造纸等污染企业多，因此，要加强"三废"的处理，严格监管化工橡胶造纸等污染企业。

（4）根据调查问卷中问题 17 的结果可以看出，59.76% 的人认为生态环境对旅游经济的影响很大，因此，必须要保证生态环境的可持续发展，保证生态环境和旅游经济协调发展。

（5）根据调查问卷中问题 18 的结果可以看出，41.13% 的人认为山东省旅游经济与生态环境协调发展属于比较协调层次，也就是说，山东省旅游经济的发展和生态环境的保护做得比较好，但还没达到最协调的程度。

（6）根据调查问卷中问题 19 的结果可以看出，40.20% 的人认为旅游从业人员最应该通过生态环境保护知识的讲解来保护生态环境，同时，还可以多开发一些绿色环保的生态旅游线路。

（7）根据调查问卷中问题 20 的结果可以看出，41.88% 的人认为，山东省政府部门应该加大环境保护宣传力度，倡导生态旅游，同时做到合理规划，科学开发景点，宁缺毋滥。

第三节　旅游经济与生态环境协调评价指标体系

一、旅游经济与生态环境协调发展评价指标选取原则

旅游经济与生态环境协调发展的评价体系是一个由多因素构成的多层次的复杂的完整的系统，在选择旅游经济与生态环境协调发展评价指标的过程中要遵循一定的原则，具体原则如下：

1. 科学评价与系统评价相结合的原则

旅游经济与生态环境协调发展的评价体系必须科学合理，必须能够充分反映出旅游经济与生态环境协调发展的内在机理。评价指标必须简捷、准确，其测量的方法符合国家标准规范，能够全面综合反映旅游经济与生态环境协调发展的实现程度，能够全面反映旅游经济与生态环境协调发展的各个方面。

2. 层次评价与整体评价相结合的原则

旅游经济与生态环境协调发展的评价体系是一个整体，必须全面系统反映旅游发展特征，既要有旅游经济和生态环境发展主要特征的指标，又要有反映各子系统相互协调动态变化和发展方向的指标，形成比较明显的层次。

3. 动态评价与稳定评价相结合的原则

旅游经济与生态环境协调发展是不断变化的，衡量旅游经济与生态环境协调发展的有关指标的评价值必须具有动态性，但是为了评价结果的计算，选取的指标应具有相对稳定的数据以及一定的稳定性。因此，所构建的评价指标体系要求一方面可以反映旅游经济与生态环境协调发展的现状；另一方面要具有一定的弹性，既有从时间与空间序列来评价和判断的功能，又可以灵活地反映旅游经济与生态环境协调发展的程度。

4. 精确评价与模糊评价相结合的原则

选取旅游经济与生态环境协调发展的评价指标需要有精确的数据，

根据其数据进行评价，但是有些指标没法给出具体的数据，只需明确评价的方向或趋势即可，因此需要精确评价与模糊评价相结合。

二、山东省旅游经济与生态环境协调发展评价指标体系

根据前期研究和调查问卷的结果分析，结合山东省的实际情况，可确定山东省旅游经济与生态环境协调发展评价指标体系由3个一级影响系统和16个二级影响因素构成，如表4-4所示。

表4-4 山东省旅游经济与生态环境协调发展评价指标体系

目标	一级指标	二级指标	指标类型
山东省旅游经济与生态环境协调发展的评价指标体系	旅游子系统	旅游总收入	△
		旅游者总人数	△
		铁路、民航、公路客运量	△
		旅游商品销售总量	△
		旅游餐饮供应总量	△
		旅游客房供应总量	△
	经济子系统	人均GDP	△
		第三产业总收入	△
		财政总收入	△
		进出口总额	△
		人均消费水平	△
		工业产值总量	△
	生态环境子系统	空气质量	△
		地表水质量	●
		声环境质量	●
		植被覆盖率	△
		负离子浓度	●
		气候舒适度	●
		生物多样性	●
		地面清洁度	●

注：△代表定量类型，●代表定性类型。

第四节　山东省旅游经济与生态环境协调发展的评价

根据搜集的数据计算山东省旅游经济与生态环境协调发展评价指标的权重，建立山东省旅游经济与生态环境协调发展的评价模型，并根据所得数据进行仿真计算。

一、山东省旅游经济与生态环境协调发展的评价指标权重

利用层次分析法确定山东省旅游经济与生态环境协调发展评价指标体系中各指标的权重值。制作山东省旅游经济与生态环境协调发展评价的层次结构图，如图4-2所示。

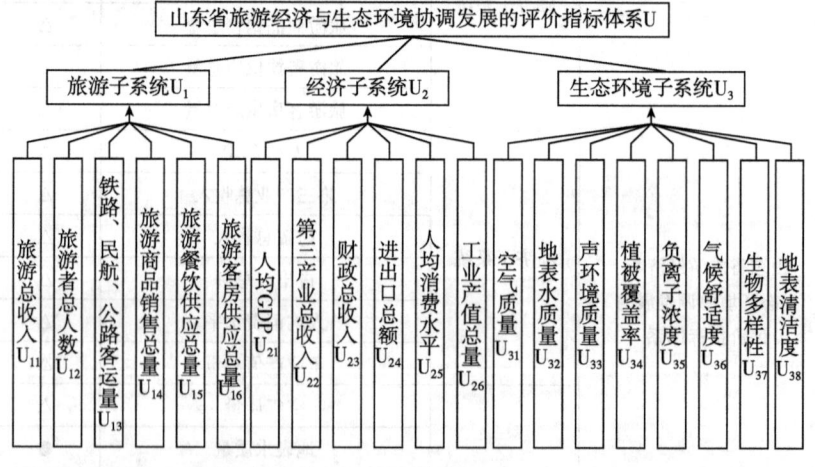

图4-2　山东省旅游经济与生态环境协调发展评价的层次结构

根据调查问卷搜集的数据，利用 AHP 软件计算山东省旅游经济与生态环境协调发展评价指标权重值，具体结果如表4-5~表4-8所示。

表4-5 一级评价指标针对目标的两两比较矩阵及检验结果

目标 一级评价指标	山东省旅游经济与生态环境协调发展评价P			权重	最大特征值	一致性比率
	旅游子系统 U_1	经济子系统 U_2	生态环境子系统 U_3			
旅游子系统 U_1	1	2	1/3	0.0869		
经济子系统 U_2	1/2	1	4	0.2737	3.0540	0.0520
生态环境子系统 U_3	3	1/4	1	0.6393		

表4-6 二级评价指标针对一级评价指标旅游子系统 U_1 的两两比较矩阵及检验结果

一级指标 二级评价指标	旅游子系统 U_1						权重	最大特征值	一致性比率
	旅游总收入 U_{11}	旅游者总人数 U_{12}	铁路、民航、公路客运量 U_{13}	旅游商品销售总量 U_{14}	旅游餐饮供应总量 U_{15}	旅游客房供应总量 U_{16}			
旅游总收入 U_{11}	1	1/4	1/2	3	4	1/3	0.1053		
旅游者总人数 U_{12}	4	1	3	7	9	2	0.4006		
铁路、民航、公路客运量 U_{13}	2	1/3	1	3	7	1/2	0.1635		
旅游商品销售总量 U_{14}	1/3	1/7	1/3	1	2	1/4	0.0528	6.1289	0.0205
旅游餐饮供应总量 U_{15}	1/4	1/9	1/7	1/2	1	1/7	0.0303		
旅游客房供应总量 U_{16}	3	1/2	2	4	7	1	0.2474		

表4-7 二级评价指标针对一级评价指标经济子系统 U_2 的两两比较矩阵及检验结果

一级评价指标 二级评价指标	经济子系统 U_2						权重	最大特征值	一致性比率
	人均GDP U_{21}	第三产业总收入 U_{22}	财政总收入 U_{23}	进出口总额 U_{24}	人均消费水平 U_{25}	工业产值总量 U_{26}			
人均 GDP U_{21}	1	1/3	3	2	1/3	5	0.1390	6.0621	0.0099
第三产业总收入 U_{22}	3	1	8	5	1	9	0.3644		
财政总收入 U_{23}	1/3	1/8	1	1/2	1/6	1	0.0443		
进出口总额 U_{24}	1/2	1/5	2	1	1/4	3	0.0829		
人均消费水平 U_{25}	3	1	6	4	1	1	0.3346		
工业产值总量 U_{26}	1/5	1/9	1	1/3	1/9	1	0.0348		

表4-8 二级评价指标针对一级评价指标生态环境子系统 U_3 的两两比较矩阵及检验结果

一级评价指标 二级评价指标	生态环境子系统 U_3								权重	最大特征值	一致性比率
	空气质量 U_{31}	地表水质量 U_{32}	声环境质量 U_{33}	植被覆盖率 U_{34}	负离子浓度 U_{35}	气候舒适度 U_{36}	生物多样性 U_{37}	地面清洁度 U_{38}			
空气质量 U_{31}	1	2	4	2	5	9	1	9	0.2784	8.2629	0.0266
地表水质量 U_{32}	1/2	1	2	1/2	1	9	1	4	0.1334		
声环境质量 U_{33}	1/4	1/2	1	1/2	2	5	1/2	2	0.0876		
植被覆盖率 U_{34}	1/2	2	2	1	3	9	2	7	0.2128		
负离子浓度 U_{35}	1/5	1	1/2	1/3	1	2	1/2	2	0.0723		
气候舒适度 U_{36}	1/9	1/9	1/5	1/9	1/2	1	1/8	1/2	0.0198		
生物多样性 U_{37}	1	1	2	1/2	2	8	1	5	0.1607		
地面清洁度 U_{38}	1/9	1/4	1/2	1/7	1/2	2	1/5	1	0.0349		

对由层次分析法计算出的权重值和调查问卷的比例进行适当调整后,计算得出山东省旅游经济与生态环境协调发展评价指标的最终权重值,详细结果如表4-9所示。

表4-9 山东省旅游经济与生态环境协调发展评价指标权重

目标	一级指标	权重	二级指标	权重
山东省旅游经济与生态环境协调发展的评价指标体系U	旅游子系统 U_1	0.0643	旅游总收入 U_{11}	0.1045
			旅游者总人数 U_{12}	0.4091
			铁路、民航、公路客运量 U_{13}	0.1748
			旅游商品销售总量 U_{14}	0.0538
			旅游餐饮供应总量 U_{15}	0.0366
			旅游客房供应总量 U_{16}	0.2212
	经济子系统 U_2	0.2370	人均GDP U_{21}	0.1308
			第三产业总收入 U_{22}	0.3872
			财政总收入 U_{23}	0.0551
			进出口总额 U_{24}	0.0850
			人均消费水平 U_{25}	0.3075
			工业产值总量 U_{26}	0.0344
	生态环境子系统 U_3	0.6986	空气质量 U_{31}	0.3146
			地表水质量 U_{32}	0.1374
			声环境质量 U_{33}	0.0810
			植被覆盖率 U_{34}	0.2026
			负离子浓度 U_{35}	0.0635
			气候舒适度 U_{36}	0.0187
			生物多样性 U_{37}	0.1485
			地面清洁度 U_{38}	0.0337

注:山东省旅游经济与生态环境协调发展评价指标权重值以最终计算值为准。

二、山东省旅游经济与生态环境协调发展的评价模型

在模糊集理论的基础上进行改进,使得数据的处理更加具有客观性,以此为基础确定了改进模糊集的旅游经济与生态环境协调发展多层

次模糊评判模型。该评价模型是一种完全基于计算的模糊综合评价方法,不再是专家主观确定,具有更加可靠的客观性。同时,改进的模糊集具有良好的逼近性能,是万能逼近器,用它来处理信息的模糊性,能够使计算的数据科学合理,结果客观全面,具有广泛的应用前景。

1. 山东省旅游经济与生态环境协调发展评价的因素集

结合旅游经济与生态环境协调发展研究者的理论研究和长期在旅游管理方面的积累,可确定山东省旅游经济与生态环境协调发展评价的因素集由评价体系的20个二级指标构成,即 U = $\{U_1,U_2,U_3\}$ = {旅游总收入 U_{11},旅游者总人数 U_{12},铁路、民航、公路客运量 U_{13},旅游商品销售总量 U_{14},旅游餐饮供应总量 U_{15},旅游客房供应总量 U_{16},人均GDP U_{21},第三产业总收入 U_{22},财政总收入 U_{23},进出口总额 U_{24},人均消费水平 U_{25},工业产值总量 U_{26},空气质量 U_{31},地表水质量 U_{32},声环境质量 U_{33},植被覆盖率 U_{34},负离子浓度 U_{35},气候舒适度 U_{36},生物多样性 U_{37},地面清洁度 U_{38}}。

2. 山东省旅游经济与生态环境协调发展的评判集

将山东省旅游经济与生态环境协调发展的评判等级论域分为很好、好、一般、差、很差五个等级。

在此,用 $v(x)$ 表示模糊子集"好",取修饰函数"很"得:

$$f_2(x) = x^2$$

同时根据改进模糊集理论有:

$V_1(x) = N(v(x))$ 表示模糊子集"差",

$V_3(x) = T(1-v(x), 1-N(v(x)))$ 表示模糊子集"一般",

$f_2(v(x))$ 表示模糊子集"很好",

$f_2(N(v(x)))$ 表示模糊子集"很差"。

由此可得旅游经济与生态环境协调发展的评判集为:

$$V = \{f_2(v(x)), v(x), T(1-v(x), 1-N(v(x))), N(v(x)), f_2(N(v(x)))\}$$

3. 山东省旅游经济与生态环境协调发展的模糊综合评判模型

搜集因素集 U = {U_1, U_2, U_2} 中每一个二级指标下测度指标的数据（△型指标直接搜集数据，●型指标根据具体数据范围进行领域专家打分），进行无量纲处理，由专家讨论确定模糊子集 $v(x)$ = "好"的函数表达式，进而可根据改进模糊集理论确定 $f_2(v(x))$ = "很好"、$T(1-v(x), 1-N(v(x)))$ = "一般"、$N(v(x))$ = "差"、$f_2(N(v(x)))$ = "很差"的函数表达式。

本书将所有二级指标的数据全部处理为百分制得分，同时确定函数表达式。

$f_2(v(x))$ = "很好"的函数表达式为：

$$f_2(v(x)) = \begin{cases} 0, & 0 \leq x \leq 65 \\ (\frac{x-65}{20})^2, & 65 < x \leq 85 \\ 1, & 85 < x \leq 100 \end{cases}$$

$v(x)$ = "好"的函数表达式为：

$$v(x) = \begin{cases} 0, & 0 \leq x < 65 \\ \frac{x-65}{20}, & 65 < x \leq 85 \\ 1, & 85 < x \leq 100 \end{cases}$$

$T(1-v(x), 1-N(v(x)))$ = "一般"的函数表达式为：

$$T(1-v(x), 1-N(v(x))) = \begin{cases} 0, & 0 \leq x \leq 15, 85 \leq x \leq 100 \\ \frac{x-15}{20}, & 15 < x \leq 35 \\ 1, & 35 \leq x < 65 \\ \frac{85-x}{20}, & 65 \leq x < 85 \end{cases}$$

$N(v(x))$ = "差"的函数表达式为：

$$N(v(x)) = \begin{cases} 1, & 0 \leq x < 15 \\ \dfrac{35-x}{20}, & 15 \leq x < 35 \\ 0, & 35 \leq x \leq 100 \end{cases}$$

$f_2(N(v(x))) =$ "很差"的函数表达式为：

$$f_2(N(v(x))) = \begin{cases} 1, & 0 \leq x < 15 \\ (\dfrac{35-x}{20})^2, & 15 \leq x < 35 \\ 0, & 35 \leq x \leq 100 \end{cases}$$

利用函数表达式可得到3个一级指标的模糊综合评判矩阵：

$$R_1 = (r_{ij})_{6 \times 5}, \quad R_2 = (r_{ij})_{6 \times 5}, \quad R_3 = (r_{ij})_{8 \times 5}$$

利用归一化向量运算可得旅游经济与生态环境协调发展的模糊综合评判矩阵为：

$$R = (\omega_1 \cdot R_1, \omega_2 \cdot R_2, \omega_3 \cdot R_3)^T$$

再由一级指标的模糊评判矩阵 R 和权重向量 $w = \{w_1, w_2, \cdots, w_s\}$ 计算评判对象的综合评判向量：

$$Q = \omega \cdot R = (q_1, q_2, q_3, q_4, q_5)$$

根据最大隶属度原则，比较 q_i（$i=1, 2, 3, 4, 5$）的大小，最大者就是山东省旅游经济与生态环境协调发展的综合评判结果。

三、山东省旅游经济与生态环境协调发展评价的仿真计算

本书搜集近三年山东省的数据，根据全国旅游数据给出专家期望值，进而进行无量纲处理得出最终处理后数据，具体如表4-10所示。

表4-10 山东省近三年数据及最终处理后数据

二级指标	2016年	2015年	2014年	最终处理后数据
旅游总收入/亿元	8030.67	7062.51	6192.5	88
旅游者总人数/万人次	71201.75	65045.35	60023.1	74

续表

二级指标	2016年	2015年	2014年	最终处理后数据
铁路、民航、公路客运量	62727	59625	73582	80
旅游商品销售总量	67794.2	62593.6	58898.9	82
旅游餐饮供应总量	27417.9	25344.5	23722.4	86
旅游客房供应总量	37190.3	35714	33520.8	66
人均GDP/元	67706	64168	60879	80
第三产业总收入/亿元	28537.35	25840.12	23221.51	72
财政总收入/亿元	5860.18	5529.33	5026.83	70
进出口总额/万美元	23420733	24174867	27711549	65
人均消费水平/元	22834	20637	18463	60
工业产值总量/亿元	145964.2	141415	129906	70
空气质量/PM2.5平均浓度/$\mu g/m^3$	66	76	82	62
地表水质量/总量/亿立方米	220.32	168.44	148.44	68
声环境质量	总体较好，噪声功能区达标率昼间高于夜间，3类声环境功能区好于其他类声环境功能区	总体较好，在51.3~57.6分贝之间，平均54.3分贝，等级为"好"和"较好"的测点占63.8%	总体较好，等级为"好"和"较好"的测点占63.8%	63
植被覆盖率（造林面积）	115179	206552	224872	56
负离子浓度（森林抚育面积）	318744	358253	415701	62
气候舒适度/济南市日照时数/小时	2213.7	2234.7	2187.2	75
生物多样性（农林牧渔业产值）	9325.89	9549.63	9198.26	60
地面清洁度（水泥或柏油路面的户比重）	97.1	95.8	96	73

注：所有数据来自《山东统计年鉴》、山东省旅游与发展委员会、山东省环境状况公报等，鉴于有些指标没有直接数据而选择相关指标的数据，然后进行无量纲处理得到最终数据。

将表 4-10 中的最终处理后数据代入隶属度函数表达式，计算得到山东省旅游经济与生态环境协调发展的等级评判结果，如表 4-11 所示。

表 4-11 山东省旅游经济与生态环境协调发展的等级评判结果

二级指标	最终处理后数据（百分制）	很好	好	一般	差	很差
旅游总收入	88	1	1	0	0	0
旅游者总人数	74	0.2025	0.45	0.55	0	0
铁路、民航、公路客运量	80	0.5625	0.75	0.25	0	0
旅游商品销售总量	82	0.7225	0.85	0.15	0	0
旅游餐饮供应总量	86	1	1	0	0	0
旅游客房供应总量	66	0.0025	0.05	0.95	0	0
人均 GDP	80	0.5625	0.75	0.25	0	0
第三产业总收入	72	0.1225	0.35	0.65	0	0
财政总收入	70	0.0625	0.25	0.75	0	0
进出口总额	65	0	0	1	0	0
人均消费水平	60	0	0	1	0	0
工业产值总量	70	0.0625	0.25	0.75	0	0
空气质量	62	0	0	1	0	0
地表水质量	68	0.0225	0.15	0.85	0	0
声环境质量	63	0	0	1	0	0
植被覆盖率	56	0	0	1	0	0
负离子浓度	62	0	0	1	0	0
气候舒适度	75	0.25	0.5	0.5	0	0
生物多样性	60	0	0	1	0	0
地面清洁度	73	0.16	0.4	0.6	0	0

利用 MATLAB 编程，计算得山东省旅游经济与生态环境协调发展的评价向量为：

$$w = (0.0625 \quad 0.1240 \quad 0.8759 \quad 0 \quad 0)$$

依据最大隶属度原则可得出结论，即山东省旅游经济与生态环境协调发展的评价等级为一般。该结果符合山东省旅游经济与生态环境协调发展的基本情况，山东省的旅游发展迅速，但是随着游客规模的增大，生态环境受到了很大的破坏，因此需要每经过一个阶段就要对生态环境进行数据采集，进而再次进行评价，随时关注生态环境的情况。

第五章　山东省乡村旅游竞争力的理论分析

第一节　新旧动能转换背景下山东省乡村旅游收入分析

山东省 2009—2017 年乡村旅游收入、旅游总收入及 GDP 数据如表 5-1 所示。

表 5-1　山东省 2009—2017 年乡村旅游收入、旅游总收入及 GDP 数据

年份	乡村旅游收入/亿元	旅游总收入/亿元	GDP/亿元	乡村旅游收入与前一年比较增长率/%	占旅游总收入比率/%	占 GDP 比率/%
2009	370	2452.2	33896.65	—	15.09	1.09
2010	531	3058.8	39169.92	43.51	17.36	1.36
2011	700	3736.6	45361.85	31.83	18.73	1.54
2012	920	4519.2	50013.24	31.43	20.36	1.84
2013	1000	5183.9	55230.32	8.70	19.29	1.81
2014	1420	5878	59426.59	42.00	24.16	2.39
2015	1800	7062.5	63002.33	26.76	25.49	2.86
2016	2200	8030.7	67008.19	22.22	27.39	3.28
2017	2549	9200.3	72634	15.86	27.71	3.51

注：乡村旅游收入的数据主要来自各大网站的新闻；山东省旅游总收入和山东省 GDP 的数据主要来自各年度的《山东统计年鉴》。

一、山东省乡村旅游收入的预测

（1）根据山东省2009—2016年的乡村旅游收入数据写出原始序列：

$$x^{(0)} = \{370, 531, 700, 920, 1000, 1420, 1800, 2200\}$$

进行一次累加得到生成序列：

$$x^{(1)} = \{370, 901, 1601, 2521, 3521, 4941, 6741, 8941\}$$

（2）对 $x^{(0)}$、$x^{(1)}$ 进行整理计算得：

$$Y = \begin{bmatrix} x^{(0)}(2) \\ x^{(0)}(3) \\ \vdots \\ x^{(0)}(n) \end{bmatrix} = [531, 700, 920, 1000, 1420, 1800, 2200]^T$$

$$B = \begin{bmatrix} -z^{(1)}(2) & 1 \\ -z^{(1)}(3) & 1 \\ \cdots & \cdots \\ -z^{(1)}(n) & 1 \end{bmatrix} = \begin{bmatrix} -901 & 1 \\ -1601 & 1 \\ -2521 & 1 \\ -3521 & 1 \\ -4941 & 1 \\ -6741 & 1 \\ -8941 & 1 \end{bmatrix}$$

利用 MATLAB 编程计算可得：

$$u = \begin{bmatrix} a \\ b \end{bmatrix} = (B^T B)^{-1} B^T Y = \begin{bmatrix} -0.2093 \\ 352.3824 \end{bmatrix}$$

由此可写出时间响应方程：

$$\hat{x}^{(1)}(k+1) = \left[x^{(0)}(1) - \frac{b}{a} \right] e^{-ak} + \frac{b}{a}$$

$$= [370 + 1683.6] e^{0.2093k} - 1683.6$$

计算结果如表5-2所示。

表5-2 山东省2009—2020年乡村旅游收入原始序列、累加序列、预测累加序列和预测数据

年份	原始序列/亿元	累加序列/亿元	预测累加序列/亿元	预测数据/亿元
2009	370	370	370	370
2010	531	901	848.11	478.11
2011	700	1601	1437.5	589.39
2012	920	2521	2164.2	726.7
2013	1000	3521	3060	895.8
2014	1420	4941	4164.4	1104.4
2015	1800	6741	5525.9	1361.5
2016	2200	8941	7204.3	1678.4
2017			9273.6	2069.3
2018			11825	2551.4
2019			14969	3144
2020			18847	3878

（3）模型检验。

利用 Excel 计算原始数列与预测数据的绝对误差、相对误差、残差序列，如表5-3所示。

表5-3 原始数列与预测数据的绝对误差、相对误差、残差序列

年份	原始数列/亿元	预测数据/亿元	绝对误差/亿元	相对误差	残差序列
2009	370	370	0	0	0
2010	531	478.11	-52.89	-0.0996	52.89
2011	700	589.39	-110.61	-0.15801	110.61
2012	920	726.7	-193.3	-0.21011	193.3
2013	1000	895.8	-104.2	-0.1042	104.2
2014	1420	1104.4	-315.6	-0.22225	315.6
2015	1800	1361.5	-438.5	-0.24361	438.5
2016	2200	1678.4	-521.6	-0.23709	521.6

通过计算得：

原始序列均值：$\bar{x} = \frac{1}{n}\sum_{k=1}^{n} x^{(0)}(k) = 1117.63$

原始序列方差：$S_1^2 = \frac{1}{n}\sum_{k=1}^{n}[x^{(0)}(k) - \bar{x}^2] = 357372$

残差序列均值：$\bar{\varepsilon} = \frac{1}{n}\sum_{k=1}^{n}\varepsilon^{(0)}(k) = 217.09$

残差序列方差：$S_2^2 = \frac{1}{n}\sum_{k=1}^{n}(\varepsilon(k) - \bar{\varepsilon})^2 = 31273.85$

后验方差比：$C = \frac{S_2}{S_1} = \frac{176.84}{597.81} = 0.2958$

小误差概率：

$P = P(|\varepsilon(k) - \bar{\varepsilon}| < 0.6745 S_1) = P(|max\varepsilon(k) - \bar{\varepsilon}| < 0.6745 S_1) = P(304.51 < 403.22) = 1$

由于后验方差比 $C = 0.2958 < 0.35$，小误差概率为 1，根据 GM（1，1）模型精度检验等级参考表，故该 GM（1，1）模型的检验级别为 1 级，即该模型通过检验，可用于预测山东省乡村旅游收入。由于原始数据搜集渠道有限，原始数据不够精确，因此相对误差较大，但整体不影响使用。因此，可认为预测的 2017—2020 年的山东省乡村旅游收入数据可用。

利用所求模型对山东省乡村旅游收入进行预测，其结果对比如图 5-1 所示。

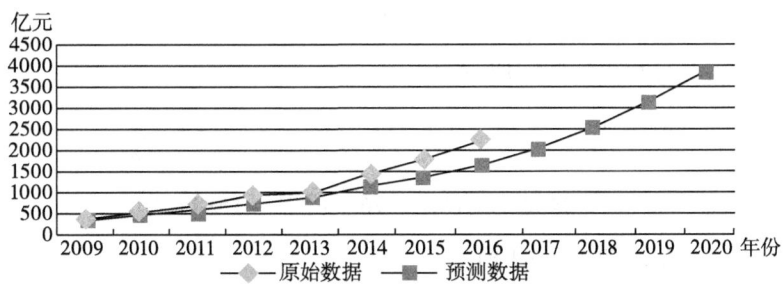

图 5-1　山东省乡村旅游收入原始值与预测值对比

二、山东省旅游收入的预测

（1）根据山东省 2009—2016 年的旅游收入数据写出原始序列：

$x^{(0)} = \{2452.2, 3058.8, 3736.6, 4519.2, 5183.9, 5878, 7062.5, 8030.7\}$

进行一次累加得到生成序列：

$x^{(1)} = \{2452.2, 5511, 9247.6, 13766.8, 18950.7, 24828.7, 31891.2, 39921.9\}$

（2）对 $x^{(0)}$、$x^{(1)}$ 进行整理计算得：

$$Y = \begin{bmatrix} x^{(0)}(2) \\ x^{(0)}(3) \\ \vdots \\ x^{(0)}(n) \end{bmatrix} = [3058.8, 3736.6, 4519.2, 5183.9, 5878, 7062.5, 8030.7]^T$$

$$B = \begin{bmatrix} -z^{(1)}(2) & 1 \\ -z^{(1)}(3) & 1 \\ \cdots & \cdots \\ -z^{(1)}(n) & 1 \end{bmatrix} = \begin{bmatrix} -5511 & 1 \\ -9247.6 & 1 \\ -13766.8 & 1 \\ -18950.7 & 1 \\ -24828.7 & 1 \\ -31891.2 & 1 \\ -39921.9 & 1 \end{bmatrix}$$

利用 MATLAB 编程计算可得：

$$u = \begin{bmatrix} a \\ b \end{bmatrix} = (B^T B)^{-1} B^T Y = \begin{bmatrix} -0.1430 \\ 2409.23 \end{bmatrix}$$

由此可写出时间响应方程：

$$\hat{x}^{(1)}(k+1) = \left[x^{(0)}(1) - \frac{b}{a}\right] e^{-ak} + \frac{b}{a} =$$

$$[2452.2 + 16847.76] e^{0.143k} - 16847.76$$

计算结果如表 5-4 所示。

表 5-4 山东省 2009—2020 年旅游收入原始序列、累加序列、
预测累加序列和预测数据

年份	原始序列/亿元	累加序列/亿元	预测累加序列/亿元	预测数据/亿元
2009	2452.2	2452.2	2452.2	2452.2
2010	3058.8	5511	5419.18	2966.98
2011	3736.6	9247.6	8842.27	3423.09
2012	4519.2	13766.8	12791.59	3949.32
2013	5183.9	18950.7	17348.05	4556.46
2014	5878	24828.7	22604.96	5256.91
2015	7062.5	31891.2	28670.02	6065.06
2016	8030.7	39921.9	35667.46	6997.44
2017			43740.61	8073.15
2018			53054.85	9314.24
2019			63800.97	10746.12
2020			76199.08	12398.11

注：2009—2016 年山东省旅游收入数据来自各年度《山东旅游年鉴》。

(3) 模型检验。

利用 Excel 计算原始数列与预测数据的绝对误差、相对误差、残差序列如表 5-5 所示。

表 5-5 原始数列与预测数据的绝对误差、相对误差、残差序列表

年份	原始数列/亿元	预测数据/亿元	绝对误差/亿元	相对误差	残差序列
2009	2452.2	2452.2	0	0	0
2010	3058.8	2966.98	-91.82	-0.03002	91.82
2011	3736.6	3423.09	-313.51	-0.0839	313.51
2012	4519.2	3949.32	-569.88	-0.1261	569.88
2013	5183.9	4556.46	-627.44	-0.12104	627.44
2014	5878	5256.91	-621.09	-0.10566	621.09
2015	7062.5	6065.06	-997.44	-0.14123	997.44
2016	8030.7	6997.44	-1033.26	-0.12866	1033.26

通过计算得：

原始序列均值：$\bar{x} = \frac{1}{n}\sum_{k=1}^{n} x^{(0)}(k) = 4990.24$

原始序列方差：$S_1^2 = \frac{1}{n}\sum_{k=1}^{n} [x^{(0)}(k) - \bar{x}]^2 = 3291235$

残差序列均值：$\bar{\varepsilon} = \frac{1}{n}\sum_{k=1}^{n} \varepsilon^{(0)}(k) = 531.81$

残差序列方差：$S_2^2 = \frac{1}{n}\sum_{k=1}^{n} (\varepsilon(k) - \bar{\varepsilon})^2 = 126362.1$

后验方差比：$C = \frac{S_2}{S_1} = \frac{355.47}{1814.18} = 0.1959$

小误差概率：

$P = P(|\varepsilon(k) - \bar{\varepsilon}| < 0.6745 S_1) = P(|max\ \varepsilon(k) - \bar{\varepsilon}| < 0.6745 S_1) = P(531.81 < 1223.66) = 1$

由于后验方差比 $C = 0.1959 < 0.35$，小误差概率为 1，根据 GM（1，1）模型精度检验等级参考表，故该 GM（1，1）模型的检验级别为 1 级，即该模型通过检验，可用于预测山东省旅游收入。因此，可认为预测的 2017—2020 年的山东省旅游收入数据可用。

利用所求模型对山东省旅游收入进行预测，其结果对比如图 5-2 所示。

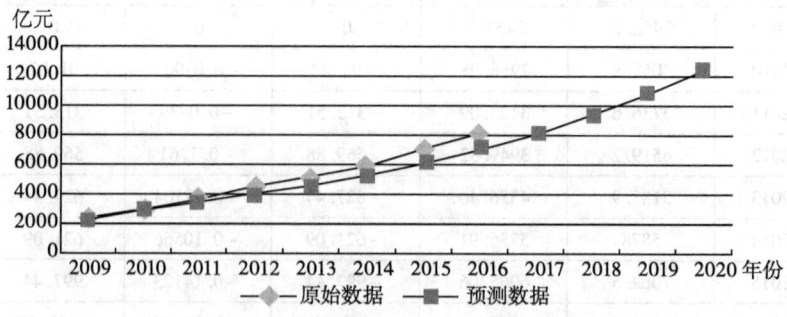

图 5-2 山东省旅游收入原始值与预测值对比

三、山东省GDP的预测

（1）根据山东省2009—2016年的GDP数据写出原始序列：

$x^{(0)} = \{33896.65, 39169.92, 45361.85, 50013.24, 55230.32,$
$\qquad 59426.59, 63002.33, 67008.19\}$

进行一次累加得到生成序列：

$x^{(1)} = \{33896.65, 73066.57, 118428.42, 168441.66, 223671.98,$
$\qquad 283098.57, 346100.9, 413109.09\}$

（2）对 x^0、x^1 进行整理计算得：

$$Y = \begin{bmatrix} x^{(0)}(2) \\ x^{(0)}(3) \\ \vdots \\ x^{(0)}(n) \end{bmatrix} = [39169.92, 45361.85,$$

$50013.24, 55230.32, 59426.59, 63002.33, 67008.19]^T$

$$B = \begin{bmatrix} -z^{(1)}(2) & 1 \\ -z^{(1)}(3) & 1 \\ \cdots & \cdots \\ -z^{(1)}(n) & 1 \end{bmatrix} = \begin{bmatrix} -33896.65 & 1 \\ -118428.42 & 1 \\ -168441.66 & 1 \\ -223671.98 & 1 \\ -283098.57 & 1 \\ -346100.9 & 1 \\ -413109.09 & 1 \end{bmatrix}$$

利用 MATLAB 编程计算可得：

$$u = \begin{bmatrix} a \\ b \end{bmatrix} = (B^T B)^{-1} B^T Y = \begin{bmatrix} -0.0749 \\ 37188.52 \end{bmatrix}$$

由此可写出时间响应方程：

$$\hat{x}^{(1)}(k+1) = \left[x^{(0)}(1) - \frac{b}{a} \right] e^{-ak} + \frac{b}{a} =$$

$$[33896.65 + 496508.95] e^{0.0749k} - 496508.95$$

计算结果如表 5-6 所示。

表 5-6 山东省 2009—2020 年 GDP 原始序列、累加序列、预测累加序列和预测数据

年份	原始序列/亿元	累加序列/亿元	预测累加序列/亿元	预测数据/亿元
2009	33896.65	33896.65	33896.65	33896.65
2010	39169.92	73066.57	75149.67	41253.02
2011	45361.85	118428.42	119611.20	44461.53
2012	50013.24	168441.66	167530.79	47919.59
2013	55230.32	223671.98	219177.39	51646.6
2014	59426.59	283098.57	274840.87	55663.48
2015	63002.33	346100.9	334833.66	59992.79
2016	67008.19	413109.09	399482.47	64648.81
2017			469180.21	69697.74
2018			544288	75107.79
2019			625237.41	80949.41
2020			712482.76	87245.35

（3）模型检验。

利用 Excel 计算原始数列与预测数据的绝对误差、相对误差、残差序列如表 5-7 所示。

表 5-7 原始数列与预测数据的绝对误差、相对误差、残差序列

年份	原始数列/亿元	预测数据/亿元	绝对误差/亿元	相对误差	残差序列
2009	33896.65	33896.65	0	0	0
2010	39169.92	41253.02	2083.1	0.053181	-2083.1
2011	45361.85	44461.53	-900.32	-0.01985	900.32
2012	50013.24	47919.59	-2093.65	-0.04186	2093.65
2013	55230.32	51646.6	-3583.72	-0.06489	3583.72
2014	59426.59	55663.48	-3763.11	-0.06332	3763.11
2015	63002.33	59992.79	-3009.54	-0.04777	3009.54

续表

年份	原始数列/亿元	预测数据/亿元	绝对误差/亿元	相对误差	残差序列
2016	67008.19	64648.81	−2359.38	−0.03521	2359.38

通过计算得：

原始序列均值：$\bar{x} = \frac{1}{n}\sum_{k=1}^{n} x^{(0)}(k) = 51638.64$

原始序列方差：$S_1^2 = \frac{1}{n}\sum_{k=1}^{n}[x^{(0)}(k) - \bar{x}]^2 = 118899506.7$

残差序列均值：$\bar{\varepsilon} = \frac{1}{n}\sum_{k=1}^{n}\varepsilon^{(0)}(k) = 1703.33$

残差序列方差：$S_2^2 = \frac{1}{n}\sum_{k=1}^{n}(\varepsilon(k) - \bar{\varepsilon})^2 = 3493838$

后验方差比：$C = \frac{S_2}{S_1} = \frac{1869.18}{10904.11} = 0.1714$

小误差概率：

$P = P(|\varepsilon(k) - \bar{\varepsilon}| < 0.6745S_1) = P(|\max \varepsilon(k) - \bar{\varepsilon}| < 0.6745S_1) = P(3763.11 < 7351.82) = 1$

由于后验方差比 $C = 0.1714 < 0.35$，小误差概率为 1，根据 GM(1,1) 模型精度检验等级参考表，故该 GM(1,1) 模型的检验级别为 1 级，即该模型通过检验，可用于预测山东省 GDP。因此，可认为预测的 2017—2020 年的山东省 GDP 数据可用。

利用所求模型对山东省 GDP 进行预测，其结果对比如图 5-3 所示。

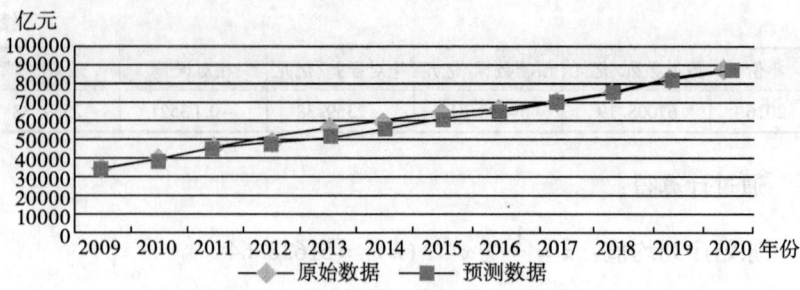

图 5-3　山东省 GDP 原始值与预测值对比

四、山东省乡村旅游预测的结论分析

梳理总结山东省乡村旅游收入、旅游总收入、GDP 的预测数据，具体如表 5-8 所示。

表 5-8　山东省乡村旅游收入、旅游总收入、GDP 的预测数据分析

年份	乡村旅游收入/亿元	旅游总收入/亿元	GDP/亿元	乡村旅游收入与前一年比较增长率/%	占旅游总收入比率/%	占 GDP 比率/%
2009	370	2452.2	33896.65	—	15.09	1.09
2010	531	3058.8	39169.92	43.51	17.36	1.36
2011	700	3736.6	45361.85	31.83	18.73	1.54
2012	920	4519.2	50013.24	31.43	20.36	1.84
2013	1000	5183.9	55230.32	8.70	19.29	1.81
2014	1420	5878	59426.59	42.00	24.16	2.39
2015	1800	7062.5	63002.33	26.76	25.49	2.86
2016	2200	8030.7	67008.19	22.22	27.39	3.28
2017	2069.3	8073.15	69697.74	-5.94	25.63	2.97
2018	2551.4	9314.24	75107.79	23.30	27.39	3.40
2019	3144	10746.12	80949.41	23.23	29.26	3.88
2020	3878	12398.11	87245.35	23.35	31.28	4.44

由表 5-8 中预测的结果可以看出，山东省乡村旅游收入逐年递增，增长率维持在 23% 左右，占旅游总收入的比率逐年增加，占 GDP 的比率也逐年增加，符合实际情况，也符合国家的政策指引，符合新旧动能转换的规律。

通过对山东省乡村旅游收入的预测和乡村旅游收入占旅游总收入、GDP 的比率可以看出，提升乡村旅游竞争力是加速山东经济发展的重要途径。

第二节　新旧动能转换背景下山东省乡村旅游对农民的影响

新旧动能转换背景下乡村旅游对农民的影响是巨大的，本书在前面研究的基础上设计调查问卷，简单分析乡村旅游对农民的影响。鉴于时间、精力及经费等问题，本书只做了地级市潍坊市的实地调研。

本次调查共实地发放纸质调查问卷 300 份，回收有效问卷 300 份，有效率为 100%，其中，奎文区发放问卷 58 份，寿光市发放问卷 66 份，青州市发放问卷 48 份，潍城区发放问卷 45 份，临朐县发放问卷 20 份，安丘市发放问卷 63 份，具体调查问卷内容见附件四。

一、个人基本情况分析

调查问卷的被调查者个人基本情况统计如表 5-9 所示。

1. 性别

在调查的 300 名农民中，有 128 位男性，占 42.7%；有 172 位女性，占 57.3%，女性比男性高出 14.6%。

2. 年龄

在调查的 300 名农民中，18 岁以下的仅有 3 人，占 1%；18~30 岁的有 57 人，占 19%；31~40 岁的有 95 人，占 31.7%；41~50 岁的有

98人，占32.7%；51~60岁的有34人，占11.3%；60岁以上的有13人，占4.3%。

3. 受教育程度

在调查的300名农民中，小学以下的仅有6人，占2%；小学水平的有26人，占8.7%；初中文化水平的有68人，占22.7%；高中或中专文化水平的有132人，占44%；大专及以上文化水平的有68人，占22.7%。

4. 两年前年收入情况

在调查的300名农民中，两年前年收入在500~4000元的有25人，占8.3%；年收入在4001~8000元的有34人，占11.3%；年收入在8001~12000元的有73人，占24.3%；年收入在12001~16000元的有63人，占21%；年收入在16001~20000元的有17人，占5.7%；年收入在20000~30000元的有57人，占19%；年收入30000元以上的有31人，占10.3%。

5. 现在年收入情况

在调查的300名农民中，当前年收入在500~4000元的有15人，占5%；年收入在4001~8000元的有18人，占6%；年收入在8001~12000元的有41人，占13.7%；年收入在12001~16000元的有38人，占12.7%；年收入在16001~20000元的有44人，占14.7%；年收入在20000~30000元的有65人，占21.7%；年收入30000元以上的有79人，占26.3%。

表5-9 潍坊市被调查农民的个人基本情况（N=300）

个人基本情况	项目	选择人数/人	百分比/%	有效百分比/%
性别	男	128	42.7	42.7
	女	172	57.3	57.3
	样本数	300	100.0	100.0

续表

个人基本情况	项目	选择人数/人	百分比/%	有效百分比/%
年龄	18岁以下	3	1.0	1.0
	18~30岁	57	19.0	19.0
	31~40岁	95	31.7	31.7
	41~50岁	98	32.7	32.7
	51~60岁	34	11.3	11.3
	60岁以上	13	4.3	4.3
	样本数	300	100.0	100.0
受教育程度	小学以下	6	2.0	2.0
	小学	26	8.7	8.7
	初中	68	22.7	22.7
	高中或中专	132	44.0	44.0
	大专及以上	68	22.7	22.7
	样本数	300	100.0	100.0
两年前年收入情况	500~4000元	25	8.3	8.3
	4001~8000元	34	11.3	11.3
	8001~12000元	73	24.3	24.3
	12001~16000元	63	21.0	21.0
	16001~20000元	17	5.7	5.7
	20000~30000元	57	19.0	19.0
	30000元以上	31	10.3	10.3
	样本数	300	100.0	100.0
现在年收入情况	500~4000元	15	5.0	5.0
	4001~8000元	18	6.0	6.0
	8001~12000元	41	13.7	13.7
	12001~16000元	38	12.7	12.7
	16001~20000元	44	14.7	14.7
	20000~30000元	65	21.7	21.7
	30000元以上	79	26.3	26.3
	样本数	300	100.0	100.0

数据来源：基于潍坊市的调查问卷。

二、潍坊市农民乡村旅游经济影响感知分析的描述性统计结果

本部分采用 SPSS19.0 软件对潍坊市农民的旅游经济影响感知进行分析。

潍坊市农民对乡村旅游经济影响感知的均值可以反映出潍坊市农民对乡村旅游经济影响各变量指标感知的强度差异。通过对潍坊市农民乡村旅游经济影响感知的调查数据进行统计，结果如表 5-10 所示。可以看出：

（1）潍坊市农民对乡村旅游的开发给农民带来的经济变化中感知最强烈的是乡村旅游的开发使得农民"平时变得更加忙碌"，其均值为 3.84，同意和非常同意农业休闲旅游开发使得农民"平时变得更加忙碌"的农民比例达到了 64.6%，不同意和非常不同意的比例仅为 3%，对这一经济影响变量感知不明显的占 32.3%。

（2）潍坊市农民对乡村旅游的开发给农民带来的经济变化中感知第二强烈的是乡村旅游的开发使得农民"不再只以从事农业谋生"，其均值为 3.81，同意和非常同意农业休闲旅游开发使得农民"不再只以从事农业谋生"的农民比例为 60.6%，不同意和非常不同意的比例仅为 4.3%，对这一经济影响变量感知不明显的占 35%。

（3）潍坊市农民对乡村旅游的开发给农民带来的经济变化中感知最不强烈的是乡村旅游的开发使得农民"靠卖农产品（粮食、蔬菜、瓜果、家禽等）赚钱"，其均值为 3.55，同意和非常同意农业休闲旅游开发使得农民"靠卖农产品（粮食、蔬菜、瓜果、家禽等）赚钱"的农民比例为 50%，不同意和非常不同意的比例为 9.3%，对这一经济影响变量感知不明显的占 40.3%。

（4）从收入维度（1~14 变量）来看，潍坊市农民的乡村旅游经济影响感知比较强烈的变量（均值大于等于 3.65）有："生活花费增加"

(均值为 3.75)、"愿意投资经营旅游项目"(均值为 3.73)、"宅基地价格上升"(均值为 3.72)、"家庭年收入增加"(均值为 3.7)、"房屋周围的建筑美化"(均值为 3.7)、"家电购买增多"(均值为 3.65)。

潍坊市农民的乡村旅游经济影响感知相对不够强烈的变量(均值小于 3.65)有:"农地租金价格提高(农产品的价格提高)"(均值为 3.64)、"赚钱的方法多"(均值为 3.62)、"改善住房条件,盖了新房,买了楼房"(均值为 3.61)、"农产品出售运输成本减少"(均值为 3.59)、"银行存款增多"(均值为 3.58)、"靠经营农业旅游项目(餐馆、民宿等)赚钱"(均值为 3.57)、"饲养家禽、种植田地、承包农作项目增多"(均值为 3.57)、"靠卖农产品(粮食、蔬菜、瓜果、家禽等)赚钱"(均值为 3.55)。

(5) 从就业维度(15~28 变量)来看,潍坊市农民的乡村旅游经济影响感知比较强烈的变量(均值大于等于 3.65)有:"平时变得更加忙碌"(均值为 3.84)、"不再只以从事农作谋生"(均值为 3.81)、"重新从事农作者增加"(均值为 3.78)、"打乱了农耕生活,改变了生活节奏"(均值为 3.76)、"打工的机会增多"(均值为 3.74)、"露天劳动的时间减少"(均值为 3.74)、"外地打工的人数减少"(均值为 3.7)、"对旅游者消费信息的了解显得重要"(均值为 3.7)、"农产品运到城里出售的频率减少"(均值为 3.68)、"外出务工者返乡从业的增多"(均值为 3.65)。

潍坊市农民的乡村旅游经济影响感知相对不够强烈的变量(均值小于 3.65)有:"现代社会交际、服务水平显得重要"(均值为 3.63)、"在家从事旅游项目经营比只从事传统耕作要好"(均值为 3.62)、"在家农作比在外打工要强"(均值为 3.61)、"传统手工业生产增多了"(均值为 3.57)。

表5-10 潍坊市农民乡村旅游经济影响感知描述性统计结果

序号	问题项	频率百分比					描述性统计值	
		非常同意	同意	中立（一般）	不同意	非常不同意	均值	标准差
1	家庭年收入增加	47 15.7%	144 48%	81 27%	28 9.3%	0 0	3.7	0.844
2	银行存款增多	43 14.3%	115 38.3%	116 38.7%	26 8.7%	0 0	3.58	0.84
3	农产品出售运输成本减少	47 15.7%	113 37.7%	111 37%	28 9.3%	1 0.3%	3.59	0.874
4	赚钱的方法多	48 16%	115 38.3%	112 37.3%	25 8.3%	0 0	3.62	0.851
5	靠卖农产品（粮食、蔬菜、瓜果、家禽等）赚钱	43 14.3%	107 35.7%	122 40.7%	28 9.3%	0 0	3.55	0.850
6	靠经营农业旅游项目（餐馆、民宿等）赚钱	44 14.7%	109 36.3%	121 40.3%	25 8.3%	1 0.3%	3.57	0.853
7	家电购买增多	50 16.7%	119 39.7%	107 35.7%	23 7.7%	1 0.3%	3.65	0.859
8	改善住房条件，盖了新房，买了楼房	52 17.3%	110 37%	111 37%	23 7.7%	4 1.3%	3.61	0.906
9	饲养家禽、种植田地、承包农作项目增多	46 15.3%	104 34.7%	128 42.7%	19 6.3%	3 1%	3.57	0.861
10	房屋周围的建筑美化	53 17.7%	124 41.3%	105 35%	17 5.7%	1 0.3%	3.70	0.835
11	愿意投资经营旅游项目	54 18%	108 36%	111 37%	26 8.7%	1 0.3%	3.73	1.966
12	农地租金价格提高（农产品的价格提高）	54 18%	112 37.3%	106 35.3%	37 9%	1 0.3%	3.64	0.891
13	宅基地价格上升	68 22.7%	106 35.3%	104 34.7%	19 6.3%	3 1%	3.72	0.918

续表

序号	问题项	频率百分比					描述性统计值	
		非常同意	同意	中立（一般）	不同意	非常不同意	均值	标准差
14	生活花费增加	61 20.3%	124 41.3%	96 32%	17 5.7%	2 0.7%	3.75	0.866
15	打工的机会增多	68 22.7%	108 36%	103 34.35	20 6.7%	1 0.3%	3.74	0.895
16	外地打工的人数减少	57 19%	119 39.7%	100 33.3%	24 8%	0 0	3.70	0.868
17	外出务工者返乡从业的增多	59 19.7%	106 35.3%	109 36.3%	22 7.3%	4 1.3%	3.65	0.923
18	重新从事农作者增加	60 20%	114 38%	101 33.7%	20 6.7%	5 1.7%	3.78	1.979
19	打乱了农耕生活，改变了生活节奏	72 24%	109 36.3%	97 32.3%	20 6.7%	2 0.7%	3.76	0.915
20	不再只以从事农作谋生	73 24.3%	109 36.3%	105 35%	13 4.3%	0 0	3.81	0.855
21	平时变得更加忙碌	67 22.3%	127 42.3%	97 32.3%	9 3%	0 0	3.84	0.802
22	露天劳动的时间减少	58 19.3%	121 40.3%	105 35%	15 5%	1 0.3%	3.74	0.846
23	农产品运到城里出售的频率减少	60 20%	111 37%	107 35.7%	18 6%	4 1.3%	3.68	0.906
24	在家从事旅游项目经营比只从事传统耕作要好	56 18.7%	99 33%	124 41.3%	18 6%	3 1%	3.62	0.889
25	在家农作比在外打工要强	53 17.7%	98 32.7	130 43.3%	17 5.7%	2 0.7%	3.61	0.864
26	传统手工业生产增多了	45 15%	117 39%	105 35%	31 10.3%	2 0.7%	3.57	0.891
27	现代社会交际、服务水平显得重要	66 22%	89 29.7%	119 39.7%	20 6.7%	6 2%	3.63	0964
28	对旅游者消费信息的了解显得重要	72 24%	94 31.3	113 37.7%	14 4.7%	7 2.3%	3.70	0.963

三、潍坊市农民乡村旅游社会文化影响感知分析的描述性统计结果

本部分采用 SPSS19.0 软件对潍坊市农民乡村旅游的社会文化影响感知进行分析。

潍坊市农民对乡村旅游社会文化影响感知的均值可以反映出潍坊市农民对乡村旅游社会文化影响各变量指标感知的强度差异。通过对潍坊市农民乡村旅游社会文化影响感知的调查数据进行统计，结果如表5-11所示。可以看出：

（1）潍坊市农民对乡村旅游的开发给农民带来的社会文化变化中感知最强烈的是乡村旅游的开发使得"本村的知名度和整体形象提升"，其均值为3.8，同意和非常同意农业休闲旅游开发使得"本村的知名度和整体形象提升"的农民比例达到了63.3%，不同意和非常不同意的比例仅为6.3%，对这一社会文化影响变量感知不明显的占30.3%。

（2）潍坊市农民对乡村旅游的开发给农民带来的社会文化变化中感知第二强烈的是乡村旅游的开发使得"村委会组织本村居民进行旅游培训的机会增多"，其均值为3.79，同意和非常同意农业休闲旅游开发使得农民"村委会组织本村居民进行旅游培训的机会增多"的农民比例为60.6%，不同意和非常不同意的比例仅为6.7%，对这一社会文化影响变量感知不明显的占32.7%。

（3）潍坊市农民对乡村旅游的开发给农民带来的社会文化变化中感知最不强烈的是乡村旅游的开发使得"本村赌博现象增加"，其均值为3.23，同意和非常同意农业休闲旅游开发使得"本村赌博现象增加"的农民比例为40.4%，不同意和非常不同意的比例为21%，对这一经济影响变量感知不明显的占38.7%。

（4）从社会维度（1~19变量）来看，潍坊市农民的乡村旅游社会

文化影响感知比较强烈的变量（均值大于等于3.65）有："本村的知名度和整体形象提升"（均值为3.8）、"村委会组织本村居民进行旅游培训的机会增多"（均值为3.79）、"村民争夺周边的农地激烈"（均值为3.74）、"本村居民比以前团结"（均值为3.73）、"本村女性就业机会明显增加"（均值为3.73）、"本村的卫生状况改善"（均值为3.7）、"本村居民穿着变得时尚、讲究"（均值为3.69）、"我很愿意与旅游者交流"（均值为3.68）、"日常生活受到影响"（均值为3.68）、"我愿意积极出钱修建村里的道路和公共设施"（均值为3.67）、"妇女在家庭中的地位提高"（均值为3.67）、"本村居民相互帮助现象增加"（均值为3.67）。

潍坊市农民的乡村旅游社会文化影响感知相对不够强烈的变量（均值小于3.65）有："我很愿意与旅游者分享村里的公共资源"（均值为3.62）、"本村离婚现象增加"（均值为3.58）、"与邻居和乡亲拉家常、接触增多"（均值为3.54）、"本村居民注重对公共设施保护（公德意识增强）"（均值为3.53）、"邻里关系变得冷漠"（均值为3.48）、"村里偷盗事件增多，犯罪现象增加，治安恶化"（均值为3.26）、"本村赌博现象增加"（均值为3.23）。

（5）从文化维度（20~26变量）来看，潍坊市农民的乡村旅游社会文化影响感知比较强烈的变量（均值大于等于3.65）有："本村居民的教育意识增强"（均值为3.78）、"本村居民的文明程度提高"（均值为3.74）、"村民间合作现象增加"（均值为3.74）、"闲暇文化生活变得丰富"（均值为3.66）、"本村普通话水平提高"（均值为3.65）。

潍坊市农民的乡村旅游社会文化影响感知相对不够强烈的变量（均值小于3.65）有："对传统文化了解增多"（均值为3.58）、"传统节日观念增强"（均值为3.41）。

表5-11 潍坊市农民乡村旅游社会文化影响感知描述性统计结果

序号	问题项	频率百分比					描述性统计值	
		非常同意	同意	中立（一般）	不同意	非常不同意	均值	标准差
1	本村的卫生状况改善	60 20%	114 38%	104 34.7%	19 6.3%	3 1%	3.70	0.895
2	村里偷盗事件增多，犯罪现象增加，治安恶化	23 7.7%	101 33.7%	119 39.7%	46 15.3%	11 3.7%	3.26	0.936
3	本村赌博现象增加	29 9.7%	92 30.7%	116 38.7%	46 15.3%	17 5.7%	3.23	1.011
4	本村居民注重对公共设施保护（公德意识增强）	32 10.7%	124 41.3%	117 39%	25 8.3%	2 0.7%	3.53	0.819
5	与邻居和乡亲拉家常、接触增多	35 11.7%	121 40.3%	118 39.3%	24 8%	2 0.7%	3.54	0.827
6	我很愿意与旅游者分享村里的公共资源	46 15.3%	127 42.3%	101 33.7%	20 6.7%	6 2%	3.62	0.893
7	我很愿意与旅游者交流	64 21.3%	104 34.7%	106 35.3%	23 7.7%	3 1%	3.68	0.928
8	我愿意积极出钱修建村里的道路和公共设施	53 17.7%	117 39%	109 36.3%	20 6.7%	1 0.3%	3.67	0.855
9	本村居民比以前团结	59 19.7%	121 40.3%	99 33%	21 7%	0 0	3.73	0.857
10	本村女性就业机会明显增加	58 19.3%	127 42.3%	92 30.7%	21 7%	2 0.7%	3.73	0.876
11	妇女在家庭中的地位提高	52 17.3%	118 39.3%	113 37.7%	14 4.7%	3 1%	3.67	0.850
12	日常生活受到影响	55 18.3%	112 37.3%	117 39%	13 4.3%	3 1%	3.68	0.857
13	邻里关系变得冷漠	41 13.7%	99 33%	127 42.3%	28 9.3%	5 1.7%	3.48	0.901
14	本村离婚现象增加	52 17.3%	101 33.7%	119 39.7%	26 8.7%	2 0.7%	3.58	0.898
15	本村居民相互帮助现象增加	58 19.3%	113 37.7%	103 34.35	23 7.7%	3 1%	3.67	0.908
16	本村居民穿着变得时尚、讲究	54 18%	123 41%	103 34.3%	16 5.3%	4 1.3%	3.69	0.874

续表

序号	问题项	频率百分比					描述性统计值	
		非常同意	同意	中立（一般）	不同意	非常不同意	均值	标准差
17	村民争夺周边的农地激烈	62 20.7%	120 40%	98 32.7%	17 5.7%	3 1%	3.74	0.885
18	本村的知名度和整体形象提升	69 23%	121 40.3%	91 30.3%	18 6%	1 0.3%	3.80	0.874
19	村委会组织本村居民进行旅游培训的机会增多	79 26.3%	103 34.3%	98 32.7%	17 5.7%	3 1%	3.79	0.931
20	传统节日观念增强	24 8%	102 34%	147 35%	26 8.7%	1 0.3%	3.41	0.772
21	对传统文化了解增多	26 8.7%	140 46.7%	117 39%	16 5.3%	1 0.3%	3.58	0.739
22	村民间合作现象增加	45 15%	143 47.7%	100 33.3%	12 4%	0 0	3.74	0.759
23	本村居民的教育意识增强	49 16.3%	147 49%	94 31.3%	10 3.3%	0 0	3.78	0.752
24	本村居民的文明程度提高	55 18.3%	133 44.3%	91 30.3%	21 7%	0 0	3.74	0.837
25	本村普通话水平提高	54 18%	125 41.7	88 29.3%	28 9.3%	5 1.7%	3.65	0.937
26	闲暇文化生活变得丰富	51 17%	116 38.7%	116 38.7%	14 4.7%	3 1%	3.66	0.849

四、潍坊市农民乡村旅游生态影响感知分析的描述性统计结果

本部分采用SPSS19.0软件对潍坊市农民乡村旅游的生态影响感知进行分析。

潍坊市农民对乡村旅游生态影响感知的均值可以反映出潍坊市农民对乡村旅游生态影响各变量指标感知的强度差异。通过对潍坊市农民乡村旅游生态影响感知的调查数据进行统计，结果如表5-12所示可以

看出：

(1) 潍坊市农民对乡村旅游的开发给农民带来的生态变化中感知最强烈的是乡村旅游的开发使得农民认为"环境保护是每一个村民的责任"，其均值为 3.93，同意和非常同意农业休闲旅游开发使得认为"环境保护是每一个村民的责任"的农民比例达到了 65.4%，不同意和非常不同意的比例仅为 3.7%，对这一生态影响变量感知不明显的占 31%。

(2) 潍坊市农民对乡村旅游的开发给农民带来的生态变化中感知第二强烈的是乡村旅游的开发使得"生活垃圾增多，环境恶化"，其均值为 3.83，同意和非常同意农业休闲旅游开发使得"生活垃圾增多，环境恶化"的农民比例为 66.6%，不同意和非常不同意的比例为 6.6%，对这一生态影响变量感知不明显的占 26.7%。

(3) 潍坊市农民对乡村旅游的开发给农民带来的生态变化中感知最不强烈的是乡村旅游的开发使得"果园、菜地、鱼塘遭到破坏"，其均值为 3.66，同意和非常同意农业休闲旅游开发使得"果园、菜地、鱼塘遭到破坏"的农民比例为 54.3%，不同意和非常不同意的比例为 9%，对这一生态影响变量感知不明显的占 36.7%。

(4) 从总体上来看，潍坊市农民的乡村旅游生态影响感知的 11 个变量均值都大于 3.65，影响都比较强烈，具体如下："环境保护是每一个村民的责任"（均值为 3.93）、"生活垃圾增多，环境恶化"（均值为 3.83）、"毁坏农田、耕地的现象增加"（均值为 3.81）、"生态环境是发展旅游的基础条件"（均值为 3.78）、"村里的公共垃圾处理设备增加"（均值为 3.76）、"空气变得浑浊，质量下降"（均值为 3.74）、"井水、河水污染加重、水质变坏"（均值为 3.74）、"村民砍伐周边树木的现象增加"（均值为 3.74）、"旅游开发促进了本村生态环境的保护"（均值为 3.71）、"外来旅游人员增多，噪声增多"（均值为 3.69）、"果园、菜地、鱼塘遭到破坏"（均值为 3.66）。

表5-12 潍坊市农民乡村旅游生态影响感知描述性统计结果

序号	问题项	频率百分比					描述性统计值	
		非常同意	同意	中立（一般）	不同意	非常不同意	均值	标准差
1	空气变得浑浊，质量下降	46 15.3%	138 46%	107 35.7%	9 3%	0 0	3.74	0.750
2	井水、河水污染加重、水质变坏	54 18%	127 42.3%	105 35%	14 4.7%	0 0	3.74	0.806
3	外来旅游人员增多，噪声增多	48 16%	139 46.3%	87 29%	24 8%	2 0.7%	3.69	0.858
4	生活垃圾增多，环境恶化	70 23.3%	130 43.3%	80 26.7%	19 6.3%	1 0.3%	3.83	0.870
5	毁坏农田、耕地的现象增加	73 24.3%	114 38%	98 32.7%	12 4%	3 1%	3.81	0.886
6	村民砍伐周边树木的现象增加	65 21.7%	118 39.3%	95 31.7%	19 6.3%	3 1%	3.74	0.902
7	果园、菜地、鱼塘遭到破坏	63 21%	100 33.3%	110 36.7%	27 9%	0 0	3.66	0.909
8	村里的公共垃圾处理设备增加	65 21.7%	117 39%	99 33%	18 6%	1 0.3%	3.76	0.872
9	旅游开发促进了本村生态环境的保护	63 21%	104 34.7%	118 39.3%	13 4.3%	2 0.7%	3.71	0.869
10	生态环境是发展旅游的基础条件	60 20%	128 42.7%	101 33.7%	8 2.7%	3 1%	3.78	0.829
11	环境保护是每一个村民的责任	95 31.7%	101 33.7%	93 31%	9 3%	2 0.7%	3.93	0.897

第三节 山东省乡村旅游竞争力评价的必要性和紧迫性

山东省乡村旅游资源丰富，发展势头良好，成绩斐然，特色鲜明，旅游经济位居全国前列。20世纪80年代，研究者提出乡村旅游可持续发展理念之后，国内针对乡村旅游的研究开始增多，但是对乡村旅游竞争力的评价研究还是欠缺，不利于乡村旅游发展的评价分析，因此进行山东省乡村旅游竞争力评价的研究具有一定的必要性和紧迫性。

一、乡村旅游竞争力评价有利于农村经济的快速发展

我国现在正处于"中等收入"发展阶段，是经济发展的高风险期。中国是农业大国，为减小城乡差距，缓和农村经济发展与资源、环境之间的矛盾，加快新农村建设，必须转变农业经济发展方式。发展乡村旅游有利于调整和优化农业产业结构，促进农产品生产，增加农村经济发展后劲，扩大内需。

1. 发展乡村旅游有利于提高农业竞争力

乡村旅游的发展应立足于农业，以农村文化为基础促进农村产业融合，搭建现代休闲农业产业体系，改进传统农业产业链条，改变传统的农作物生产方式，制作特色农产品，借助乡村旅游推动这些特色农产品的销售，提升农业竞争力。

2. 发展乡村旅游有利于提高农民收入

发展乡村旅游可以拓宽农民收入的渠道。随着现代乡村旅游和休闲农业旅游的快速发展，地方政府和个体经营户可以充分利用农村区域的先天优势和多种资源大力发展当地乡村旅游，并且随着游客的增多不仅可以调整和优化农村产业结构，还可以帮助农民加快脱贫致富，进而推动农村经济的发展和农业技术的提高。因此，发展乡村旅游，客观评价乡村旅游竞争力有利于增加农民收入。

3. 发展乡村旅游有利于加快新型城镇化建设

在乡村振兴的今天，新型城镇化建设是重中之重，是在保证农业规模和粮食产量稳定增长的基础上，合理充分利用农村农业资源，保护乡村生态环境，保证农民生活收入及消费水平，积极建设乡村基础设施，完善乡村医疗、卫生、教育等公共服务体系。发展乡村旅游能够推进城乡统筹，提高农民收入，缩小城乡差距。所以，对乡村旅游竞争力进行

科学合理的评价，有利于乡村旅游的科学发展，有利于加快新农村建设，促进城乡统筹的开展。

二、乡村旅游竞争力评价有利于旅游经济的快速发展

国家层面上，旅游经济市场需求呈现出"大基数、稳增长、低消费"，大众化旅游趋势更加明显。随着旅游总量的增加，旅游市场需求结构不断优化，城镇旅游总花费明显高于乡村旅游总花费，且旅游者消费更加注重品质。综合以上特征和发展趋势可以看出，即使当前旅游市场的消费主流仍旧为经济型旅游产品，给乡村旅游争取了不少市场份额，但是城镇旅游市场的增多和品质旅游的需求，促使乡村旅游与新农村建设相结合，提升乡村旅游的乡村文化内涵，加强乡村基础设施建设，扩大乡村旅游的市场。所以，乡村旅游竞争力评价的研究可以推动乡村旅游的发展，推动农业经济的发展，推动旅游经济的快速平稳发展。

第六章 山东省乡村旅游影响因素分析

山东省乡村旅游竞争力的影响因素主要从现状、环境、发展、潜能四个方面进行分析。山东省具有发展乡村旅游业独特的农业资源优势和地理位置优势。首先，山东省是农业大省，农业经济发达，农业作物丰富，品种齐全，产量较高，能够满足发展乡村旅游的条件；其次，山东省地貌类型齐全，包含平原、山地、丘陵、森林、河口湿地、海洋等，自然资源丰富，风光独特；再次，山东省历史文化悠久，齐鲁文化源远流长，三孔文化闻名全国，戏曲多样，历史古迹丰富，民风淳朴，民俗情多姿多彩；最后，山东省地理位置优越，环绕渤海经济发达地区，临近韩国、日本，高速公路、铁路、航空、河运海运四通八达，交通便利。

第一节 山东省乡村旅游的现状分析

山东省高度重视乡村旅游发展，各部门也都大力支持，推动乡村旅游持续快速健康科学的发展。

一、山东省旅游概况

山东省全域旅游发展与总体经济发展及其布局具有高度的契合度。山东省最具有竞争力和发展潜力的旅游资源主要体现为温带海滨资源和济南、泰安、曲阜到邹城、滕州一线的历史文化资源。尤其是山东温带海滨度假岸线，在中国大陆海岸线中是最具有优势的，而这个优势目前还没有得到很好的利用和发挥。孔子及其他历史文化名人形成的历史文化遗产旅游资源是具有世界影响力的资源，其地位不可替代。山东的第三类资源是乡村旅游资源。山东虽然没有云南、贵州那样的多样化的民族村寨和特色地域文化，但山东是一个传统的农业大省，同时温带种植业、海洋渔业等也十分发达。虽然乡村环境较差，但农产品种类和产量都具有十分突出的地位，在中国最大的出游目的地城市群（分别是北京和天津、长江三角洲城市群）之间，乡村休闲会成为山东旅游最具有增长潜力的旅游资源。

1. 地理位置优越、地形地貌多样、气候四季分明

山东省位于东部沿海，陆地面积15.79万平方公里，其中，北部、西部和中东部为平原，中部和东部半岛为丘陵，南部和东南沿海地势较低，最高点泰山雄踞中部。母亲河黄河自西南向东北斜穿，从东营汇入渤海，京杭大运河自西北流向西南，微山湖、南阳湖、独山湖、邵阳湖为主要淡水湖，滨海地区分布589个近海岛屿。山东省平原地区占总面积的55%，山地区占15.5%，丘陵区占13.2%，河流湖泊占1.1%。山东省属于暖温带半湿润型季风气候，夏季多雨，冬季干燥，与内陆省份相比气候较温暖湿润。

2. 人口众多、经济发达、社会繁荣

2017年，山东省常住人口10005.83万人，是第二大人口大省；山东省经济基础较好，国内生产总值排名全国前三，经济充满活力且种类多样化，制造业强大，拥有一批中国最知名的品牌，也是中国的主要农业生产基地之一。

3. 资源丰富、种类繁多、得天独厚

山东省有山地、丘陵、森林、河流，还有长达3345公里的海岸线，文化遗产资源丰富，博物馆众多。《山东旅游年鉴》（2018）数据显示，截至2017年，山东省拥有泰山（世界文化与自然双重遗产）、曲阜三孔

（孔府、孔庙、孔林）、齐长城、枣庄台儿庄古城四处世界遗产景点，11个国家 5A 级旅游景区，215 个 4A 级旅游景区，A 级旅游景区达到 1173 个。

4. 旅游业发展迅猛，游客人数和消费持续增长

2005 年以来，山东省游客人数和消费大幅增加，由 2007 年的 20592.6 万人次增加到 2017 年的 78460.6 万人次，增长速度惊人，国内游客人数年均增长率为 14.5%，国内游客消费总额年均增长 18.6%，入境游客人数年增长率为 7.4%，入境游客消费年增长率为 9.4%。具体如图 6-1~图 6-4 所示。

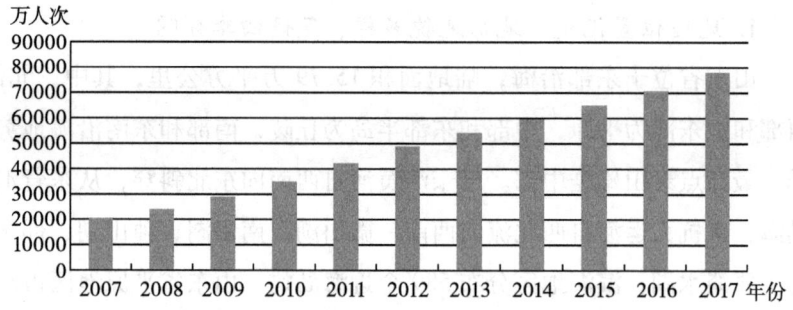

图 6-1　2007—2017 年山东省国内游客人数情况

数据来源：各年度《山东旅游年鉴》。

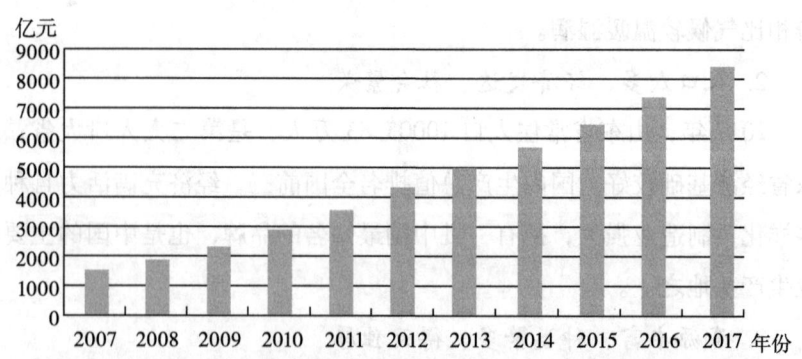

图 6-2　2007—2017 年山东省国内游客消费总额情况

数据来源：各年度《山东旅游年鉴》。

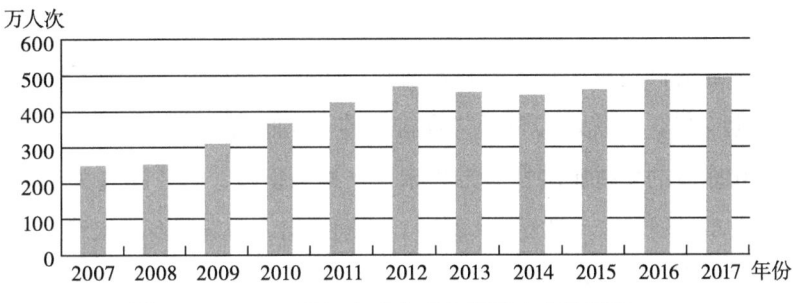

图 6-3 2007—2017 年山东省入境游客人数情况

数据来源：各年度《山东旅游年鉴》。

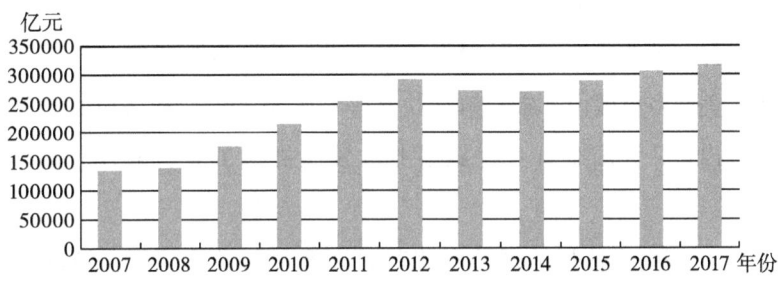

图 6-4 2007—2017 年山东省入境游客消费总额情况

数据来源：各年度《山东旅游年鉴》。

二、山东省乡村旅游概况

山东省是传统农业大省，是齐鲁文化发源地，具有世界文化与自然双遗产——泰山和世界文化遗产"三孔"，乡村旅游资源十分丰富，在20世纪80年代伊始就开发了乡村旅游项目，截至目前已经形成乡村旅游产业，培育出一批知名的乡村旅游品牌。山东省乡村旅游发展迅速，规模宏大，特色鲜明，成绩斐然，在拉动社会内需、促进农民增收、统筹城乡一体化、保护乡村生态环境、传承乡村文化等方面作出了巨大贡献。截至2017年6月，山东省规模化开展乡村旅游的村庄3200多个，乡村旅游经营业户6.4万户，吸纳安置就业33万人，建成旅游强乡镇527个、特色村1180个、星级农家乐4063个、精品采摘园921个、开心农场168个。61个村被国家旅游局命名为"中国乡村旅游模范村"，全国第一。尤其值得一提的是，全省3200多个乡村旅游点，已全部入驻八喜旅游网电商平台，乡村旅游点的民宿、农产品等实现了网上售卖和网上支付，也就是实现了"乡村旅游＋互联网"。①

山东省的乡村旅游发展方兴未艾，势头正猛，国务院《关于促进旅游业改革发展的若干意见》（2014）明确提出大力发展乡村旅游，从国家战略层面肯定了乡村旅游发展的强大生命力。山东省原17市全部编制完成乡村旅游规划，显示了我省乡村旅游发展的强大决心。就发展的总体水平而言，山东省平原地区与山地丘陵地区的情况各有千秋，互为特色，形成优势互补的局面。伴随着国家关于"三农"问题的强化管理和高度重视，美丽乡村建设、旅游精准扶贫等一大批关于乡村旅游的政策、文件陆续出台，为山东省乡村旅游业的发展提供了前所未有的契机。主要有：

（1）济南市依托地理位置优势打造乡村旅游集聚区。济南市著名的景区景点多达50余处，其中大部分为乡村旅游景区，加之没有开发的野山、特色山村、古村等共同构架了济南市乡村旅游资源，通过对各大乡村旅游目的地的区位位置进行分析可以看出，济南市乡村旅游地主要分布在长清区、历城区、章丘区、商河县、平阴县，其中章丘区、长清区和历城区的乡村旅游目的地分布密度最高，仅南部山区的乡村旅游景点就至少有20多个，形成了济南市乡村旅游集聚区。

（2）滨州市特色乡村旅游风生水起。滨州市乡村旅游依托现有资源，挖掘自身特点，形成了"新农村＋旅游""农业＋旅游""休闲＋旅游""民俗＋旅游"的新特色。近年来，随着社会的发展和生活水平的不断提高，乡村旅游品质不断提升，乡村旅游的需求不断加强。乡村旅游不再仅仅是对资源简单开发的单一休闲型旅游，而是综合开发集文化、休闲娱乐、康养结合等一体的复合型旅游项目。滨州市乡村旅游综

---

① https://www.sohu.com/a/148908545351300。

合收入不断增加,竞争力不断增强。先后形成了几大亮点,如:实施"农业+旅游"工程,打造城市的后花园;"新农村+旅游",请到美丽乡村来转转;"休闲+旅游"度假区邀你来体验;"民俗+旅游",齐鲁民俗快来看等有声有色的一系列乡村旅游产业项目。

(3)菏泽市着力发展乡村旅游,实施精准扶贫工程,将国家战略与旅游产业有机融合,收效颇丰。通过打造乡村旅游精品项目,积极创建全国旅游休闲示范区、示范乡村,实施整体乡村旅游规划,塑造传统水浒形象,打造特色乡村旅游品牌——"水浒人家""黄河人家"等,建设国内精品民宿品牌。菏泽市充分利用本地乡村旅游资源,结合当地的亮点,打造文化名村和古镇,如水浒传宋江的老家——郓城县水堡乡水堡村、张居正的故居——巨野县核桃园镇付庙村等。同时,实施乡村旅游精准扶贫,引导农民开设精致农家乐,让游客体验当地特色食宿、果菜采摘、农耕等活动,帮助条件成熟的乡村旅游点建立地方特色旅游商品销售点。

(4)潍坊市人民政府出台专门的乡村旅游发展文件,积极培育旅游强镇和"吃、住、行、游、购、娱"配套齐全的乡村旅游特色村(点),以及乡村旅游经营业户,打造一批在国内具有一定知名度、影响力的乡村旅游精品产品,特别是寿光蔬菜、潍坊萝卜、潍坊风筝等。潍坊市乡村旅游总收入和经营农户平均收入明显提高,乡村旅游在潍坊市经济社会发展中的地位更加突出、作用更加明显。潍坊市力争到"十三五"末,将潍坊市打造成为知名的乡村旅游目的地,体现了较为宏大的发展手笔和战略规划。

山东省乡村旅游发展势头良好,其他地市也都各具特色,如青岛、烟台、威海、淄博、日照等,乡村旅游发展更是有条不紊。但从整体来说,山东省乡村旅游的规范化、规模化水平还相对比较低,特色化和文化内涵欠缺,这直接影响着山东省乡村旅游的可持续发展。山东省乡村旅游可持续发展的对策是保持乡村性,实现乡村旅游产品的转型和升级换代,走区域旅游合作、联合共赢的大旅游之路,突出乡村旅游产品的文化内涵和地域特色,加大政府对乡村旅游的扶持、引导和监管力度。

三、山东省乡村旅游收入分析

通过对近十年山东省乡村旅游收入的数据进行分析可以看出,山东省乡村旅游收入每年持续增长。2009 年,山东省乡村旅游收入 370 亿元;2010 年,山东省乡村旅游收入达到 531 亿元;2011 年,山东省乡村旅游收入达到 700 亿元;2012 年,山东省乡村旅游接待海内外游客近 1 亿人次,实现乡村旅游收入 920 亿元;2013 年,山东省乡村旅游收入达到 1000 亿元;2014 年山东省乡村旅游业总收入达到 1420 亿元;2015 年,山东省实现乡村旅游接待游客 3.3 亿人次,同比增长 21.3%,占全省旅游接待的一半以上,实现乡村旅游收入 1806.7 亿元,同比增长 27.2%,超过全省旅游消费总额的 1/4;2016 年,山东省实现乡村旅游游客接待 3.97 亿人次,同比增长 20.3% 左右,超过全省旅游接待游客总数(7.1 亿人次)的 1/2,实现乡村旅游收入 2200 亿元,同比增长 21.8%,超过全省旅游收入(8030 亿元)的 1/4;2017 年,山东省乡村旅游接待游客 4.45 亿人次,实现乡村旅游消费 2549 亿元(据山东省旅发委提供的数据);2018 年,山东省乡村旅游接待游客 5.03 亿人次,实现乡村旅游消费 2955 亿元。具体数据如表 6-1 所示。

表 6-1 2009—2018 年山东省乡村旅游收入及增长率一览表

年份	2009	2010	2011	2012	2013
乡村旅游收入/亿元	370	531	700	920	1000
增长率/%		42.43	32.83	31.43	8.70
年份	2014	2015	2016	2017	2018
乡村旅游收入/亿元	1420	1806.7	2200	2549	2955
增长率/%	42.00	27.23	21.77	15.86	15.93

数据来源:《山东旅游年鉴》及各大网站报道。

2009—2018年山东省乡村旅游收入柱状图及增长率折线图如图6-5所示。

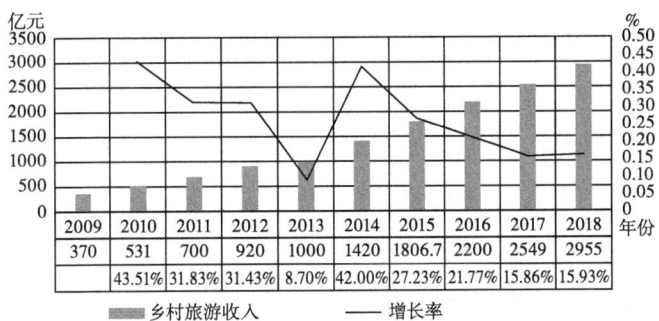

图6-5 2009—2018年山东省乡村旅游收入柱状图及增长率折线图

2020年1月10日，山东省人民政府发布《山东省促进乡村产业振兴行动计划》，提出未来5年至10年，山东省将开展休闲农业和乡村旅游精品工程，推动实施乡村产业振兴"六大行动"，确保到2025年山东乡村产业振兴取得重大突破，到2030年乡村产业体系更加完善，全省半数以上乡村基本实现农业现代化。山东省将大力培育赏花采摘、休闲度假、康养、民俗和体育健身等乡村旅游业态，重点开展农（渔）家乐、乡村民宿、森林人家和康养基地建设，创建一批国家休闲农业示范县、乡村旅游重点镇村、休闲农业精品园区和规模适度的田园综合体。力争到2025年，乡村旅游消费收入达到6000亿元。同时，山东还将实施乡土人才培强工程，围绕县域农业产业布局，突出"一县一品"，编制急需人才目录，定期集中发布，定向引进人才，制定优惠政策，提升乡村吸引吸纳人才能力；分层分类分模块培训职业经理人、青年农场主、新型农业经营主体带头人，继续开展公费农科生招生工作；编制乡村产业人才开发路线图，引进海内外适用人才，引导农民工、大中专毕业生、退役军人、农业科技人员和"田秀才""土专家""乡创客"创新创业，培育一批富有活力的农村产业带头人，让全省农村实用人才总量到2025年稳定在300万人。

四、山东省乡村旅游产品分析

2012—2016年,山东省对乡村旅游的累计投入达到6.2亿元,其乡村旅游产品层次低、文化体验功能不足、经营管理者素质和能力不强、市场营销相对薄弱。当前的乡村旅游产品多依赖乡村景色景观,却很少开发互动体验项目。开发互动体验项目可以更好地实现社区就业,延长游客停留时间,并增加游客消费。当前,山东省乡村旅游具有明显的季节性,通常四月到十月和周末是乡村旅游的旺季,年轻的游客都在寻求更加全方位、更加个性化的乡村旅游体验。因此,需要加强产品的开发、包价组合、培训和合作,并确保乡村旅游在全省旅游业总画卷中得到恰当的展示。当前,山东省现有的乡村旅游产品类型汇总如下:

1. 农(渔)家乐型

农(渔)家乐型乡村旅游以吃住在农(渔)家,参与农活或者渔业活动,体验农(渔)家生活,感受农(渔)家文化,购买农(渔)家产品为主,当前山东省各地市都比较流行。如济南市、青岛市、淄博市周边的"农家乐";烟台市、威海市、日照市周边的渔民生活体验游等。

2. 休闲农业型

休闲农业型乡村旅游主要是依靠农村田园风光,利用各种农业生产资源,以进行认领、采摘、科普教育、农事农艺体验等开展起来的观光度假、休闲娱乐旅游活动。如潍坊市寿光市的蔬菜博览会、临沂市兰陵蔬菜产业博览会及大城市周边的采摘园等。

3. 古村落、乡村博物馆型

古村落、乡村博物馆型乡村旅游是以乡村地区古村落遗迹为吸引物或者以展示农村地区生产、生活用具、文化风俗等为主要内容的旅游活动。如台儿庄古城游、青州古城游、淄博周村古城游、运河风情乡村游等。

4. 传统乡村节庆民俗型

传统乡村节庆民俗型乡村旅游是以传统的民风、民俗、地区特色浓厚的农村节庆活动为吸引物，吸引游客前去旅游的乡村旅游形式。如鲁西南、鲁西北地区平原风情乡村游等。

5. 红色旅游型

红色旅游型乡村旅游是以革命战争时期的遗址、纪念地为载体，同时进行爱国主义教育而开展的乡村旅游形式。如沂蒙山区革命根据地、枣庄和微山湖地区铁道游击队活动区开展的红色乡村游等。

6. 新农村建设型

新农村建设型乡村旅游是以反映新时期农村风貌为主要内容，并为游客提供特色休闲、娱乐、文化的乡村旅游活动。如沂水县许家湖镇新农村建设观光游、烟台南山村开展的新农村乡村游等。

7. 景区承接型

景区承接型乡村旅游是依靠地区优美著名风景吸引游客进行旅游的乡村旅游活动。如泰山景区周边的乡村游、寿光巨淀湖乡村游等。

8. 保健休养型

保健休养型乡村旅游是主要以疗养、健康、休养为主题的乡村旅游。如聊城、临沂、东营等市的温泉疗养乡村游。

9. 农村文化型

农村文化型乡村旅游是以农村文化为吸引，吸引游客前去旅游的乡村旅游形式。如寿光的农圣文化乡村游、盐圣文化乡村游、宏远老酒博物馆乡村旅游、潍坊杨家埠木版年画乡村游等。

第二节 山东省乡村旅游的环境分析

山东省乡村旅游的环境方面，本书从社会经济环境、社会文化环境和社会自然环境三个方面进行分析。

一、社会经济环境

乡村旅游的社会经济环境主要从人均 GDP 和全社会固定资产投资总额两个方面分析。山东省人均 GDP 和全社会固定资产投资总额情况具体如图 6-6 和图 6-7 所示。

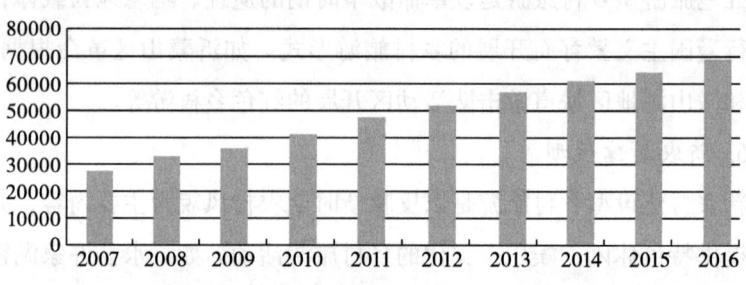

图 6-6　2007—2016 年山东省人均 GDP 情况

数据来源：各年度《山东统计年鉴》。

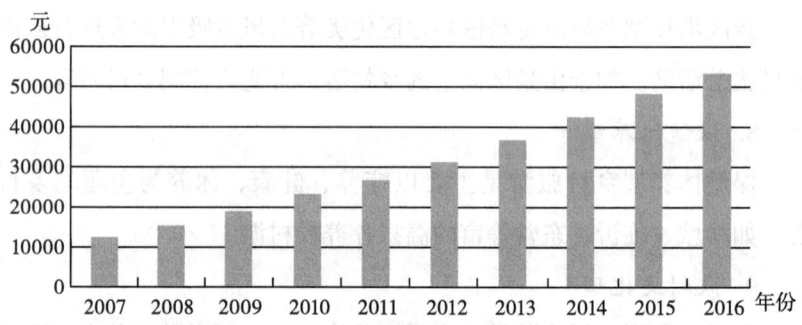

图 6-7　2007—2016 年山东省全社会固定资产投资总额情况

数据来源：各年度《山东统计年鉴》。

二、社会文化环境

乡村旅游的社会文化环境主要从农民对游客友好程度和旅游创新能力两个方面分析。在乡村旅游开发过程中，必须以本地乡土文化为核心，结合本地实情和特色，提升乡村旅游产品的档次和品牌，同时加强文旅融合发展。将文化特色和文化内涵融入乡村旅游，有利于提升和改变中国乡村旅游产品结构单一、档次低的状况。在山东省乡村旅游产品项目的开发和设计过程中，要在乡村民俗、民族风情和乡土文化上做好文章，使乡村旅游产品具有较高的文化品位和较高的艺术格调，提高农民对游客的友好程度，增强乡村旅游的创新能力。山东省是孔孟之乡，礼节较重，农民对游客是非常友好的，但旅游创新能力欠缺。

三、社会自然环境

乡村旅游的社会自然环境可以从自然环境和绿化覆盖率两个方面来进行分析。自然环境属于公共消费品，是不可再生资源，它直接服务于旅游者，具有非排他性和非竞争性。如清新的空气、甘甜的泉水，每一位旅游者都可自由享受，但大多数旅游者在享用现成资源时却往往忽略怎么维护和治理美好的环境。乡村旅游开发者也往往尽可能地减少投资成本，对于在开发过程中配套相关环保项目不够注重，归根结底是由于环保项目投入大，利润率低，经济收益低。然而，从长远来看，对自然环境损害后修复所花费的资金量会更加庞大，因此，提前投资环保项目更适合长期发展。总的来看，山东省山区面积广，森林树木较多，绿化覆盖率相对较大，对乡村旅游的发展具有助推作用。

第三节　山东省乡村旅游的发展分析

19世纪，欧洲率先开始了乡村旅游活动，直到20世纪80年代，我国乡村旅游活动才开始萌芽，将其作为农民脱贫和进行农业产业结构调整的一种手段。我国现代的乡村旅游活动从20世纪90年代才真正开始，20世纪末乡村旅游才得到普遍发展。进入21世纪后，国家旅游局开展创建"全国农业旅游示范点"等活动，2006年确定"中国乡村游"旅游主题，加之社会主义新农村建设的促进作用，使我国各地乡村旅游得到快速发展。但与西方发达国家相比，我国乡村旅游从整体发展水平上来讲还处于初始阶段，山东省尽管走在我国的前列，但仍旧处在乡村旅游发展初始阶段。

一、山东省乡村旅游发展阶段

综合前人研究，山东省乡村旅游的发展可以分为三个发展阶段，即乡村旅游萌芽阶段、乡村旅游普遍发展阶段和乡村旅游快速发展阶段。

1. 乡村旅游萌芽阶段

纵览山东省乡村旅游的发展过程，山东省乡村旅游主要开始于20世纪80年代，经过10年的萌芽发展，山东省乡村旅游逐渐进入正轨。20世纪80年代，在改革开放的影响下，山东省部分乡村旅游资源丰富地区逐步开展乡村旅游规划和旅游活动，如早期的潍坊民宿旅游、烟台长岛渔家乐旅游、烟台南山农业旅游等。改革开放之初，潍坊市石家庄村农家民俗旅游是山东省早期乡村旅游的代表，开创了全国乡村旅游的先河。1990年4月，中国旅游文化学会、山东省民俗学会等部门联合主办"全国民俗与旅游学术讨论会"，对潍坊重点开发的"潍坊千里民俗旅游线"进行考察研究，并对山东省首创民俗旅游给予了高度评价。

在乡村旅游萌芽阶段，山东省各地区虽然对一些乡村旅游项目进行了规划开发，但受限于消费水平和经济发展水平，乡村旅游的规模、模式、投资、开发等都处于起步阶段。

2. 乡村旅游普遍发展阶段

山东省乡村旅游的普遍发展阶段主要是从20世纪90年代末到2005年。在山东省乡村旅游普遍发展阶段，各地市纷纷结合实际乡村旅游资源优势，规划开发了一批以田园观光、吃喝游乐、农业观光等为主的特色乡村旅游项目，比较典型的有烟台、日照、青岛、威海等海滨城市的"渔家乐"风情体验游，济南、淄博、潍坊等山区的登山攀岩体验游，临沂、潍坊等地的民俗旅游，潍坊寿光、枣庄等地的农业生产观光游及各地城市近郊的"农家乐"吃喝游等。在这段时期内，山东省的乡村旅游发展遍地开花，形成一些品牌产品，有很大一批乡村旅游项目享誉全国，驰名世界，如2004年国家旅游局公布了首批农业示范点，山东省内包括寿光高科技蔬菜示范园、日照王家皂民俗旅游村、长岛渔家乐等26家获批，数量为全国最多，其中，潍坊寿光还成为全国农业旅游示范点验收的样板，每年召开中国（寿光）国际蔬菜科技博览会。除此之外，山东省各地还开发了一些结合农村民俗的节庆活动，如威海荣成的国际渔民节、泰安肥城的中国品桃节等。

在乡村旅游普遍发展阶段，山东省的乡村旅游无论在地域分布、旅游类型、产品特色、品牌建设还是乡村旅游资金投入、服务质量、知名度等方面，都有了较大发展。

3. 乡村旅游快速发展阶段

山东省乡村旅游的快速发展阶段主要是从2006年至今。2006年，原国家旅游局在成都召开的全国乡村旅游现场会上将2007年旅游主题确定为"中国和谐城乡游"，这给乡村旅游的发展带了巨大的挑战和机遇。山东省乡村旅游也以此为契机，大力发展，截至当前，山东省的各县级地域都有不同类型的乡村旅游产品。原山东省旅游局更是相继出台文件，制定了《山东省旅游强镇和旅游特色村评定办法》《山东省旅游强镇标准》《山东省旅游特色村标准》。2007年，山东省原旅游局编制了《山东省乡村旅游指导规划》和《山东农业生态旅游规划》，并出台相关乡村旅游发展的鼓励政策，《城郊乡村旅游休闲度假带》编制完成并通过评审，且一次性给予10万元规划编制费，并推出"五级联动创优"制度等。在2016年，山东省原旅游局编制了《2015山东乡村旅游手册》，详细汇总了2015年及之前山东省乡村旅游发展的概况。

在乡村旅游快速发展阶段，山东省乡村旅游形成了多样化发展模式，乡村旅游产业不断创新、层次不断提高，一批更加富有个性的特色精品开始出现，涉及医养结合、"互联网+乡村旅游"、智慧乡村旅游、乡村体育旅游俱乐部、户外俱乐部等，建设了一批乡村旅游品牌，山东省的乡村旅游发展走在了全国前列。

山东省乡村旅游近 40 年的发展历程，能够取得如此高速的增长，主要依靠所处的发展阶段和由此决定的后发优势，有赖于人口红利带来的巨大市场需求，以及乡村低成本的劳动力、土地、资源等优势。目前，这些传统优势的作用已经有所减弱，传统粗放型的乡村旅游发展模式已经走到了尽头。当下乡村旅游要提速发展，关键就是要通过内容创新，优化产业结构，提高发展质量和效益。

二、山东省乡村旅游发展问题分析

1. 山东省乡村旅游规划跟不上发展形势，盲目跟风建设问题突出

乡村旅游发展的快速收益，激发了山东省各地区开展乡村旅游的热情，盲目跟风开发乡村旅游项目。地方政府和开发者过高估计了乡村旅游开发的经济效益，加之对乡村旅游项目开发的论证不足，导致乡村旅游项目规划不够深、资金不够雄厚、项目建设盲目、自然资源破坏严重。如很多城市近郊的农家乐项目，开发者只粗浅地看到经济收益，盲目跟从，缺乏对项目长期的规划，导致吸引力不足，回头客较少。而在一些发达国家，当地政府在发展乡村旅游时会对每一寸土地的开发做出详细的规划，这样在开发过程中一旦出现问题能够及时拿出针对性措施。因此，加强乡村旅游的规划是乡村旅游发展的前提。

2. 山东省乡村旅游特色文化内涵挖掘不足，参与度较低

文化与旅游密不可分，山东省的一些乡村旅游产品缺乏与乡村传统文化的融合，忽视了乡村旅游地的发展历史、民宿民风、传统工艺、文化传说等文化层面的挖掘。山东省的部分乡村旅游产品给旅游者的感觉仅仅是感官的认知，缺乏冲击旅游者心灵的东西，如旅游者去一些古城游览时，无法详细了解古城沧桑变幻的历史，无法欣赏到传统工艺的制

作过程和技巧,无法亲身体验乡土民俗的淳朴,不能够参与到民间文化的表演等。山东省乡村旅游已经难以满足旅游市场日趋多样化、多层次、高文化品位的需求,造成旅游者对乡村旅游的印象不深,重游率不高,而且不能真正体现乡村旅游的乡村性和文化性。

3. 山东省乡村旅游产品开发综合程度低,缺乏特色和竞争力

山东省乡村旅游产品众多,但是综合开发程度较低,主要体现在:①山东省乡村旅游的纵向产品系统开发设计不足,导致山东省乡村旅游产品大多边开发边经营,交通、餐饮、休息等基础配套设施不够完善,环境卫生条件较差,服务能力欠缺,服务体系不够健全,接待水平有限,缺乏特色,缺少竞争力;②山东省乡村旅游横向产品整合不足,大多数乡村旅游产品都是"各自为战",很少与相近旅游景点合作整合乡村旅游资源,进而形成整体旅游线路,以弥补自身的劣势,发挥合作的优势,吸引旅游者再次到访。

4. 山东省乡村旅游专业人才匮乏,经营管理水平低下

乡村旅游是一种新兴的旅游形式,专门人才整体较少,加之乡村旅游开发的地点大多处于交通不便、经济文化比较落后的近郊和农村,旅游专业人才吸引力不足,进而专业旅游人才的分布和渗透更差,这就形成了现在的山东省乡村旅游从业人员以当地村民为主的现象。山东省乡村旅游多以村委会经营、村民经营为主,管理者多为村干部兼任,因此,经营者和服务人员的待人接物、经营理念、管理方法等与旅游服务要求有较大差距,在乡村旅游管理与接待中存在经营管理科学性不强、服务水平差、市场意识不强等问题,影响了山东省乡村旅游的发展和运营,造成游客旅游感受较差。

5. 山东省乡村旅游市场运作能力差,知名度不高,缺乏精品产品

山东省乡村旅游产品部门已经具有一定的品牌影响力,如泰山、淄博古城、寿光高科技蔬菜示范园等,然而,大多数地区的乡村旅游地虽然环境优美,特色鲜明,但是运作层次低,知名度不高。乡村旅游开发者应该积极主动分析客源市场,并进行针对性产品开发及乡村旅游产品的包装和营销,主动与其他旅游企业合作,大力宣传乡村旅游景区的有关信息。在乡村旅游竞争日益激烈的背景下,山东省乡村旅游开发者应学会利用自身突出的资源、价格等优势,增强旅游市场运作能力,实施乡村旅游品牌化战略,不断提高乡村旅游景区的知名度和吸引力。

6. 山东省乡村旅游农村居民参与程度不够

山东省乡村旅游地农村居民参与比例较低,主要原因是利益分配。首先,乡村旅游地的乡村旅游项目都是开发者经营管理,直接参与乡村旅游项目管理、经营、服务的当地农村居民较少,乡村资源使用和乡村旅游收入分配不公平,导致直接参与乡村旅游的农村居民参与热情不高,对乡村旅游的发展不积极;其次,农村居民对当地乡村旅游发展的决策、项目开发与规划、乡村旅游收入分配等参与不多,导致农村居民与管理者或开发者矛盾重重,影响乡村旅游的可持续健康发展。

7. 山东省乡村旅游利益分配机制亟须改进和完善

收益分配是乡村旅游发展过程中最大的矛盾,因此,乡村旅游分配机制的完善至关重要,关系到乡村旅游的可持续发展。在乡村旅游活动利益分配及村民受益方面,山东省烟台南山村走在了前列。南山村将乡村旅游收入进行公开,拿出其中一部分维护乡村旅游环境,改善环境绿化,为村民完善社会保障体系,投资兴教并鼓励优秀学生,让村民们都能分享乡村旅游开发带来的收益。目前利益分配机制不完善是制约山东省乡村旅游发展的主要问题,如何使乡村旅游收益分配合理化、收益管理使用科学化等都是建立利益分配机制要解决的问题。

8. 山东省乡村旅游的生态保护及可持续发展意识不足

山东省乡村旅游的发展依靠的是乡村的优美风光、淳朴乡风,但随着乡村旅游的快速发展,这些赖以生存的自然资源已经遭受严重破坏。归根结底就是某些乡村旅游开发经营者以经济利益至上,环保意识不强,加之游客保护意识不强所引起的。

第七章　新旧动能转换背景下乡村旅游竞争力的评价

第一节　新旧动能转换背景下乡村旅游竞争力的评价指标

一、评价指标设计与选取原则

新旧动能转换背景下乡村旅游竞争力的评价体系是一个由多因素构成的多层次的复杂的完整的系统，在选择乡村旅游竞争力评价指标的过程中要遵循一定的原则，具体原则如下：

1. *科学评价与系统评价相结合的原则*

新旧动能转换背景下乡村旅游竞争力的评价体系必须科学合理，能够充分反映出乡村旅游竞争力的内在机理。评价指标必须简捷、准确，其测量的方法符合国家标准规范，能够全面综合反映新旧动能转换背景下乡村旅游竞争力的实现程度，能够全面反映新旧动能转换背景下乡村旅游竞争力的各个方面。

2. *层次评价与整体评价相结合的原则*

新旧动能转换背景下乡村旅游竞争力的评价体系是一个整体，必须全面系统反映乡村旅游发展特征，既要有乡村旅游竞争力主要特征的指标，又要有反映各子系统相互协调动态变化和发展方向的指标，形成比较明显的层次。

3. 动态评价与稳定评价相结合的原则

新旧动能转换背景下乡村旅游竞争力是不断变化的，衡量乡村旅游竞争力的有关指标的评价值必须具有动态性，但是为了评价结果的计算，选取的指标应具有相对稳定的数据以及一定的稳定性。因此，所构建的评价指标体系要求一方面可以反映新旧动能转换背景下乡村旅游竞争力的现状；另一方面要具有一定的弹性，既有从时间与空间序列来评价和判断的功能，又可以灵活地反映新旧动能转换背景下乡村旅游竞争力的程度。

4. 精确评价与模糊评价相结合的原则

选取新旧动能转换背景下乡村旅游竞争力的评价指标需要有精确的数据，根据其数据进行评价，但是有些指标没法给出具体的数据，只需明确评价的方向或趋势，因此需要精确评价与模糊评价相结合。

二、新旧动能转换背景下山东省乡村旅游竞争力的影响因素分析

结合评价指标设计和选取原则，确定山东省乡村旅游的影响因素有农村居民消费绝对额（元）、农村人口数（万人）、住宿和餐饮业就业人数（万人）、农村居民可支配收入（元/人）、农林牧渔业总产值（万元）、农作物播种面积（公顷）、公路密度（公里/百平方公里）、交通旅客客运量（万人）、乡村社会消费品零售总额（亿元）、文化站个数、接待入境游客人数（万人次）、入境游客消费额（万美元）、国内游客人数（万人次）、国内游客消费额（亿元）、旅行社个数、星级饭店餐馆个数、A 级及以上景区个数、农业旅游示范点、好客人家农家乐数量、旅游强乡镇特色村数量共 20 个影响因素，并搜集山东省乡村旅游影响因素的相关数据。由于权威数据有限，在本书中使用 2015 年和 2016 年的相关数据，具体如表 7-1 所示。

表7-1 2015和2016年山东各地市乡村旅游影响因素数据

年份	城市	农村居民消费绝对额/元	农村人口数/万人	住宿和餐饮业就业人数/万人	农村居民可支配收入/元/人	农林牧渔业总产值/万元	农作物播种面积/公顷	公路密度/公里/百平方公里
2015	济南市	11424	228.51	2.6	14232	5446768	570094	160
	青岛市	15050	273.04	2.2	16730	6601353	689502	147
	淄博市	15479	151.98	0.7	14531	2610553	263267	188
	枣庄市	11106	180.47	0.3	12038	3069897	377935	183
	东营市	19467	72.77	0.7	13887	2518597	272882	105
	烟台市	11420	278.1	1.1	15540	8102558	469021	138
	潍坊市	13733	410.09	1.1	14890	9360081	1052036	163
	济宁市	11281	392.1	0.9	12570	9089699	941499	171
	泰安市	11835	240.61	0.7	13322	4962827	579857	196
	威海市	27118	103.33	0.7	16313	4415092	222530	123
	日照市	10075	130.15	0.3	12319	2562857	244023	154
	莱芜市	9813	55.63	0.2	13714	969453	84334	193
	临沂市	7725	476.19	0.7	10828	6451892	1024464	157
	德州市	8209	277.19	0.7	11269	6392796	1024689	212
	聊城市	7863	321.52	0.5	10512	5952167	989137	206
	滨州市	13072	175.11	0.7	12727	4495838	601548	177
	菏泽市	10151	466.45	0.3	9802	4937847	1386847	189
2016	济南市	12857	220.9	2.5	15346	5597558	554990	158
	青岛市	16588	262.04	2.5	17969	6742659	682434	146
	淄博市	17928	144.78	0.6	15674	2740783	257788	189
	枣庄市	11799	174.36	0.3	13018	3253715	370088	185
	东营市	21485	71.06	1.1	14999	2602854	247568	106
	烟台市	13511	267.73	1.1	16721	8650886	451553	139
	潍坊市	15389	391.59	0.9	16098	9859128	1019465	167
	济宁市	12473	373.86	0.8	13615	9625890	918534	173
	泰安市	12750	230.8	0.6	14428	5172025	561271	198
	威海市	27938	98.68	0.7	17573	4669931	214657	121

续表

年份	城市	农村居民消费绝对额/元	农村人口数/万人	住宿和餐饮业就业人数/万人	农村居民可支配收入/元/人	农林牧渔业总产值/万元	农作物播种面积/公顷	公路密度/公里/百平方公里
2016	日照市	11258	125.15	0.3	13379	2695710	233716	159
	莱芜市	10693	53.49	0.1	14852	1021605	77799	197
	临沂市	8399	461.16	0.6	11646	6786587	1008662	158
	德州市	9159	267.78	0.7	12248	6708603	1002701	213
	聊城市	9141	310.9	0.4	11387	6362201	968876	209
	滨州市	14841	167.97	0.3	13736	4858382	584240	179
	菏泽市	11141	453.89	0.3	10705	5146486	1344142	192

年份	城市	交通旅客客运量/万人	乡村社会消费品零售总额/亿元	文化站个数/个	接待入境游客人数/万人次	入境游客消费额/万美元	国内游客人数/万人次	国内游客消费额/万元
2015	济南市	3139	314.95	143	33.29	18419.42	6061.13	670.52
	青岛市	4660	604.56	136	133.81	91797.91	7322.02	1132.51
	淄博市	564	288.02	88	19.58	9565.36	4489.25	442.6
	枣庄市	2431	220.21	62	3.13	719.77	1870.75	143.83
	东营市	589	88.85	40	5.75	5188.4	1378.33	109.8
	烟台市	5462	546.4	155	57.51	51859.42	5942.33	665.16
	潍坊市	5755	728.15	118	33.4	21975.71	5596.22	552.95
	济宁市	3715	425.26	153	32.22	14615.41	5618.71	495.82
	泰安市	2857	164.82	87	37	23558.75	5753.37	553.69
	威海市	3013	224.03	73	46.17	25133.77	3541.75	422.03
	日照市	2396	115.36	54	27.02	11808.17	3726.52	263.24
	莱芜市	164	55.41	20	0.69	482.25	960.82	49.58
	临沂市	4765	210.91	161	17.54	9807.1	5646.01	528.77
	德州市	1876	131.36	133	2.26	516.99	2304.34	133.67
	聊城市	1739	244.73	132	5.55	2516.36	1862.7	130.2
	滨州市	1129	257.48	91	4.69	1375.07	1389.54	105.4
	菏泽市	4705	237.56	168	1.37	311.16	1581.56	105.33

续表

年份	城市	交通旅客客运量/万人	乡村社会消费品零售总额/亿元	文化站个数/个	接待入境游客人数/万人次	入境游客消费额/万美元	国内游客人数/万人次	国内游客消费额/万元
2016	济南市	3252	345.9	143	35.15	1.96	6583.32	762.91
	青岛市	4757	664.47	136	141.05	9.81	7940.06	1283.56
	淄博市	581	319.11	88	20.29	0.99	4865.41	503.61
	枣庄市	2600	206.51	62	3.4	0.08	2040.21	163.78
	东营市	646	102.86	40	5.98	0.53	1503.14	125.63
	烟台市	5670	615.61	155	61.32	5.53	6448.32	756.34
	潍坊市	5972	772.45	118	34.81	2.25	6080.28	629.34
	济宁市	3883	497.88	154	34.58	1.52	6098.51	563.51
	泰安市	2965	169.7	88	38.53	2.43	6239.65	629.61
	威海市	3100	258.35	74	48.52	2.72	3861.46	481
	日照市	2492	127.32	54	28.27	1.24	4053.55	299.62
	莱芜市	176	66.35	20	0.76	0.07	1035.62	55.74
	临沂市	4992	231.47	160	18.25	1.01	6162.56	603.64
	德州市	1904	117.37	133	2.11	0.05	2509.48	152.33
	聊城市	1825	274.19	132	5.81	0.27	2044.59	148.42
	滨州市	1136	281.8	91	4.92	0.15	1510.13	120.18
	菏泽市	4874	260.24	168	1.51	0.04	1740.19	120.39

年份	城市	旅行社个数/个	星级饭店餐馆个数/个	A级及以上景区个数/个	农业旅游示范点/个	好客人家农家乐数量/个	旅游强乡镇特色村数量/个
2015	济南市	212	68	36	63	201	83
	青岛市	454	122	115	106	126	97
	淄博市	118	30	49	83	220	101
	枣庄市	56	21	48	45	300	89
	东营市	84	29	32	33	20	49
	烟台市	218	103	74	43	849	134
	潍坊市	138	62	91	38	107	65

续表

	城市	旅行社个数/个	星级饭店餐馆个数/个	A级及以上景区个数/个	农业旅游示范点/个	好客人家农家乐数量/个	旅游强乡镇特色村数量/个
2015	济宁市	130	46	69	71	205	162
	泰安市	156	46	45	47	211	107
	威海市	106	60	46	65	51	88
	日照市	121	30	28	20	212	56
	莱芜市	20	12	9	7	130	16
	临沂市	85	38	126	66	433	75
	德州市	58	25	54	27	31	47
	聊城市	57	32	40	7	11	41
	滨州市	57	18	38	42	29	77
	菏泽市	39	16	22	21	183	78
2016	济南市	222	65	44	82	223	112
	青岛市	488	111	120	146	140	116
	淄博市	104	30	49	93	232	110
	枣庄市	51	21	50	68	334	110
	东营市	80	22	35	37	22	52
	烟台市	222	97	81	64	917	130
	潍坊市	135	50	96	51	115	70
	济宁市	117	53	98	97	232	212
	泰安市	150	46	57	56	300	126
	威海市	120	57	47	78	60	111
	日照市	136	27	41	37	221	75
	莱芜市	17	10	10	13	147	20
	临沂市	83	35	149	106	807	128
	德州市	56	22	59	40	44	65
	聊城市	64	21	48	10	21	52
	滨州市	54	19	50	61	50	108
	菏泽市	40	16	21	34	198	110

注：第一次出现的数据为2015年数据，第二次出现的为2016年数据；农村居民

消费绝对额（元）、农村人口数（万人）、住宿和餐饮业就业人数（万人）、农村居民可支配收入（元/人）、农林牧渔业总产值（万元）、农作物播种面积（公顷）、公路密度（公里/百平方公里）、交通旅客客运量（万人）、乡村社会消费品零售总额（亿元）、文化站个数的数据来自 2016 年和 2017 年《山东统计年鉴》；接待入境游客人数（万人次）、入境游客消费额（万美元）、国内游客人数（万人次）、国内游客消费额（亿元）、旅行社个数、星级饭店餐馆个数、A 级及以上景区个数、农业旅游示范点、好客人家农家乐数量、旅游强乡镇特色村数量的数据来自山东省旅游发展委员会的材料《山东省旅游局 2015 年概况》和《山东省旅游局 2016 年概况》。

利用 SPSS 19.0 软件对以上数据进行分析，处理结果如下：

1. 信度分析

将原始数据整理到 SPSS19.0 软件中进行可靠性分析，由 Cronbach's Alpha 的值为 0.913 可知，该问卷的数据属于非常可靠。具体结果如表 7-2 所示。

表 7-2 可靠性分析结果

可靠性统计量		
Cronbach's Alpha	基于标准化项的 Cronbach's Alpha	项数
0.179	0.913	20

项统计量			
	均值	标准偏差	N
农村居民消费	13299.1471	4836.57381	34
农村人口数	244.3935	127.38607	34
住宿和餐饮业就业人数	0.8176	0.66627	34
农村居民可支配收入	13782.8824	2114.97606	34
农林牧渔业总产值	5306919.9412	2419448.24120	34
农作物播种面积	626239.6765	366740.78376	34
	均值	标准偏差	N
公路密度	169.1471	29.23275	34
交通旅客客运量	2934.8235	1765.78616	34
乡村社会消费品零售总额	299.1071	195.05276	34
文化站个数	106.7647	45.13955	34

续表

项统计量			
	均值	标准偏差	N
接待入境游客人数	27.8306	33.00986	34
入境游客消费额	8520.0491	18450.63627	34
国内游客人数	3992.9950	2166.42517	34
国内游客消费	408.9621	308.07569	34
旅行社个数	124.9412	104.42917	34
星级饭店餐馆个数	42.9412	29.15366	34
A级及以上景区个数	58.1471	33.55062	34
农业旅游示范点	54.6176	31.95548	34
好客人家农家乐数量	217.1176	227.03407	34
旅游强乡镇特色村数量	90.3529	39.97794	34

2. 进行 KMO 和球形 Bartlett 检验

结果如表 7-3 所示。

表 7-3 KMO 和球形 Bartlett 检验结果

取样足够度的 Kaiser – Meyer – Olkin 度量		0.632
Bartlett 的球形度检验	近似卡方	1059.547
	df	190
	Sig.	0.000

从表 7-3 中得到：

（1）KMO 统计量为 0.632 < 0.7，说明山东省乡村旅游各影响因素间信息的重叠程度可能不是很高，但可以进行因子分析。

（2）Bartlett 的检验结果说明，应拒绝山东省乡村旅游各影响因素独立的假设，也就是说，各影响因素间具有较强的相关性。

3. 公因子方差分析

结果如表 7-4 所示。

表 7-4 公因子方差分析结果

指标	初始	提取
农村居民消费	1.000	0.911
农村人口数	1.000	0.958
住宿和餐饮业就业人数	1.000	0.716
农村居民可支配收入	1.000	0.868
农林牧渔业总产值	1.000	0.855
农作物播种面积	1.000	0.965
公路密度	1.000	0.562
交通旅客客运量	1.000	0.773
乡村社会消费品零售总额	1.000	0.750
文化站个数	1.000	0.862
接待入境游客人数	1.000	0.908
入境游客消费额	1.000	0.581
国内游客人数	1.000	0.862
国内游客消费额	1.000	0.948
旅行社个数	1.000	0.930
星级饭店餐馆个数	1.000	0.938
A级及以上景区个数	1.000	0.698
农业旅游示范点	1.000	0.715
好客人家农家乐数量	1.000	0.837
旅游强乡镇特色村数量	1.000	0.710

注：提取方法为主成分分析法。

从表 7-4 中可知，山东省乡村旅游各影响因素中包含的原始信息能够被提取的公因子大多在 80% 以上提取，可认为数据提取的公因子对各影响因素的解释能力较强。

4. 解释总方差及碎石图分析

结果如表7-5所示。

表7-5 解释总方差结果

成分	初始特征值			提取平方和载入			旋转平方和载入		
	合计	方差的 %	累积 %	合计	方差的 %	累积 %	合计	方差的 %	累积 %
1	9.381	46.906	46.906	9.381	46.906	46.906	4.946	24.728	24.728
2	4.481	22.407	69.313	4.481	22.407	69.313	4.760	23.802	48.530
3	1.375	6.876	76.189	1.375	6.876	76.189	3.336	16.681	65.211
4	1.108	5.541	81.730	1.108	5.541	81.730	3.304	16.519	81.730
5	0.985	4.923	86.653						
6	0.604	3.020	89.673						
7	0.574	2.870	92.543						
8	0.513	2.565	95.108						
9	0.280	1.401	96.509						
10	0.206	1.032	97.541						
11	0.186	0.929	98.470						
12	0.156	0.779	99.249						
13	0.069	0.346	99.595						
14	0.031	0.153	99.748						
15	0.021	0.105	99.853						
16	0.015	0.073	99.926						
17	0.007	0.034	99.960						
18	0.005	0.025	99.985						
19	0.002	0.008	99.993						
20	0.001	0.007	100.000						

注：提取方法为主成分分析法。

从表7-5中可知：

（1）由于只有前四个公因子的特征根大于1，所以只取四个公因子。

（2）第一公因子的方差贡献为46.91%，第二公因子的方差贡献为

22.41%,第三公因子的方差贡献为 6.88%,第四公因子的方差贡献为 5.54%。

(3) 提取的四个公因子的方差贡献为 81.73,已经可以足够反映山东省乡村旅游竞争力的水平。

碎石图见图 7-1。

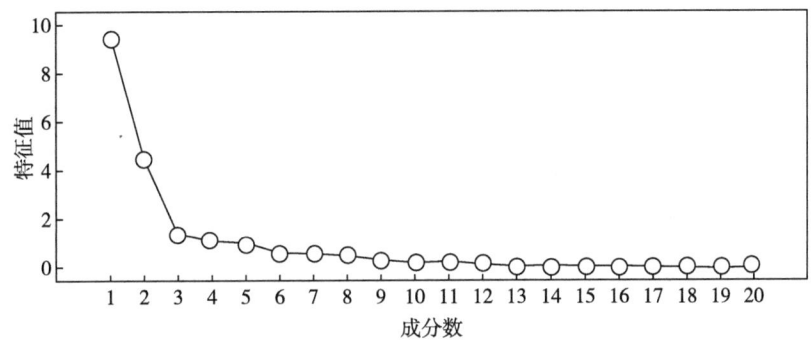

图 7-1 碎石图

从图 7-1 中可知,前四个公因子的位置位于陡坡上,其余的陡坡较平,因此可以只考虑前四个公因子。

5. 成分矩阵分析

结果如表 7-6 所示。

表 7-6 成分矩阵

指标	成分			
	1	2	3	4
农村居民消费	0.141	-0.727	-0.178	0.575
农村人口数	0.443	0.865	0.026	0.117
住宿和餐饮业就业人数	0.738	-0.248	0.332	0.001
农村居民可支配收入	0.529	-0.751	-0.059	0.142
农林牧渔业总产值	0.709	0.529	0.023	0.269
农作物播种面积	0.248	0.880	0.223	0.281
公路密度	-0.376	0.566	0.209	-0.238

续表

指标	成分			
	1	2	3	4
交通旅客客运量	0.771	0.413	-0.060	0.076
乡村社会消费品零售总额	0.823	0.104	0.091	0.234
文化站个数	0.612	0.693	0.051	0.069
接待入境游客人数	0.857	-0.356	0.200	-0.078
入境游客消费额	0.509	-0.195	0.443	-0.296
国内游客人数	0.910	-0.022	-0.094	-0.160
国内游客消费额	0.949	-0.184	0.031	-0.114
旅行社个数	0.850	-0.330	0.277	-0.149
星级饭店餐馆个数	0.917	-0.253	0.150	-0.103
A级及以上景区个数	0.775	0.251	-0.184	-0.012
农业旅游示范点	0.747	-0.217	-0.326	0.063
好客人家农家乐数量	0.422	0.204	-0.564	-0.546
旅游强乡镇特色村数量	0.608	0.141	-0.563	0.053

注：提取方法为主成分分析法。a. 已提取了4个成分。

从表7-6中可知：

（1）第一个公因子包含的影响因素有农林牧渔业总产值、交通旅客客运量、乡村社会消费品零售总额、接待入境游客人数、入境游客消费额、国内游客人数、国内游客消费额、旅行社个数、星级饭店餐馆个数、A级及以上景区个数、农业旅游示范点。

（2）第二个公因子包含的影响因素有农村居民消费、农村人口数、农村居民可支配收入、农作物播种面积、公路密度、文化站个数、旅游强乡镇特色村数量。

（3）第三个公因子包含的影响因素有好客人家农家乐数量。

（4）第四个公因子包含的影响因素有住宿和餐饮业就业人数。

根据这个结果，各公因子的含义不是很明确，为使选取的公因子含义更加清晰，利用方差最大正交旋转方法对成分矩阵进行旋转，如表7-7所示。

表7-7 旋转成分矩阵

指标	成分			
	1	2	3	4
农村居民消费	-0.003	-0.195	0.924	-0.141
农村人口数	0.000	0.893	-0.320	0.241
住宿和餐饮业就业人数	0.751	0.221	0.308	0.092
农村居民可支配收入	0.480	-0.222	0.751	0.157
农林牧渔业总产值	0.217	0.854	0.077	0.268
农作物播种面积	-0.069	0.916	-0.341	-0.072
公路密度	-0.201	0.135	-0.689	-0.168
交通旅客客运量	0.309	0.696	0.066	0.435
乡村社会消费品零售总额	0.471	0.596	0.336	0.245
文化站个数	0.193	0.831	-0.195	0.309
接待入境游客人数	0.809	0.145	0.399	0.272
入境游客消费额	0.760	0.017	-0.027	0.039
国内游客人数	0.592	0.332	0.236	0.588
国内游客消费额	0.726	0.274	0.346	0.476
旅行社个数	0.868	0.135	0.313	0.247
星级饭店餐馆个数	0.795	0.229	0.352	0.361
A级及以上景区个数	0.316	0.524	0.144	0.550
农业旅游示范点	0.326	0.193	0.514	0.555
好客人家农家乐数量	0.061	0.010	-0.189	0.893
旅游强乡镇特色村数量	-0.012	0.347	0.304	0.704

注：提取方法为主成分分析法。旋转法为具有Kaiser标准化的全体旋转法。a. 旋转在7次迭代后收敛。

从表7-7中可知：

（1）第一个公因子包含的影响因素有住宿和餐饮业就业人数、接待入境游客人数、入境游客消费额、国内游客人数、国内游客消费额、旅行社个数、星级饭店餐馆个数。

（2）第二个公因子包含的影响因素有农村人口数、农林牧渔业总产值、农作物播种面积、交通旅客客运量、乡村社会消费品零售总额、文化站个数。

(3) 第三个公因子包含的影响因素有农村居民消费、农村居民可支配收入、公路密度。

(4) 第四个公因子包含的影响因素有 A 级及以上景区个数、农业旅游示范点、好客人家农家乐数量、旅游强乡镇特色村数量。

根据这个结果，各公因子的含义已经相对明确，第一个公因子可定义为旅游环境因子，第二个公因子可定义为农业产业因子，第三个公因子为农民水平因子，第四个公因子为乡村旅游资源因子。其成分转换矩阵如表 7-8 所示。

表 7-8 成分转换矩阵

成分	1	2	3	4
1	0.644	0.481	0.332	0.493
2	-0.300	0.716	-0.620	0.110
3	0.607	0.129	-0.276	-0.734
4	-0.355	0.489	0.655	-0.454

注：提取方法为主成分分析法。旋转法为具有 Kaiser 标准化的全体旋转法。

6. 公因子表达式

结果如表 7-9 所示。

表 7-9 成分得分系数矩阵

指标	成分			
	1	2	3	4
农村居民消费	-0.204	0.128	0.481	-0.151
农村人口数	-0.053	0.215	-0.040	-0.018
住宿和餐饮业就业人数	0.213	0.030	-0.005	-0.145
农村居民可支配收入	0.015	-0.036	0.218	-0.017
农林牧渔业总产值	-0.063	0.242	0.106	-0.072
农作物播种面积	-0.033	0.298	0.009	-0.200
公路密度	0.105	-0.014	-0.274	-0.020

续表

指标	成分			
	1	2	3	4
交通旅客客运量	-0.026	0.133	0.027	0.052
乡村社会消费品零售总额	0.015	0.170	0.135	-0.098
文化站个数	-0.004	0.178	-0.043	-0.006
接待入境游客人数	0.196	-0.029	-0.007	-0.038
入境游客消费额	0.338	-0.094	-0.219	-0.093
国内游客人数	0.073	-0.036	-0.040	0.163
国内游客消费额	0.128	-0.028	-0.014	0.075
旅行社个数	0.250	-0.049	-0.068	-0.050
星级饭店餐馆个数	0.179	-0.025	-0.024	0.004
A级及以上景区个数	-0.041	0.058	0.023	0.150
农业旅游示范点	-0.098	0.001	0.159	0.182
好客人家农家乐数量	-0.059	-0.239	-0.223	0.552
旅游强乡镇特色村数量	-0.234	0.025	0.146	0.314

注：提取方法为主成分分析法。旋转法为具有 Kaiser 标准化的全体旋转法。构成得分。

从表 7-9 中得到公因子表达式为：

$F_1 = -0.204 Z_{x1} - 0.053 Z_{x2} + 0.213 Z_{x3} + 0.015 Z_{x4} - 0.063 Z_{x5} - 0.033 Z_{x6} + 0.105 Z_{x7} - 0.026 Z_{x8} + 0.015 Z_{x9} - 0.004 Z_{10} + 0.196 Z_{x11} + 0.338 Z_{x12} + 0.073 Z_{x13} + 0.128 Z_{x14} + 0.25 Z_{x15} + 0.179 Z_{x16} - 0.041 Z_{x17} - 0.098 Z_{x18} - 0.059 Z_{x19} - 0.234 Z_{x20}$

$F_2 = 0.128 Z_{x1} + 0.215 Z_{x2} + 0.030 Z_{x3} - 0.036 Z_{x4} + 0.242 Z_{x5} + 0.298 Z_{x6} - 0.014 Z_{x7} + 0.133 Z_{x8} + 0.17 Z_{x9} + 0.178 Z_{10} - 0.029 Z_{x11} - 0.094 Z_{x12} - 0.036 Z_{x13} - 0.028 Z_{x14} - 0.049 Z_{x15} - 0.025 Z_{x16} + 0.058 Z_{x17} + 0.001 Z_{x18} - 0.239 Z_{x19} + 0.025 Z_{x20}$

$F_3 = 0.481 Z_{x1} - 0.040 Z_{x2} - 0.005 Z_{x3} + 0.218 Z_{x4} + 0.106 Z_{x5} + 0.009 Z_{x6} - 0.274 Z_{x7} + 0.027 Z_{x8} + 0.135 Z_{x9} - 0.043 Z_{10} - 0.007 Z_{x11} - 0.219 Z_{x12} - 0.04 Z_{x13} - 0.014 Z_{x14} - 0.068 Z_{x15} - 0.024 Z_{x16} +$

$$0.023 Z_{x17} + 0.159 Z_{x18} - 0.223 Z_{x19} + 0.146 Z_{x20}$$

$$F_4 = -0.151 Z_{x1} - 0.018 Z_{x2} - 0.145 Z_{x3} - 0.017 Z_{x4} - 0.072 Z_{x5} -$$
$$0.2 Z_{x6} - 0.02 Z_{x7} + 0.052 Z_{x8} - 0.098 Z_{x9} - 0.006 Z_{x10} - 0.038$$
$$Z_{11} - 0.093 Z_{x12} + 0.163 Z_{x13} + 0.075 Z_{x14} - 0.050 Z_{x15} + 0.004$$
$$Z_{x16} + 0.15 Z_{x17} + 0.182 Z_{x18} + 0.552 Z_{x19} + 0.314 Z_{x20}$$

其中，Z 为各影响因素经过标准化处理后的无量纲数据。成分得分协方差矩阵如表 7–10 所示。

表 7–10 成分得分协方差矩阵

成分	1	2	3	4
1	1.000	0.000	0.000	0.000
2	0.000	1.000	0.000	0.000
3	0.000	0.000	1.000	0.000
4	0.000	0.000	0.000	1.000

注：提取方法为主成分分析法。旋转法为具有 Kaiser 标准化的全体旋转法。构成得分。

三、新旧动能转换背景下乡村旅游竞争力的评价指标体系

根据以上研究，综合汇总新旧动能转换背景下山东省乡村旅游竞争力的评价指标体系，如表 7–11 所示。

表7-11 数据分析得到的新旧动能转换背景下山东省乡村旅游竞争力的评价指标

目标	一级指标	二级指标
新旧动能转换背景下山东省乡村旅游竞争力的评价指标	旅游环境因子	住宿和餐饮业就业人数
		接待入境游客人数
		入境游客消费额
		国内游客人数
		国内游客消费额
		旅行社个数
		星级饭店餐馆个数
	农业产业因子	农村人口数
		农林牧渔业总产值
		农作物播种面积
		交通旅客客运量
		乡村社会消费品零售总额
		文化站个数
	农民水平因子	农村居民消费
		农村居民可支配收入
		公路密度
	乡村旅游资源因子	A级及以上景区个数
		农业旅游示范点
		好客人家农家乐数量
		旅游强乡镇特色村数量

第二节 新旧动能转换背景下乡村旅游竞争力的评价模型

在模糊集理论的基础上进行改进，使得数据的处理更加具有客观性，以此为基础确定了改进模糊集的新旧动能转换背景下山东省乡村旅游竞争力的多层次模糊评判模型。该评价模型是一种基于计算的模糊综合评价方法，不再完全由专家主观确定，具有更加可靠的客观性。同时，改进的模糊集具有良好的逼近性能，是万能逼近器，用它来处理信息的模糊性，能够使计算的数据科学合理，结果客观全面，具有广泛的应用前景。

一、山东省乡村旅游竞争力评价指标权重的计算

本书利用层次分析法确定新旧动能转换背景下山东省乡村旅游竞争力的评价指标体系中各指标的权重值。其新旧动能转换背景下山东省乡村旅游竞争力的评价层次结构如图7-2所示。

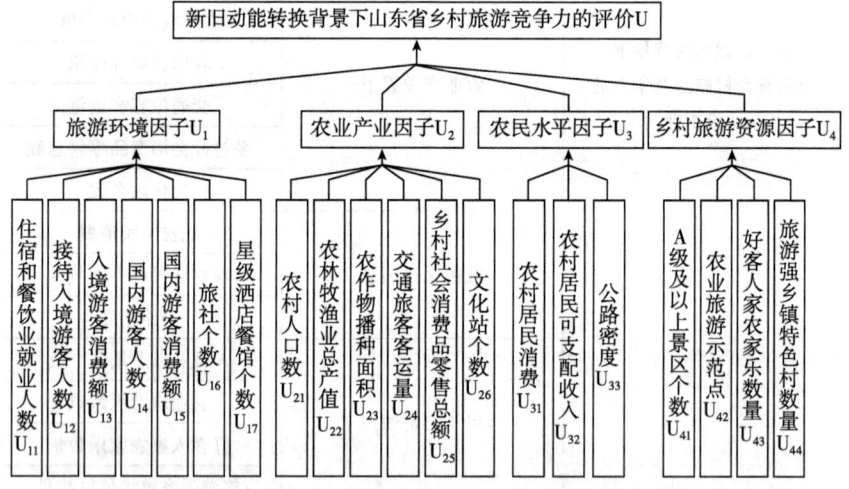

图7-2 新旧动能转换背景下山东省乡村旅游竞争力的评价层次结构

结合实际情况，纯粹由数据得到的权重值不太合理，本书借助专家评判的方法确定新旧动能转换背景下山东省乡村旅游竞争力的评价指标体系中各指标的权重值。具体结果如表7-12~表7-16①所示。

---

① 表7-12~表7-16数据均来自专家评判结果。

表7-12 一级评价指标针对目标的两两比较矩阵及检验结果

目标	新旧动能转换背景下山东省乡村旅游竞争力评价P					最大特征值	一致性比率
一级评价指标	旅游环境因子 U_1	农业产业因子 U_2	农民水平因子 U_3	乡村旅游资源因子 U_4	权重		
旅游环境因子 U_1	1	3	5	5	0.5403	4.1975	0.0740
农业产业因子 U_2	1/3	1	5	3	0.2745		
农民水平因子 U_3	1/5	1/5	1	1/3	0.0624		
乡村旅游资源因子 U_4	1/5	1/3	3	1	0.1228		

表7-13 二级评价指标针对一级评价指标旅游环境因子 U_1 的两两比较矩阵及检验结果

一级评价指标	旅游环境因子 U_{11}								
二级评价指标	住宿和餐饮业就业人数 U_{11}	接待入境游客人数 U_{12}	入境游客消费额 U_{13}	国内游客人数 U_{14}	国内游客消费 U_{15}	旅行社个数 U_{16}	星级饭店餐馆个数 U_{17}	权重	最大特征值	一致性比率
住宿和餐饮业就业人数 U_{11}	1	1/3	1/5	1/6	1/7	1/6	1/4	0.0277		
接待入境游客人数 U_{12}	3	1	1/2	1/5	1/6	1/3	2	0.0675		
入境游客消费额 U_{13}	5	2	1	1/2	1/3	1/2	1/2	0.0968	7.4050	0.0496
国内游客人数 U_{14}	6	5	2	1	1/2	1	3	0.2086		
国内游客消费 U_{15}	7	6	3	2	1	2	4	0.3253		
旅行社个数 U_{16}	6	3	2	1	1/2	1	3	0.1939		
星级饭店餐馆个数 U_{17}	4	1/2	2	3	1/4	1/3	1	0.0801		

表7-14 二级评价指标针对一级评价指标农业产业因子 U_2 的两两比较矩阵及检验结果

一级指标 二级评价指标	农业产业因子 U_2						权重	最大特征值	一致性比率
	农村人口数 U_{21}	农林牧渔业总产值 U_{22}	农作物播种面积 U_{23}	交通旅客客运量 U_{24}	乡村社会消费品零售总额 U_{25}	文化站个数 U_{26}			
农村人口数 U_{21}	1	4	1/3	1/5	1/2	4	0.1118	6.4043	0.0642
农林牧渔业总产值 U_{22}	1/4	1	1/5	1/6	1/4	2	0.0498		
农作物播种面积 U_{23}	3	5	1	1/2	1/2	5	0.2023		
交通旅客客运量 U_{24}	5	6	2	1	3	6	0.3976		
乡村社会消费品零售总额 U_{25}	2	4	2	1/3	1	3	0.1970		
文化站个数 U_{26}	1/4	1/2	1/5	1/6	1/3	1	0.0415		

表7-15 二级评价指标针对一级评价指标农民水平因子 U_3 的两两比较矩阵及检验结果

一级评价指标 二级评价指标	农民水平因子 U_3			权重	最大特征值	一致性比率
	农村居民消费 U_{31}	农村居民可支配收入 U_{32}	公路密度 U_{33}			
农村居民消费 U_{31}	1	2	1/4	0.1998	3.0246	0.0236
农村居民可支配收入 U_{32}	1/2	1	1/5	0.1168		
公路密度 U_{33}	4	5	1	0.6833		

表7-16 二级评价指标针对一级评价指标乡村旅游资源因子 U_4 的两两比较矩阵及检验结果

一级评价指标	乡村旅游资源因子 U_4				权重	最大特征值	一致性比率
二级评价指标	A级及以上景区个数 U_{41}	农业旅游示范点 U_{42}	好客人家农家乐数量 U_{43}	旅游强乡镇特色村数量 U_{44}			
A级及以上景区个数 U_{41}	1	3	1/4	1/2	0.1614	4.1256	0.0470
农业旅游示范点 U_{42}	1/3	1	1/5	1/3	0.0796		
好客人家农家乐数量 U_{43}	4	5	1	1	0.4362		
旅游强乡镇特色村数量 U_{44}	2	3	1	1	0.3228		

根据专家调研的结果确定两两比较矩阵,然后利用层次分析法计算出新旧动能转换背景下山东省乡村旅游竞争力的评价指标体系中各指标的最终权重值,详细结果如表7-17所示。

表7-17 新旧动能转换背景下山东省乡村旅游竞争力的评价指标的权重

目标	一级指标	权重	二级指标	权重
新旧动能转换背景下山东省乡村旅游竞争力的评价 P	旅游环境因子 U_1	0.5403	住宿和餐饮业就业人数 U_{11}	0.0277
			接待入境游客人数 U_{12}	0.0675
			入境游客消费额 U_{13}	0.0968
			国内游客人数 U_{14}	0.2086
			国内游客消费额 U_{15}	0.3253
			旅行社个数 U_{16}	0.1939
			星级饭店餐馆个数 U_{17}	0.0801
	农业产业因子 U_2	0.2745	农村人口数 U_{21}	0.1118
			农林牧渔业总产值 U_{22}	0.0498
			农作物播种面积 U_{23}	0.2023
			交通旅客运量 U_{24}	0.3976

续表

目标	一级指标	权重	二级指标	权重
新旧动能转换背景下山东省乡村旅游竞争力的评价 P	农业产业因子 U_2	0.2745	乡村社会消费品零售总额 U_{25}	0.1970
			文化站个数 U_{26}	0.0415
	农民水平因子 U_3	0.0624	农村居民消费 U_{31}	0.1998
			农村居民可支配收入 U_{32}	0.1168
			公路密度 U_{33}	0.6833
	乡村旅游资源因子 U_4	0.1228	A 级及以上景区个数 U_{41}	0.1614
			农业旅游示范点 U_{42}	0.0796
			好客人家农家乐数量 U_{43}	0.4362
			旅游强乡镇特色村数量 U_{44}	0.3228

注：新旧动能转换背景下山东省乡村旅游竞争力的评价指标体系中各指标权重值以最终计算值为准。

二、山东省乡村旅游竞争力评价的因素集

新旧动能转换背景下山东省乡村旅游竞争力评价的因素集由评价指标体系中的所有二级指标组成，具体为 $U = \{U_1, U_2, U_3\} = \{$住宿和餐饮业就业人数 U_{11}，接待入境游客人数 U_{12}，入境游客消费额 U_{13}，国内游客人数 U_{14}，国内游客消费额 U_{15}，旅行社个数 U_{16}，星级饭店餐馆个数 U_{17}，农村人口数 U_{21}，农林牧渔业总产值 U_{22}，农作物播种面积 U_{23}，交通旅客客运量 U_{24}，乡村社会消费品零售总额 U_{25}，文化站个数 U_{26}，农村居民消费 U_{31}，农村居民可支配收入 U_{32}，公路密度 U_{33}，A 级及以上景区个数 U_{41}，农业旅游示范点 U_{42}，好客人家农家乐数量 U_{43}，旅游强乡镇特色村数量 $U_{44}\}$。

三、山东省乡村旅游竞争力评价的评判集

将新旧动能转换背景下山东省乡村旅游竞争力的评判等级论域分为很强、强、一般、弱、很弱五个等级。在此，用 $v(x)$ 表示模糊子集

"强"，取修饰函数"很"得 $f_2(x) = x^2$，同时根据改进模糊集理论有 $V_1(x) = N(v(x))$ 表示模糊子集"弱"，$V_3(x) = T(1-v(x), 1-N(v(x)))$ 表示模糊子集"一般"，$f_2(v(x))$ 表示模糊子集"很强"，$f_2(N(v(x)))$ 表示模糊子集"很弱"。由此可得新旧动能转换背景下山东省乡村旅游竞争力的评判集为 $V = \{f_2(v(x)), v(x), T(1-v(x), 1-N(v(x))), N(v(x)), f_2(N(v(x)))\}$。

四、山东省乡村旅游竞争力的模糊评价模型

利用专家评判法，确定模糊评判矩阵 $R = (r_{ij})_{m \times n}$，对新旧动能转换背景下山东省乡村旅游竞争力二级指标进行等级评判，在此可采用n个专家评判，由此可得：

$$R_1 = \begin{bmatrix} r_{11}^{(1)} & \cdots & r_{15}^{(1)} \\ \vdots & \ddots & \vdots \\ r_{71}^{(1)} & \cdots & r_{75}^{(1)} \end{bmatrix}, 其中，r_{ij} = 评为 J 等级的人数 /n$$

同理可得：R_2, R_3, R_4。

根据各二级指标相应的权重，计算可得4个一级指标的模糊评判矩阵为：

$$R = (\omega_1 \cdot R_1, \omega_2 \cdot R_2, \omega_3 \cdot R_3, \omega_4 \cdot R_4)^T$$

再根据一级指标的权重求得新旧动能转换背景下山东省乡村旅游竞争力的等级评价向量为：

$$w = \omega \cdot R$$

依据最大原则，w 中最大的分量对应的等级即为新旧动能转换背景下山东省乡村旅游竞争力的评价等级。

五、山东省乡村旅游竞争力的改进模糊评价模型

搜集新旧动能转换背景下山东省乡村旅游竞争力的评价因素集 $U = \{U_1, U_2, U_3\} = \{住宿和餐饮业就业人数 U_{11}$，接待入境游客人数

U_{12}，入境游客消费额 U_{13}，国内游客人数 U_{14}，国内游客消费额 U_{15}，旅行社个数 U_{16}，星级饭店餐馆个数 U_{17}，农村人口数 U_{21}，农林牧渔业总产值 U_{22}，农作物播种面积 U_{23}，交通旅客客运量 U_{24}，乡村社会消费品零售总额 U_{25}，文化站个数 U_{26}，农村居民消费 U_{31}，农村居民可支配收入 U_{32}，公路密度 U_{33}，A 级及以上景区个数 U_{41}，农业旅游示范点 U_{42}，好客人家农家乐数量 U_{43}，旅游强乡镇特色村数量 U_{44}}中每个二级指标的数据，并结合乡村旅游研究专家的意见讨论确定模糊子集 $v(x)$ = "强"的函数表达式，进而根据改进模糊集理论确定 $f_2(v(x))$ = "很强"、$T(1-v(x), 1-N(v(x)))$ = "一般"、$N(v(x))$ = "弱"、$f_2(N(v(x)))$ = "很弱"的函数表达式。

  本书利用统计的数据和专家的评判按照一定的权重将所得分值全部处理为百分制得分，同时确定函数表达式如下。

  $f_2(v(x))$ = "很强"的函数表达式为：

$$f_2(v(x)) = \begin{cases} 0, & 0 \leq x \leq 65 \\ (\frac{x-65}{20})^2, & 65 < x \leq 85 \\ 1, & 85 < x \leq 100 \end{cases}$$

  $v(x)$ = "强"的函数表达式为：

$$v(x) = \begin{cases} 0, & 0 \leq x \leq 65 \\ \frac{x-65}{20}, & 65 < x \leq 85 \\ 1, & 85 < x \leq 100 \end{cases}$$

  $T(1-v(x), 1-N(v(x)))$ = "一般"的函数表达式为：

$$T(1-v(x), 1-N(v(x))) = \begin{cases} 0, & 0 \leq x \leq 15, 85 \leq x \leq 100 \\ \frac{x-15}{20}, & 15 < x \leq 35 \\ 1, & 35 \leq x < 65, \\ \frac{85-x}{20}, & 65 \leq x < 85 \end{cases}$$

$N(v(x))$ = "弱"的函数表达式为：

$$N(v(x)) = \begin{cases} 1, & 0 \leq x < 15 \\ \dfrac{35-x}{20}, & 15 \leq x < 35 \\ 0, & 35 \leq x \leq 100 \end{cases}$$

$f_2(N(v(x)))$ = "很弱"的函数表达式为：

$$f_2(N(v(x))) = \begin{cases} 1, & 0 \leq x < 15 \\ \left(\dfrac{35-x}{20}\right)^2, & 15 \leq x < 35 \\ 0, & 35 \leq x \leq 100 \end{cases}$$

利用函数表达式可得到四个一级指标的模糊综合评判矩阵：

$R_1 = (r_{ij})_{7 \times 5}$，$R_2 = (r_{ij})_{6 \times 5}$，$R_3 = (r_{ij})_{3 \times 5}$，$R_4 = (r_{ij})_{4 \times 5}$

根据各一级指标下二级指标的权重，利用归一化向量运算可得新旧动能转换背景下山东省乡村旅游竞争力的模糊综合评判矩阵为：

$$R = (\omega_1 \cdot R_1, \omega_2 \cdot R_2, \omega_3 \cdot R_3, \omega_4 \cdot R_4)^T$$

再根据一级指标的权重计算评判对象的综合评判向量为：

$$Q = \omega \cdot R = (q_1, q_2, q_3, q_4, q_5)$$

根据最大隶属度原则，比较 q_i（$i=1,2,3,4,5$）的大小，最大者就是新旧动能转换背景下山东省乡村旅游竞争力的综合评判结果。

结合新旧动能转换背景下山东省乡村旅游竞争力的五级尺度集 $N =$（0.9　0.7　0.5　0.3　0.1）进行计算，可得潍坊市乡村旅游竞争力评价的最后得分为：

$$S = Q \cdot N$$

根据以上计算可得结论如下：

如果新旧动能转换背景下山东省乡村旅游竞争力的评价得分 $S \geq 0.7$，则说明新旧动能转换背景下山东省乡村旅游竞争力的评价结果非常好。

如果新旧动能转换背景下山东省乡村旅游竞争力的评价得分 $0.5 < S \leq$

0.7,则说明新旧动能转换背景下山东省乡村旅游竞争力的评价结果较好。

如果新旧动能转换背景下山东省乡村旅游竞争力的评价得分 $0.3 < S \leq 0.5$,则说明新旧动能转换背景下山东省乡村旅游竞争力的评价结果一般。

如果新旧动能转换背景下山东省乡村旅游竞争力的评价得分 $0.1 < S \leq 0.3$,则说明新旧动能转换背景下山东省乡村旅游竞争力的评价结果较差。

如果新旧动能转换背景下山东省乡村旅游竞争力的评价得分 $S \leq 0.1$,则说明新旧动能转换背景下山东省乡村旅游竞争力的评价结果很差。

第三节 新旧动能转换背景下乡村旅游竞争力评价的实证分析

2017年山东省各市乡村旅游竞争力的评价指标详细数据如表7-18所示。

表7-18 2017年山东省乡村旅游相关数据

地区	农村居民消费绝对额/元	农村人口数/万人	住宿和餐饮业就业人数/万人	农村居民可支配收入/元/人	农林牧渔业总产值/万元	农作物播种面积/公顷	公路密度/公里/百平方公里
山东省	18530	3944.30	73.2		91403597	11107794	173
济南市	13726	215.76	6.9	16594	5050817	565525	157
青岛市	18655	254.84	14.0	19364	6978980	673237	146
淄博市	19645	140.03	3.7	16953	2586093	253301	191
枣庄市	13051	167.32	3.4	14164	2870542	403085	188
东营市	23819	69.49	2.0	16252	2741654	259948	107
烟台市	14600	257.63	6.7	18051	9125205	461313	143
潍坊市	17205	374.99	3.6	17434	9532028	1023890	170
济宁市	13833	359.16	6.4	14845	8978194	963687	175
泰安市	13837	222.25	4.5	15674	5232963	529693	199

续表

地区	农村居民消费绝对额/元	农村人口数/万人	住宿和餐饮业就业人数/万人	农村居民可支配收入/元/人	农林牧渔业总产值/万元	农作物播种面积/公顷	公路密度/公里/百平方公里
威海市	30034	94.77	2.2	18963	4992134	203010	122
日照市	12884	120.60	1.5	14540	2961249	227349	162
莱芜市	14525	51.49	0.7	16144	1005197	76428	205
临沂市	9704	450.00	4.5	12613	6498240	1015604	161
德州市	10345	257.51	3.3	13389	6708245	1197090	214
聊城市	9661	301.15	3.2	12415	5678325	1016402	222
滨州市	15236	161.85	2.1	14907	4580169	685406	183
菏泽市	11363	445.10	4.4	11753	5004934	1552827	198

地区	交通旅客客运量/万人	乡村社会消费品零售总额/亿元	文化站个数/个	接待入境游客人数/万人次	入境游客消费额/万美元	国内游客人数/万人次	国内游客消费额/亿元
山东省	51148	6834.56	1815	494.5	317404.4	77966.2	8491.5
济南市	3229	379.82	141	37.6	20841.4	7248.1	875.3
青岛市	4749	754.90	136	144.4	102074.3	8672.1	1468.1
淄博市	599	381.17	88	21.0	10134.5	5341.1	576.2
枣庄市	2601	247.78	62	3.4	823.2	2255.8	188.2
东营市	639	141.30	40	6.2	5488.9	1666.8	144.9
烟台市	5797	686.11	155	63.8	58512.4	7093.6	870.1
潍坊市	5968	961.43	118	34.8	24419.1	6770.7	722.4
济宁市	3875	468.29	154	32.8	15849.2	6728.2	646.2
泰安市	2986	190.97	88	39.5	24174.3	6855.4	722.7
威海市	3322	284.53	74	49.2	27293.2	4262.7	553.5
日照市	2508	140.20	54	27.6	12017.6	4469.9	345.4
莱芜市	186	73.50	20	0.8	673.6	1132.3	63.7
临沂市	4985	447.15	160	18.7	9943.9	6780.8	693.6
德州市	1886	118.50	134	2.2	548.2	2770.2	173.4
聊城市	1878	301.52	132	5.8	2581.8	2271.4	171.1
滨州市	1067	307.17	91	5.1	1659.1	1691.4	138.2

续表

地区	交通旅客客运量/万人	乡村社会消费品零售总额/亿元	文化站个数/个	接待入境游客人数/万人次	入境游客消费额/万美元	国内游客人数/万人次	国内游客消费额/亿元
菏泽市	4873	292.83	168	1.6	369.9	1955.7	138.4

地区	旅行社个数/个	星级饭店餐馆个数/个	A级及以上景区个数/个	农业旅游示范点/个	好客人家农家乐数量/个	旅游强乡镇特色村数量/个
山东省	2216	663	1075	1073	4063	1707
济南市	245	61	45	82	223	112
青岛市	496	105	120	146	140	116
淄博市	106	30	50	93	232	110
枣庄市	51	18	50	68	334	110
东营市	86	22	36	37	22	52
烟台市	228	92	83	64	917	130
潍坊市	133	44	104	51	115	70
济宁市	115	49	100	97	232	212
泰安市	156	45	58	56	300	126
威海市	128	59	50	78	60	111
日照市	137	25	41	37	221	75
莱芜市	17	10	10	13	147	20
临沂市	99	34	150	106	807	128
德州市	57	19	59	40	44	65
聊城市	60	21	48	10	21	52
滨州市	57	17	51	61	50	108
菏泽市	45	12	21	34	198	110

注：农村居民消费绝对额（元）、农村人口数（万人）、住宿和餐饮业就业人数（万人）、农村居民可支配收入（元/人）、农林牧渔业总产值（万元）、农作物播种面积（公顷）、公路密度（公里/百平方公里）、交通旅客客运量（万人）、乡村社会消费品零售总额（亿元）、文化站个数的数据来自2018年《山东统计年鉴》；接待入境游客人数（万人次）、入境游客消费额（万美元）、国内游客人数（万人次）、国内游客消费额（亿元）、旅行社个数、星级饭店餐馆个数、A级及以上景区个数、农业旅游示范点、好客人家农家乐数量、旅游强乡镇特色村数量的数据来自山东省旅游发展委员会的材料《山东省旅游局2017年概况》。

一、潍坊市乡村旅游竞争力评价的实证分析

1. 潍坊市乡村旅游简介

2018年3月,潍坊市召开实施乡村振兴战略工作会议,并印发《2018年潍坊市实施乡村振兴战略工作计划》,确保实施乡村振兴战略落实到位,明确提出大力提升乡村旅游水平。计划中指出,规划一批产业高度融合的文旅、农旅项目,指导建设一批省级旅游特色村、农业旅游示范点、星级农家乐、精品采摘园等乡村旅游品牌单位。开展"百万人游潍坊"活动,全年争取乡村旅游接待游客突破4200万人次,乡村旅游消费达到360亿元,比2017年分别增长15%和20%。

在大力发展乡村旅游的同时,大力发展优秀文化,倡导文化乡村旅游。通过建设村史馆、文化展馆及举办乡村历史文化论坛等形式,传承优秀文化。探索开展"乡贤回归"工程,重塑新时代乡贤文化。特别是寿光,作为农圣贾思勰的故里,农圣文化的发源地,《齐民要术》的著作地,一定要大力加强对农圣文化的宣传,在乡村旅游中添加农圣文化要素。

2. 专家评判结果

结合2015、2016和2017年潍坊市乡村旅游竞争力的二级评价指标数据,借助网络调查工具——问卷星,对潍坊市乡村旅游竞争力进行专家评判。2018年11月下旬,通过网络问卷的形式对潍坊市乡村旅游竞争力的情况进行了调研。第一,对调查问卷进行准备,主要包括对问卷的措辞进行修改,对问卷的指标进行解释;第二,对准备调研的人员进行挑选,主要考虑人员的文化层次、职业范围、收入情况、旅游爱好等;第三,发放问卷链接,主要通过微信群、QQ群、电话、短信、邮箱等与对方取得联系,发出调查问卷链接;第四,利用问卷星对问卷进行回收,关于新旧动能转换背景下潍坊市乡村旅游竞争力的调查结果如表7-19~表7-45所示。

(1) 您的性别是（ ）　　［单选题］

表7-19　调查结果1

选项	小计	比例
A.男	40	62.5%
B.女	24	37.5%
本题有效填写人次	64	

(2) 您的年龄为（ ）　　［单选题］

表7-20　调查结果2

选项	小计	比例
A.16周岁以下	0	0%
B.16~30周岁	43	67.19%
C.30~50周岁	20	31.25%
D.50周岁以上	1	1.56%
本题有效填写人次	64	

(3) 您的年收入为（ ）　　［单选题］

表7-21　调查结果3

选项	小计	比例
A.5万以下	45	70.31%
B.5万~10万	15	23.44%
C.11万~20万	3	4.69%
D.20万以上	1	1.56%
本题有效填写人次	64	

(4) 您的工作为（ ）　　［单选题］

表7-22　调查结果4

选项	小计	比例
A.公务员	0	0%
B.企事业单位	23	35.94%
C.农民	1	1.56%
D.其他	40	62.5%
本题有效填写人次	64	

（5）您的学历为（ ） ［单选题］

表 7-23 调查结果 5

选项	小计	比例
A.大专及以下	3	4.69%
B.本科	45	70.31%
C.硕士研究	14	21.88%
D.博士研究生	2	3.13%
本题有效填写人次	64	

（6）您每年外出旅游的次数为（ ） ［单选题］

表 7-24 调查结果 6

选项	小计	比例
A.2次及以下	36	56.25%
B.3~5次	25	39.06%
C.6~10次	2	3.13%
D.10次以上	1	1.56%
本题有效填写人次	64	

（7）您每年选择乡村旅游的次数为（ ） ［单选题］

表 7-25 调查结果 7

选项	小计	比例
A.2次及以下	50	78.13%
B.3~5次	11	17.19%
C.6~10次	1	1.56%
D.10次以上	2	3.13%
本题有效填写人次	64	

（8）您认为潍坊市乡村旅游竞争力评价的二级指标住宿和餐饮业就业人数属于哪个级别？（ ） ［单选题］

表 7-26 调查结果 8

选项	小计	比例
A.很强	4	6.25%
B.强	8	12.25%
C.一般	40	62.5%
D.弱	8	12.25%
E.很弱	4	6.25%
本题有效填写人次	64	

（9）您认为潍坊市乡村旅游竞争力评价的二级指标接待入境游客人数属于哪个级别？（ ）　　［单选题］

表7-27　调查结果9

选项	小计	比例
A.很强	2	3.13%
B.强	10	15.63%
C.一般	40	62.5%
D.弱	11	17.19%
E.很弱	1	1.56%
本题有效填写人次	64	

（10）您认为潍坊市乡村旅游竞争力评价的二级指标入境游客消费额属于哪个级别？（ ）　　［单选题］

表7-28　调查结果10

选项	小计	比例
A.很强	2	3.13%
B.强	10	15.63%
C.一般	47	73.44%
D.弱	5	7.81%
E.很弱	0	0%
本题有效填写人次	64	

（11）您认为潍坊市乡村旅游竞争力评价的二级指标国内游客人数属于哪个级别？（ ）　　［单选题］

表7-29　调查结果11

选项	小计	比例
A.很强	0	0%
B.强	11	17.19%
C.一般	47	73.44%
D.弱	6	9.38%
E.很弱	0	0%
本题有效填写人次	64	

（12）您认为潍坊市乡村旅游竞争力评价的二级指标国内游客消费额属于哪个级别？（ ）　　［单选题］

表 7-30 调查结果 12

选项	小计	比例
A.很强	1	1.56%
B.强	10	15.63%
C.一般	46	71.88%
D.弱	6	9.38%
E.很弱	1	1.56%
本题有效填写人次	64	

（13）您认为潍坊市乡村旅游竞争力评价的二级指标旅行社个数属于哪个级别？（ ）　　［单选题］

表 7-31 调查结果 13

选项	小计	比例
A.很强	0	0%
B.强	14	21.88%
C.一般	46	71.88%
D.弱	4	6.25%
E.很弱	0	0%
本题有效填写人次	64	

（14）您认为潍坊市乡村旅游竞争力评价的二级指标星级饭店餐馆个数属于哪个级别？（ ）　　［单选题］

表 7-32 调查结果 14

选项	小计	比例
A.很强	0	0%
B.强	8	12.5%
C.一般	49	76.56%
D.弱	7	10.94%
E.很弱	0	0%
本题有效填写人次	64	

（15）您认为潍坊市乡村旅游竞争力评价的二级指标农村人口数属于哪个级别？（ ）　　［单选题］

表7-33　调查结果15

选项	小计	比例
A.很强	1	1.56%
B.强	15	23.44%
C.一般	40	62.5%
D.弱	6	9.38%
E.很弱	2	3.13%
本题有效填写人次	64	

（16）您认为潍坊市乡村旅游竞争力评价的二级指标农林牧渔业总产值属于哪个级别？（　　）　　［单选题］

表7-34　调查结果16

选项	小计	比例
A.很强	3	4.69%
B.强	17	26.56%
C.一般	36	56.25%
D.弱	7	10.94%
E.很弱	1	1.56%
本题有效填写人次	64	

（17）您认为潍坊市乡村旅游竞争力评价的二级指标农作物播种面积属于哪个级别？（　　）　　［单选题］

表7-35　调查结果17

选项	小计	比例
A.很强	7	10.94%
B.强	23	35.94%
C.一般	27	42.19%
D.弱	6	9.38%
E.很弱	1	1.56%
本题有效填写人次	64	

（18）您认为潍坊市乡村旅游竞争力评价的二级指标交通旅客客运量属于哪个级别？（　　）　　［单选题］

表7-36　调查结果18

选项	小计	比例
A.很强	1	1.56%
B.强	23	35.94%
C.一般	38	59.38%
D.弱	2	3.13%
E.很弱	0	0%
本题有效填写人次	64	

（19）您认为潍坊市乡村旅游竞争力评价的二级指标乡村社会消费品零售总额属于哪个级别？（　　）　　［单选题］

表7-37　调查结果19

选项	小计	比例
A.很强	3	4.69%
B.强	18	28.13%
C.一般	39	60.94%
D.弱	4	6.25%
E.很弱	0	0%
本题有效填写人次	64	

（20）您认为潍坊市乡村旅游竞争力评价的二级指标文化站个数属于哪个级别？（　　）　　［单选题］

表7-38　调查结果20

选项	小计	比例
A.很强	1	1.56%
B.强	11	17.19%
C.一般	44	68.75%
D.弱	7	10.94%
E.很弱	1	1.56%
本题有效填写人次	64	

（21）您认为潍坊市乡村旅游竞争力评价的二级指标农村居民消费属于哪个级别？（　　）　　［单选题］

表7-39 调查结果21

选项	小计	比例
A.很强	2	3.13%
B.强	12	18.75%
C.一般	40	62.5%
D.弱	10	15.63%
E.很弱	0	0%
本题有效填写人次	64	

(22)您认为潍坊市乡村旅游竞争力评价的二级指标农村居民可支配收入属于哪个级别？（　　）　　［单选题］

表7-40 调查结果22

选项	小计	比例
A.很强	1	1.56%
B.强	21	32.81%
C.一般	38	59.38%
D.弱	3	4.69%
E.很弱	1	1.56%
本题有效填写人次	64	

(23)您认为潍坊市乡村旅游竞争力评价的二级指标公路密度属于哪个级别？（　　）　　［单选题］

表7-41 调查结果23

选项	小计	比例
A.很强	2	3.13%
B.强	23	35.94%
C.一般	35	54.69%
D.弱	3	4.69%
E.很弱	1	1.56%
本题有效填写人次	64	

(24)您认为潍坊市乡村旅游竞争力评价的二级指标A级及以上景区个数属于哪个级别？（　　）　　［单选题］

表7-42 调查结果24

选项	小计	比例
A.很强	4	6.25%
B.强	11	17.19%
C.一般	38	59.38%
D.弱	8	12.5%
E.很弱	3	4.69%
本题有效填写人次	64	

(25)您认为潍坊市乡村旅游竞争力评价的二级指标农业旅游示范点属于哪个级别?( )　　[单选题]

表7-43 调查结果25

选项	小计	比例
A.很强	3	4.69%
B.强	14	21.88%
C.一般	39	60.94%
D.弱	6	9.38%
E.很弱	2	3.13%
本题有效填写人次	64	

(26)您认为潍坊市乡村旅游竞争力评价的二级指标好客人家农家乐数量属于哪个级别?( )　　[单选题]

表7-44 调查结果26

选项	小计	比例
A.很强	1	1.56%
B.强	16	25%
C.一般	35	54.69%
D.弱	10	15.63%
E.很弱	2	3.13%
本题有效填写人次	64	

(27)您认为潍坊市乡村旅游竞争力评价的二级指标旅游强乡镇特色村数量属于哪个级别?( )　　[单选题]

表7-45 调查结果27

选项	小计	比例
A.很强	2	3.13%
B.强	15	23.44%
C.一般	36	56.25%
D.弱	10	15.63%
E.很弱	1	1.56%
本题有效填写人次	64	

通过调查问卷的统计结果可以看出：

第一，总体来看，大部分人普遍认为这些二级评价指标处在一般等级，有个别人觉得个别指标处在很强或者很弱的等级。例如，潍坊市的农作物播种面积指标，有7人认为是处于很强等级，有1人认为处在很弱等级；A级及以上景区个数指标，有4人认为处在很强等级，有3人认为处在很弱等级。对于大部分指标而言，选择很强的等级的人数要比很弱的等级多，可见潍坊市乡村旅游竞争力的等级可以认定为一般偏上。

第二，从选择很强等级的人数来看，潍坊市乡村旅游竞争力比较强的指标有农作物播种面积、住宿和餐饮业就业人数、A级及以上景区个数、农林牧渔业总产值、乡村社会消费品零售总额、农业旅游示范点；潍坊市乡村旅游竞争力比较弱的指标有住宿和餐饮业就业人数、A级及以上景区个数、农村人口数、农业旅游示范点、好客人家农家乐数量。

第三，对于潍坊市乡村旅游竞争力的认知，不同的人有不同的看法，这与被调查者乡村旅游认知有直接关系，但整体调查问卷的结果是相对合理的，数据可以采用。

3. 数据初步处理

（1）调查问卷的信度分析。

将调查问卷的原始数据整理到SPSS19.0软件中进行可靠性分析，由Cronbach's Alpha的值为0.798可知，该问卷的数据比较可靠。结果如表7-46所示。

表7-46 可靠性分析结果

可靠性统计量		
Cronbach's Alpha	基于标准化项的 Cronbach's Alpha	项数
0.789	0.798	27

项统计量			
名称	均值	标准偏差	N
VAR00001	1.3750	0.48795	64
VAR00002	2.3438	0.51080	64
VAR00003	1.3750	0.65465	64
VAR00004	3.2656	0.96350	64
VAR00005	2.2344	0.58397	64
VAR00006	1.5000	0.64242	64
VAR00007	1.2969	0.65900	64
VAR00008	3.0000	0.87287	64
VAR00009	2.9844	0.72358	64
VAR00010	2.8594	0.58736	64
VAR00011	2.9219	0.51346	64
VAR00012	2.9375	0.61399	64
VAR00013	2.8438	0.51080	64
VAR00014	2.9844	0.48770	64
VAR00015	2.8906	0.71530	64
VAR00016	2.7813	0.76571	64
VAR00017	2.5469	0.87159	64
VAR00018	2.6406	0.57369	64
VAR00019	2.6875	0.66368	64
VAR00020	2.9375	0.63932	64
VAR00021	2.9063	0.68357	64
VAR00022	2.7188	0.65390	64
VAR00023	2.6563	0.69508	64
VAR00024	2.9219	0.86013	64
VAR00025	2.8438	0.78110	64

续表

项统计量			
名称	均值	标准偏差	N
VAR00026	2.9375	0.77408	64
VAR00027	2.8906	0.75839	64

(2) 调查问卷的效度分析。

将调查问卷的原始数据整理到 SPSS19.0 软件中进行因子分析，具体结果如表7-47所示。因为取样足够度的 Kaiser – Meyer – Olkin 度量的值为0.615，每个公因子提取信息都超过0.6，提取主成分9个，总方差为75.150%，所以该调查问卷的数据是有效的，可以进行数据分析。

表7-47 因子分析结果

KMO 和 Bartlett 的检验		
取样足够度的 Kaiser – Meyer – Olkin 度量值		0.615
Bartlett 的球形度检验	近似卡方	879.601
	df	351
	Sig.	0.000

公因子方差		
名称	初始	提取
VAR00001	1.000	0.688
VAR00002	1.000	0.784
VAR00003	1.000	0.734
VAR00004	1.000	0.899
VAR00005	1.000	0.688
VAR00006	1.000	0.738
VAR00007	1.000	0.808
VAR00008	1.000	0.756
VAR00009	1.000	0.748
VAR00010	1.000	0.750
VAR00011	1.000	0.825

续表

公因子方差		
名称	初始	提取
VAR00012	1.000	0.742
VAR00013	1.000	0.712
VAR00014	1.000	0.725
VAR00015	1.000	0.894
VAR00016	1.000	0.691
VAR00017	1.000	0.707
VAR00018	1.000	0.715
VAR00019	1.000	0.613
VAR00020	1.000	0.768
VAR00021	1.000	0.756
VAR00022	1.000	0.832
VAR00023	1.000	0.797
VAR00024	1.000	0.683
VAR00025	1.000	0.644
VAR00026	1.000	0.799
VAR00027	1.000	0.793

注：提取方法为主成分分析法。

解释的总方差						
成分	初始特征值			提取平方和载入		
	合计	方差的 %	累积 %	合计	方差的 %	累积 %
1	5.742	21.267	21.267	5.742	21.267	21.267
2	3.671	13.597	34.863	3.671	13.597	34.863
3	2.172	8.046	42.909	2.172	8.046	42.909
4	1.985	7.352	50.261	1.985	7.352	50.261
5	1.712	6.342	56.602	1.712	6.342	56.602
6	1.612	5.972	62.574	1.612	5.972	62.574
7	1.255	4.648	67.222	1.255	4.648	67.222
8	1.125	4.167	71.389	1.125	4.167	71.389

续表

成分	解释的总方差					
	初始特征值			提取平方和载入		
	合计	方差的 %	累积 %	合计	方差的 %	累积 %
9	1.015	3.761	75.150	1.015	3.761	75.150
10	0.888	3.288	78.438			
11	0.801	2.965	81.404			
12	0.689	2.553	83.957			
13	0.589	2.181	86.138			
14	0.550	2.036	88.174			
15	0.473	1.751	89.925			
16	0.457	1.693	91.618			
17	0.408	1.512	93.130			
18	0.388	1.437	94.567			
19	0.233	0.864	95.431			
20	0.229	0.847	96.277			
21	0.216	0.800	97.078			
22	0.203	0.752	97.830			
23	0.187	0.693	98.523			
24	0.145	0.536	99.059			
25	0.122	0.450	99.509			
26	0.074	0.273	99.782			
27	0.059	0.218	100.000			

注：提取方法为主成分分析法。

（3）潍坊市乡村旅游竞争力专家评判结果汇总。

根据以上的结果对潍坊市乡村旅游竞争力专家评判结果进行汇总，如表 7-48 所示。

表7-48 潍坊市乡村旅游竞争力专家评判结果

评价指标	评价等级				
	很强	强	一般	弱	很弱
住宿和餐饮业就业人数	4	8	40	8	4
接待入境游客人数	2	10	40	11	1
入境游客消费额	2	10	47	5	0
国内游客人数	0	11	47	6	0
国内游客消费额	1	10	46	6	1
旅行社个数	0	14	46	4	0
星级饭店餐馆个数	0	8	49	7	0
农村人口数	1	15	40	6	2
农林牧渔业总产值	3	17	36	7	1
农作物播种面积	7	23	27	6	1
交通旅客客运量	1	23	38	2	0
乡村社会消费品零售总额	3	18	39	4	0
文化站个数	1	11	44	7	1
农村居民消费	2	12	40	10	0
农村居民可支配收入	1	21	38	3	1
公路密度	2	23	35	3	1
A级及以上景区个数	4	11	38	8	3
农业旅游示范点	3	14	39	6	2
好客人家农家乐数量	1	16	35	10	2
旅游强乡镇特色村数量	2	15	36	10	1

4. 数据进一步处理

对表7-48进行数据处理,如表7-49所示。

表7-49 潍坊市乡村旅游竞争力专家评判结果处理后数据

评价指标	评价等级				
	很强	强	一般	弱	很弱
住宿和餐饮业就业人数	0.0625	0.1250	0.6250	0.1250	0.0625
接待入境游客人数	0.0313	0.1563	0.6250	0.1719	0.0156

续表

评价指标	评价等级				
	很强	强	一般	弱	很弱
入境游客消费额	0.0313	0.1563	0.7344	0.0781	0.0000
国内游客人数	0.0000	0.1719	0.7344	0.0938	0.0000
国内游客消费额	0.0156	0.1563	0.7188	0.0938	0.0156
旅行社个数	0.0000	0.2188	0.7188	0.0625	0.0000
星级饭店餐馆个数	0.0000	0.1250	0.7656	0.1094	0.0000
农村人口数	0.0156	0.2344	0.6250	0.0938	0.0313
农林牧渔业总产值	0.0469	0.2656	0.5625	0.1094	0.0156
农作物播种面积	0.1094	0.3594	0.4219	0.0938	0.0156
交通旅客客运量	0.0156	0.3594	0.5938	0.0313	0.0000
乡村社会消费品零售总额	0.0469	0.2813	0.6094	0.0625	0.0000
文化站个数	0.0156	0.1719	0.6875	0.1094	0.0156
农村居民消费	0.0313	0.1875	0.6250	0.1563	0.0000
农村居民可支配收入	0.0156	0.3281	0.5938	0.0469	0.0156
公路密度	0.0313	0.3594	0.5469	0.0469	0.0156
A级及以上景区个数	0.0625	0.1719	0.5938	0.1250	0.0469
农业旅游示范点	0.0469	0.2188	0.6094	0.0938	0.0313
好客人家农家乐数量	0.0156	0.2500	0.5469	0.1563	0.0313
旅游强乡镇特色村数量	0.0313	0.2344	0.5625	0.1563	0.0156

5. 计算结果

利用 MATLAB 编写程序进行计算,程序如下:

＞＞ a＝load('wfsxclvjzl.txt');

w＝[0.5403, 0.2745, 0.0624, 0.1228];

w1＝[0.0277, 0.0675, 0.0968, 0.2086, 0.3253, 0.1939, 0.0801];

w2＝[0.1118, 0.0498, 0.2023, 0.3976, 0.1970, 0.0415];

w3＝[0.1998, 0.1168, 0.6833];

w4＝[0.1614, 0.0796, 0.4362, 0.3228];

```
b (1,:) = w1 * a ( [1:7],:);
b (2,:) = w2 * a ( [8:13],:);
b (3,:) = w2 * a ( [14:16],:);
b (4,:) = w4 * a ( [17:20],:);
c = w * b
c =
```

  0.0237 0.2264 0.6487 0.0904 0.0108

由上可知，潍坊市乡村旅游竞争力评价的综合评价向量为：

$$Q = (0.0237 \quad 0.2264 \quad 0.6487 \quad 0.0904 \quad 0.0108)$$

结合新旧动能转换背景下山东省乡村旅游竞争力的五级尺度集 $N = (0.9 \quad 0.7 \quad 0.5 \quad 0.3 \quad 0.1)$ 进行计算，可得潍坊市乡村旅游竞争力评价的最后得分为：

$$S = Q \cdot N = 0.5323$$

6. 结果分析

由于得分 $0.5 < S = 0.5323 \leq 0.7$，说明潍坊市乡村旅游竞争力的评价等级为一般。该结果虽然与潍坊市乡村旅游的实际情况相符，但从答卷专家的情况来看，仍有许多人参与乡村旅游的次数太少，对潍坊市乡村旅游的理解不够，因此，本课题组对数据进行筛选，删除每年乡村旅游参与2次及以下的人的数据，剩余14个每年乡村旅游超过2次的答卷，再进行一次评价，具体结果如表7-50所示。

表7-50 改进的潍坊市乡村旅游竞争力专家评判结果

评价指标	评价等级				
	很强	强	一般	弱	很弱
住宿和餐饮业就业人数	0	2	11	1	0
接待入境游客人数	0	2	9	2	1
入境游客消费额	0	2	11	1	0
国内游客人数	0	3	10	1	0
国内游客消费额	1	3	9	1	0

续表

评价指标	评价等级				
	很强	强	一般	弱	很弱
旅行社个数	0	4	9	1	0
星级饭店餐馆个数	0	3	8	3	0
农村人口数	0	5	8	1	0
农林牧渔业总产值	1	3	9	1	0
农作物播种面积	0	5	7	2	0
交通旅客客运量	0	8	6	0	0
乡村社会消费品零售总额	1	4	9	0	0
文化站个数	0	3	9	2	0
农村居民消费	1	1	11	1	0
农村居民可支配收入	0	3	10	0	1
公路密度	1	6	7	0	0
A级及以上景区个数	0	2	11	1	0
农业旅游示范点	0	2	11	1	0
好客人家农家乐数量	0	4	7	2	1
旅游强乡镇特色村数量	0	4	8	2	0

对表 7-50 进行数据处理，如表 7-51 所示。

表 7-51 改进的潍坊市乡村旅游竞争力专家评判结果处理后数据

评价指标	评价等级				
	很强	强	一般	弱	很弱
住宿和餐饮业就业人数	0.0000	0.1429	0.7857	0.0714	0.0000
接待入境游客人数	0.0000	0.1429	0.6429	0.1429	0.0714
入境游客消费额	0.0000	0.1429	0.7857	0.0714	0.0000
国内游客人数	0.0000	0.2143	0.7143	0.0714	0.0000
国内游客消费额	0.0714	0.2143	0.6429	0.0714	0.0000
旅行社个数	0.0000	0.2857	0.6429	0.0714	0.0000
星级饭店餐馆个数	0.0000	0.2143	0.5714	0.2143	0.0000
农村人口数	0.0000	0.3571	0.5714	0.0714	0.0000
农林牧渔业总产值	0.0714	0.2143	0.6429	0.0714	0.0000

续表

评价指标	评价等级				
	很强	强	一般	弱	很弱
农作物播种面积	0.0000	0.3571	0.5000	0.1429	0.0000
交通旅客客运量	0.0000	0.5714	0.4286	0.0000	0.0000
乡村社会消费品零售总额	0.0714	0.2857	0.6429	0.0000	0.0000
文化站个数	0.0000	0.2143	0.6429	0.1429	0.0000
农村居民消费	0.0714	0.0714	0.7857	0.0714	0.0000
农村居民可支配收入	0.0000	0.2143	0.7143	0.0000	0.0714
公路密度	0.0714	0.4286	0.5000	0.0000	0.0000
A级及以上景区个数	0.0000	0.1429	0.7857	0.0714	0.0000
农业旅游示范点	0.0000	0.1429	0.7857	0.0714	0.0000
好客人家农家乐数量	0.0000	0.2857	0.5000	0.1429	0.0714
旅游强乡镇特色村数量	0.0000	0.2857	0.5714	0.1429	0.0000

计算可得，潍坊市乡村旅游竞争力评价的综合评价向量为：

$$Q = (0.0213 \quad 0.2814 \quad 0.6139 \quad 0.0764 \quad 0.0070)$$

结合新旧动能转换背景下山东省乡村旅游竞争力的五级尺度集 $N = (0.9 \quad 0.7 \quad 0.5 \quad 0.3 \quad 0.1)$ 进行计算，可得潍坊市乡村旅游竞争力评价的最后得分为：

$$S = Q \cdot N = 0.5467$$

改进后得分 $0.5 < S = 0.5467 \leq 0.7$，同样说明潍坊市乡村旅游竞争力的评价等级为一般。由此可推得可见，利用模糊综合评判法对乡村旅游竞争力进行评价是可行的。

通过对潍坊市乡村旅游竞争力的实证评价可以看出，潍坊市乡村旅游竞争力整体水平一般，各个县市乡村旅游发展不均衡，其中，青州市、安丘市、寿光市乡村旅游发展相对较好，昌乐县、临朐县发展一般，其余县（市）乡村旅游发展欠缺。

7. 潍坊市乡村旅游发展的建议

乡村旅游作为一种产业，不仅可以满足旅游者对田园风光欣赏和乡村休闲生活的美好需求，而且能够改善农村居民的生活环境，提升农民的生活质量，使其充满了对乡村发展和农村经济发展的希望。乡村旅游发展的基础是优美的乡村环境，特别是蓝天白云和新鲜空气，乡村的特色文化是乡村旅游品质的支撑和品牌的源泉。因此，潍坊市乡村旅游的重点是农村环境，核心是农民收益，灵魂是特色乡村文化。潍坊市人口基数较大，农业发达，农产品众多，乡村旅游资源丰富，交通运输条件大大改善，自然资源与民俗文化相得益彰，同时又是农圣故里，因此，潍坊市乡村旅游发展潜力巨大。结合对潍坊市乡村旅游竞争力的调查和评价结果，提出以下几点建议：

（1）在乡村振兴战略下推动潍坊乡村旅游从"点式旅游"向"全域旅游"转变。

乡村旅游的发展对于解决"三农"问题、农产品产业链、脱贫致富、城乡统筹建设等问题具有积极效应。在新旧动能转化背景下，国家层面提出了"乡村振兴""全域旅游"的口号，因此，只有全面系统地对潍坊市乡村旅游进行模式创新，探索出潍坊市乡村旅游发展的新路径，才能推动潍坊乡村旅游从"点式旅游"向"全域旅游"转变，加速潍坊市乡村旅游的发展，提高潍坊市乡村旅游的竞争力。

（2）潍坊市乡村旅游的发展要突出潍坊文化特色。

潍坊市文化特色比较明显，乡村文化气息浓厚。农圣贾思勰文化源远流长，潍坊风筝和寿光蔬菜驰名世界，还有众多的白酒文化，起源可追溯到夏朝。潍坊具有特色乡村文化，只有充分将乡村旅游的特色挖掘出来，将地域特色融入乡村旅游中来，才能吸引更多的游客进行乡村旅游活动。

地域文化是特定地域中与环境相融合而生成地域烙印的一种独特文化。潍坊寿光是《齐民要术》的发源地，是农圣贾思勰的故里。贾思勰所著的《齐民要术》被称为"中国古代农业的百科全书"，主要记述了黄河流域下游地区,也就是现在的山西东南部、河北中南部、河南东北部和山东中北部的农业生产,覆盖农业、林业、畜牧业、渔业等产业的生产技术知识。《齐民要术》总结了当时中国北方农业生产技术,介绍了选种、浸种、施肥、轮作等精耕细作的方法,梳理了部分谷物、蔬菜、果树和林木栽培的经验,记载了家畜、家禽、鱼、蚕等的饲养技术。《齐民要术》涉及农业地区广泛,记载的生产项目繁多,包含了农林牧渔副,几乎囊括了古代农家经营活动的所有事项。《齐民要术》的内容安排主次分明,有条不紊。前六卷是主要内容,介绍种植业和养殖业。第一卷和第二卷介绍谷类作物,第三卷记述蔬菜,第四卷介绍果树,第五卷介绍衣着和建造林木,第六卷介绍动物饲养,第七卷、第八卷和第九卷主要介绍农副产品加工的副业生产和贮藏,第十卷介绍的是南方热带亚热带植物资源。

"一切文化都沉淀为人格。不是歌德创造了浮士德,而是浮士德创造了歌德",正如荣格所言,当文化这种包容了民族气质和生活方式的物质与精神复合体构建成人格时,也就构成了民族的信仰以及外在的形象。农圣文化不仅包含了农圣贾思勰的思想精神及其著作《齐民要术》中所蕴含的农学、哲学、经营思想和农业科学技术精神,并在长期的历史进程中展示了更为丰富和独特的意蕴。近年来,寿光先后实施品质环境、品质种苗、品质生产和品质监管"四大工程","寿光蔬菜"让寿光品质农业品牌更加大放异彩,而且围绕国家新旧动能转换战略部署,现代种业作为新兴产业成为寿光农业发展的历史选择,并致力于打造国家农业开放发展综合试验区,这是所有寿光人或者对寿光有了解的人都能感受到或正在经历着的现代农业发展实践。

中华农圣文化节已连续举办了九届,中国寿光国际蔬菜科技博览会已连续举办了十九届。菜农之家大舞台,农圣文化节之"菜王""瓜王"评选,农机具展览展销,"翰墨飘香·寄情绿色"全国书画名家精品展,摄影、书画、楹联书法作品展,"全国县市报记者看菜乡"大型专题采访活动，菜博会蔬菜景点评选等媒体聚焦、研讨论坛、展览展示活动一以贯之，寿光"年度新闻人物"评选活动从2003年一直延续至今。寿光实施文化惠民工程，丰富群众性文化活动，开展如市民节等民生类群众的公益活动，并逐步加强新媒体建设，擦亮了"中国寿光网""掌上寿光"等新媒体产品品牌，形成了立体传播格局，营造了浓厚的文化氛围。"寿光蔬菜"这一品牌是古老文明的蔬菜文化与现代高科技蔬菜文化相融合的结晶。品质农业发展的实践由一种经济活动转化为菜乡人的文化日常，如：吕剧团、民乐团、曲艺社等50余家各类民间文艺团体、200余家庄户剧团；文艺竞赛、公益巡演、各类主题系列文化活动；综合文化服务中心、文化大院、家长学校、道德讲堂等传统文化宣讲阵地；非物质文化遗产保护展示、非遗传承人群研修研习培训；文学、戏剧、影视剧、音乐等文艺作品的创作；公共文化服务网络的建设；文化展馆游园建设、国际蔬菜产业品牌展会的文化底蕴等。保护传承文化遗产、滋养文艺创作、融入生产生活、加大宣传力度、推动中外文化交流互鉴，已然在农圣故里寿光形成了蔚为壮观的文化探索与积极实践，丰富了农圣文化现代性的价值内涵。

　　如果能够将农圣文化和寿光蔬菜与潍坊乡村旅游结合起来，一定会吸引更多的游客。

　　（3）潍坊市乡村旅游推行产业化发展，推动乡村新业态，全力打造乡村旅游品牌。

　　乡村旅游产品是乡村旅游发展的"中枢"，潍坊市乡村旅游产品升级创新主要是基于农村绿水青山、田园风光、乡土文化等资源，用文化和创意改造潍坊农业，使农业结合生产、生活、生态发挥创意，研发具有独特性创意农产品或活动，建设魅力村庄，大力开发休闲度假、旅游观光、养生养老、创意农业、农耕体验、乡村手工艺等，重点发展乡村博物馆或艺术村、教育或高科技园、乡村或营地公园、市民公园、休闲农庄、乡村酒店、特色民宿、自驾露营、户外运动等乡村旅游产品。潍坊市乡村旅游要推行产业化发展,增加农民收入,创造更多的就业机会,促进潍坊农村经济结构的调整,带动潍坊经济的发展,同时促进潍坊农村现代化建设和基础设施改善。潍坊市乡村旅游产业在创新乡村旅游特色产品体系时,应该从乡村旅游产业的主要因素着手,突出多产业融合创新发展乡村旅游,以乡村旅游产业为催化,构建文化产业、现代农业、健康养生养老业、体育运动产业等融合的全产业体系,构筑乡村旅游引领的复合型产业链条,激活乡村产业经济造血功能。

(4) 潍坊市乡村旅游的发展要完善服务体系,提升服务能力,特别是具有乡村文化特色的服务。

以创建为手段,升级乡村旅游地服务品质,让乡村旅游者真正做到品一杯乡土茶、乘一趟民俗车、听一则民间故事、尝一顿农家饭菜,感受鲜明的潍坊地域文化。搭建乡村旅游服务平台,合理利用农村的土地、鱼塘、果园、菜园、土特产、特色美食、农家养殖等资源,让旅游者置身于美丽的田园风光景色之中,让旅游者陶醉在潍坊地域文化中,让旅游者真正体验回到农村过健康自然的生活。搞好潍坊市乡村旅游服务,提升经营者的文化素质,加上有文化修养的管理人员,配上有乡村特色的接待方法,潍坊市乡村旅游会发展得越来越有品位。

(5) 潍坊市乡村旅游的发展必须改革创新,特别是围绕潍坊市特色传统文化在乡村旅游发展中的融合发展。

潍坊市乡村旅游的发展相对较晚,借鉴乡村旅游发展较好地区的经验必须要立足自己的实际,不断总结创新,千万不要一味地模仿和承袭,要丰富潍坊市乡村文化的内涵,同时与时俱进,持续创新,让旅游者置身于田园美景、蓝天白云的同时,又能够领略潍坊市乡村特色文化魅力,感受乡风,享受乡村旅游的特色服务。随着潍坊市乡村旅游业的飞速发展,旅游者文化素质不断提高,需求也不断提升,对乡村旅游景区文化会更加看重。因此,潍坊市乡村旅游在发展过程中,一定要挖掘潍坊的特色文化,特别是农圣文化、风筝文化、蔬菜文化、白酒文化等,不断总结创新,铸好潍坊市乡村旅游的文化之魂。

二、山东省乡村旅游竞争力评价的实证分析

1. 数据采集方法改进

针对潍坊市乡村旅游竞争力评价的数据采集过程中出现的问题,在对山东省乡村旅游竞争力进行实证分析时,直接借助调查问卷进行有针对性的专家问卷调查,这样就避免了对山东省乡村旅游不熟悉的人回答问卷的情况,从而增强了采集数据的有效性。利用2018年寒假期间,对每年乡村旅游次数超过10次的专家进行专人调查问卷,通过QQ发放问卷16份,回收有效问卷15份;通过邮箱发放问卷9份,回收7份;通过邮件发放问卷5份,回收3份;实地面对面发放问卷18份。回收18份,共发放问卷48份,回收有效问卷43份,有效率为89.58%。最终调查数据整理如表7-52所示。

表7-52 山东省乡村旅游竞争力专家评判结果

评价指标	评价等级				
	很强	强	一般	弱	很弱
住宿和餐饮业就业人数	6	16	15	4	2
接待入境游客人数	8	10	18	6	1
入境游客消费额	9	15	12	6	1
国内游客人数	6	10	19	6	2
国内游客消费额	9	18	5	10	1
旅行社个数	8	14	13	8	0
星级饭店餐馆个数	7	15	13	8	0
农村人口数	6	11	18	7	1
农林牧渔业总产值	8	17	11	6	1
农作物播种面积	7	15	13	8	0

续表

评价指标	评价等级				
	很强	强	一般	弱	很弱
交通旅客客运量	5	13	13	12	0
乡村社会消费品零售总额	18	6	13	5	1
文化站个数	8	11	16	7	1
农村居民消费	7	12	13	10	1
农村居民可支配收入	5	16	12	8	2
公路密度	4	13	20	5	1
A级及以上景区个数	8	16	9	7	3
农业旅游示范点	5	14	14	8	2
好客人家农家乐数量	6	11	16	8	2
旅游强乡镇特色村数量	8	9	15	9	2

2. 初步分析

由调查过程和调查问卷的初步统计数据可以看出：

（1）很多被调查者对山东省乡村旅游了解并不深刻，只是感觉山东省乡村旅游发展不错，在评价过程中，对山东省乡村旅游竞争力的指标关注度不高，在评价的过程中存在认知的不同，大多是与自己对其他省份旅游感受进行比较得出的评价等级。

（2）总体来看，大部分人普遍认为这些二级评价指标处在强或者一般等级，有个别人认为山东省乡村旅游竞争力的某个指标处在很强的等级，如乡村社会消费品零售总额，有18人认为是处于很强等级，只有1人认为处于很弱等级；又如国内游客消费额，有27人认为处在很强和强两个等级，只有1人认为处在很弱等级。相对来说，大部分指标选择强的等级的人数要比弱的等级多，可见山东省乡村旅游竞争力的等级可以认定为强等级。

（3）针对山东省乡村旅游竞争力二级评价指标来说，从选择很强等级的人数来看，山东省乡村旅游竞争力大部分指标比较强，按照选择人数排序主要包括：乡村社会消费品零售总额、入境游客消费额、国内游客消费额、接待入境游客人数、旅行社个数、农林牧渔业总产值、文化站个数、A级及以上景区个数、旅游强乡镇特色村数量。山东省乡村旅游竞争力选择比较弱等级人数较多的指标有：交通旅客客运量、农村居民消费、国内游客消费额、旅游强乡镇特色村数量。

（4）对于山东省乡村旅游竞争力的认知，不同的人有不同的看法，这与被调查者乡村旅游认知有直接关系，但整体调查问卷的结果是相对合理的，数据可以采用。

3. 山东省乡村旅游竞争力的评价结果

对表 7-52 进行数据处理，如表 7-53 所示。

表 7-53　山东省乡村旅游竞争力专家评判结果处理后数据

评价指标	评价等级				
	很强	强	一般	弱	很弱
住宿和餐饮业就业人数	0.1395	0.3721	0.3488	0.0930	0.0465
接待入境游客人数	0.1860	0.2326	0.4186	0.1395	0.0233
入境游客消费额	0.2093	0.3488	0.2791	0.1395	0.0233
国内游客人数	0.1395	0.2326	0.4419	0.1395	0.0465
国内游客消费额	0.2093	0.4186	0.1163	0.2326	0.0233
旅行社个数	0.1860	0.3256	0.3023	0.1860	0.0000
星级饭店餐馆个数	0.1628	0.3488	0.3023	0.1860	0.0000
农村人口数	0.1395	0.2558	0.4186	0.1628	0.0233
农林牧渔业总产值	0.1860	0.3953	0.2558	0.1395	0.0233
农作物播种面积	0.1628	0.3488	0.3023	0.1860	0.0000
交通旅客客运量	0.1163	0.3023	0.3023	0.2791	0.0000
乡村社会消费品零售总额	0.4186	0.1395	0.3023	0.1163	0.0233
文化站个数	0.1860	0.2558	0.3721	0.1628	0.0233
农村居民消费	0.1628	0.2791	0.3023	0.2326	0.0233
农村居民可支配收入	0.1163	0.3721	0.2791	0.1860	0.0465
公路密度	0.0930	0.3023	0.4651	0.1163	0.0233
A级及以上景区个数	0.1860	0.3721	0.2093	0.1628	0.0698
农业旅游示范点	0.1163	0.3256	0.3256	0.1860	0.0465

续表

评价指标	评价等级				
	很强	强	一般	弱	很弱
好客人家农家乐数量	0.1395	0.2558	0.3721	0.1860	0.0465
旅游强乡镇特色村数量	0.1860	0.2093	0.3488	0.2093	0.0465

利用 MATLAB 编写程序进行计算，可得山东省乡村旅游竞争力评价的综合评价向量为：

$$Q = (0.1787 \quad 0.3090 \quad 0.3035 \quad 0.1863 \quad 0.0224)$$

结合新旧动能转换背景下山东省乡村旅游竞争力的五级尺度集 $N = (0.9 \quad 0.7 \quad 0.5 \quad 0.3 \quad 0.1)$ 进行计算，可得山东省乡村旅游竞争力评价的最后得分为：

$$S = Q \cdot N = 0.5871$$

4. 山东省乡村旅游竞争力评价的结果分析

由于得分 $0.5 < S = 0.5871 \leq 0.7$，说明山东省乡村旅游竞争力的评价等级为一般。该计算结果与山东省乡村旅游的实际情况基本相符，但从山东省乡村旅游竞争力评价的综合评价向量来看，山东省乡村旅游竞争力的评价等级应为强，所以山东省乡村旅游竞争力的评价等级介于一般和强之间。综上可知，利用模糊综合评判法对乡村旅游竞争力进行评价是可行的。

5. 促进山东省乡村旅游经济发展的建议

山东省世界文化遗产多，旅游影响涉及面较广，乡村旅游经济发展迅速，在新旧动能转换中起到主导作用，对推动经济发展和社会进步具有重要作用。旅游消费总额占全省 GDP 的比重逐年增加，2020 年预计达到 14.21%，旅游经济在全省经济中的地位不断提升。因此，在新旧动能转换大背景下，要加大对乡村旅游的投入和政策支持，促进山东省乡村旅游的建设和发展，进而推动地区经济的快速发展。具体建议如下：

（1）乡村旅游竞争力受旅游环境、农业产业、农民水平和乡村旅游资源因素的影响，提升山东省乡村旅游竞争力必须从这四个方面加强。

（2）由山东省乡村旅游竞争力评价指标权重可以看出：旅游环境因子权重为0.5403，首先，旅游环境对乡村旅游竞争力的影响最大，旅游环境的好坏直接影响山东省乡村旅游竞争力，进而影响地区经济的发展；其次是农业产业因子，权重为0.2745，乡村旅游与农业产业密切相关，其竞争力也由农业产业的发达程度决定；再次为乡村旅游资源因子，权重为0.1228，这是乡村旅游发展的基础；最后为农民水平因子，权重为0.0624，农民水平的提高也是提升乡村旅游竞争力的重要指标。

（3）山东省乡村旅游竞争力的评价等级为强，属于第二等级，符合山东实际。为进一步提升山东省乡村旅游竞争力，应加强政府引导，加大扶持力度，着眼于乡村旅游长远发展，重点突出乡村旅游特色，增强乡村旅游吸引力，倡导文明旅游，促进山东省乡村旅游的可持续发展。

第八章　山东省乡村旅游发展的建议与对策

第一节　山东省乡村旅游发展存在问题及原因分析

一、山东省乡村旅游标准化存在缺陷，影响乡村旅游产业的可持续发展

乡村振兴过程中，旅游标准化的问题是一个很重要的问题，关系到乡村旅游产业的可持续发展，这是山东省发展乡村旅游产业的短板。标准化思维和方法源自工业化大生产，服务业和农业方面的标准化都是其创新和延伸。中国旅游标准化工作起始于20世纪80年代的饭店星级评定工作，已经形成了政府、行业、企业、游客四者互动的有效模式，其中以政府或行业评定所产生的公信力为企业背书的方式得到市场的广泛认同。

当前，山东省乡村旅游标准化主要存在以下几个方面的问题。

1. 乡村旅游的管理部门不够明确

乡村旅游是个很大的概念，根据资源、主题、主体等的不同，可以细分出很多种类，又涉及农业、土地、旅游等许多部门。各部门原有权限边界被突破，又没有形成新的格局，要么没人管，要么都在管的状况很突出，标准缺失，依据不明。

2. 乡村旅游的企业性质认定不清晰

很多乡村旅游企业的主业是农业生产，旅游接待是副业，在第一产业和第三产业之间难以认定，特别是在土地利用、税收补贴，以及相关政策归属方面，并不利于乡村旅游业务的开展。

3. 乡村旅游标准化管理的专业人员缺失

乡村旅游跨界融合目前遇到的主要问题之一是乡村旅游及旅游标准化专业人才的缺失。标准化工作需要通用能力和专业能力相结合，农业企业具备从事农业科研和农业生产的人才，但缺少乡村旅游专业人才，特别是在乡村旅游管理标准化、乡村旅游服务标准化方面尤为明显。

4. 乡村旅游标准体系欠缺

乡村旅游并非简单地将旅游业放在乡村，其标准体系既要体现出农业、农民、农村的特色，又要遵循旅游服务的要素和规律，难度较高。

5. 乡村旅游标准缺失

乡村旅游服务品质不高，很多传统观念认为乡村是落后的，乡村服务水平低，加上很长一段时间里，乡村旅游的发展都处于民间自发的阶段，小、散、弱、差是较为普遍的状况。新时期乡村旅游应该是高品质旅游方式之一，亟须标准来规范和引导。

二、山东省乡村旅游规划定位失当，缺乏可续性，乡村旅游内涵认识不充分

一提到乡村、农村旅游，很多人容易想到"老土""落后"等场景，导致乡村旅游的发展始终徘徊于中低端水准。旅游六元素中，除了"游"的资源依托具有一定的乡土特色之外，其余环节往往不能与全民旅游时代的发展理念相匹配。因而有的开发者不顾最初遗存的自然资源和乡村特色，大兴土木，甚至变更土地用途，建园造景。这种做法既破坏了乡村原有的良好自然生态环境，浪费了宝贵的农业资源，又扭曲了

发展乡村旅游的本质和目的。这是目前山东省乡村旅游发展的源头性弊病。

三、山东省乡村旅游缺少特色，开发的产品雷同

山东省乡村旅游多集中开发休闲农业和观光农业等旅游产品，对乡村文化传统和民风民俗资源的开发不够。乡村旅游的开发过分依赖农业资源，缺乏文化内涵，地域特色文化不突出。

整个山东省在发展乡村旅游业过程中普遍存在旅游产品单一的现象，没有将独有的特色发挥出来，即对乡村旅游这一事物的综合认识不到位。山东省乡村旅游活动普遍存在"吃农家饭、住农家屋、看乡村景"的程式化问题，在营造特色、挖掘内涵、创新发展方面鲜有作为，至今没有形成品牌产品。游憩活动单一，旅游目的地学习考察、参与体验、强身健体、旅游观光、度假休闲等多种功能缺失。

四、山东省乡村旅游生态环境破坏严重，缺乏环保意识

通过对山东省旅游经济与生态环境协调发展影响因素的调查可以看出，山东省生态环境在旅游活动过程中破坏严重，乡村旅游尤为严重，归根到底就是有些开发者以经济利益至上，环保意识不强，加之游客旅游素质不高所引起的。山东省旅游经济与生态环境协调发展的评价等级仅为一般，也符合山东省乡村旅游的实际情况，山东省乡村旅游发展迅速，随着规模的增大，生态环境严重破坏。在乡村旅游开发过程中，开发者破坏性开发现象严重，往往为了追求更大的经济利益，对周边的环境全然不顾，不考虑生态环境的承载能力，为乡村旅游的可持续发展带来巨大、长远的危险。总结山东省乡村旅游生态环境破坏严重的三个方面：①开发者过度开发和利用乡村旅游资源，旅游环境保护意识不足；②开发者生态文明意识淡薄，环保意识缺乏，乡村旅游资源保护意识不

强；③乡村旅游游客社会责任缺失，文明旅游意识不强。

五、山东省乡村旅游基础设施不完善，投入资金不足

山东省乡村旅游资源丰富的区域，其交通、水电等基础设施建设大多不够完善。在此基础上发展乡村旅游，其投资成本必然会增加。一旦乡村旅游的核心吸引力被开发出来，消费市场变得多元化、个性化、差异化，则游客对吃、住、行、游、购、娱等方方面面的要求也有所提高，因此，绝不能总穿着"乡土"的外衣，得过且过。从调查可以看出，山东省乡村旅游在发展过程中普遍存在基础设施不完善的问题，主要体现在：目的地周边的配套交通条件不理想，目的地景区的交通秩序混乱，停车位、导引标识等必要的设施设备缺失；游客就餐供给能力不足，就餐环境、经营场所达不到应有的标准和规范；旅游纪念品等购物管理不到位，旅游工商税务等部门政务服务职能缺失，致使出现旅游购物品杂乱摆放、缺少特色、质量参差不齐等诸多问题；一些经济落后区域的水电等基本生活保障条件不达标；游客如厕难尚未解决；乡村旅游住宿条件达不到应有的标准，不能满足游客多样化的要求；医疗卫生条件落后；通信互联网等信息技术设施缺失；等等。这些问题产生的主要原因在于乡村旅游投入资金不足。由于开发乡村旅游业的主体实力小，投入少，因此往往乡村旅游资金投入匮缺，然而乡村旅游产业的规划开发、有效管理、合理经营、产品推销及升级改造、基础设施维护等都需要强大的资金做后盾。

六、山东省乡村旅游地专业人才匮乏

山东省从事乡村旅游的专业人才非常少，进行乡村旅游管理的人员大多不专业且没有经过专业培训，基本都是当地村庄的农民进行管理和经营，进行粗放式管理，从而造就了乡村旅游轻管理、低质量、低收入

的恶性循环。分析山东省乡村旅游专业人才匮乏的主要原因有四点：①乡村旅游发展较好的地方大多为农村，相对来说比较落后，不仅经济上落后，思想观念、知识素养、基础设施等各方面也都相对落后，信息闭塞，交通不发达，生活消费水平低下，导致旅游专业人员不想去参与乡村旅游经营；②山东省乡村旅游刚刚起步，管理体制不够健全，服务质量低下，没有实力和资本吸引高素质专业人才参与到乡村旅游的建设中来；③虽然政府部门已经意识到乡村旅游人才短缺的问题，也相继出台了相关文件，但引导力度仍旧不够大，相关文件的指导作用没有充分发挥出来；④乡村旅游开发者的人才意识淡薄，没有做大做强的想法，不想聘请专业人才参与。

七、山东省乡村旅游营销意识不强，经济效益低下，未形成产业链

1. 山东省乡村旅游市场营销滞后，缺乏品牌意识

制约山东省乡村旅游可持续发展的一个主要因素就是乡村旅游的市场营销工作，它也是乡村旅游产业发展过程中最容易忽视和最难解决的问题。

（1）山东省的乡村旅游产品缺乏品牌营销观念和品牌意识，主题产品的市场定位不够准确。山东省内大多数乡村旅游过于注重经济利益，功利思想严重，其乡村旅游从业者大多文化素养不高，品牌意识和品牌营销观念十分淡薄，不会结合产品的特色开发合适的市场人群，加之法制观念淡薄和监管的失当导致无序经营、恶性竞争等问题存在，不利于乡村旅游的科学化、长远化发展，更难以尽快走上品质化发展的道路。

（2）山东省乡村旅游产品开发模式不够合理，缺乏深度开发。近些年来，山东省的大多数乡村旅游产品仍旧延续前期的路子，已经无法满足日益发展的游客需求。山东省乡村旅游产品仍旧停留在浏览田园风光、吃农家乐、休闲娱乐的层面，服务单一，游客已经厌倦，不能继续

吸引游客，而且存在名字不同而产品同质的现象。其原因主要有：山东省乡村旅游产品虽然种类繁多，但是高品质产品欠缺，精品欠缺，缺乏文旅融合；山东省乡村旅游产品参与度不高，游客只能够满足观光，却无法体味到参与其中的乐趣；山东省乡村旅游产品无法满足高素质、高品位、高层次的游客需求，亟须提升品质，内涵发展。

（3）山东省乡村旅游产品营销方式落后，技术手段科技含量低。与一线城市多样化的营销技术比较而言，目前山东省还没有可供乡村旅游进行营销和服务的专门营销网络，这不仅损害了乡村旅游经营者的利益，也不利于游客旅游目的的实现。从实际情况来看，山东省乡村旅游的经营者市场营销的方式单一，缺乏规划和系统性，往往收效甚微，加上市场营销投入不足，新技术、新手段的应用很滞后，在一定程度上影响了产品信息的传播和游客数量的增长。

2. 山东省乡村旅游经济效益低下，没有形成产业链

山东省乡村旅游产业链条包括政府、农业、农家乐、卫生医疗、超市购物等，但就目前的情况来分析，主要存在两大问题：一是山东省乡村旅游的接待能力薄弱，如可进入性差、基础设施不能满足游客需求、与旅游相匹配的环节性要素缺失；二是山东省乡村旅游都是各自为战，没有形成有机的融合体。乡村旅游的产生与发展其本质就农村而言，还是一种农业经济的表达方式，虽然有了旅游扶贫等国家策略的指引，但山东省乡村旅游的开展未能很好地与传统的农业生产、农村经济融合起来，在很大程度上是为了发展乡村旅游而刻意为之，由此导致的割裂旅游与农业内在关联、乡村旅游发展不成体系、土地使用矛盾频发、乡村旅游投资与受益主体之间有矛盾等一系列问题不断显现出来。这种问题的典型表现就是山东省乡村旅游的发展未能形成产业链，经济效益低下。山东省的乡村旅游项目大多存在的问题是外来投资方使用撇脂策略赚取了大部分利润，农民受益不大，长此以往必然导致乡村旅游项目的可持续发展受到影响，其中最显著的问题就是各自为政、各自经营，没

能从大农业的角度合理、系统地规划项目发展，甚至形成一种互不干扰的局面，这就导致农业旅游的产业链条很短，乡村旅游和农业经济之间的关联性把握不好，两者的互补效应很难形成，资源的整合受到阻碍，农村地区的整体经济效益低下。

八、山东省乡村旅游对农村经济发展的贡献有限

通过对山东省2009—2018年乡村旅游收入、农林牧渔增加值及其增长率的汇总（见表8-1），可以看出，乡村旅游收入占农林牧渔增加值的比重逐年增加（只有2013年有所减少），到2017年已超过50%。但是，实际中山东省农村基础设施落后，农村经济不够发达，乡村旅游建设缺乏足够的吸引力，开发比较成功的乡村旅游地基本围绕大中城市周边，有些乡村旅游项目甚至就在城市中心，因此山东省乡村旅游对农村经济发展的贡献不大。

表8-1 山东省2009—2018年乡村旅游收入、农林牧渔增加值及增长率

年份	乡村旅游收入/亿元	增长率/%	农林牧渔增加值/亿元	增长率/%	乡村旅游收入占农林牧渔增加值的比重/%
2009	370		3105.6		11.91
2010	531	42.43	3455.7	11.27	15.37
2011	700	32.83	3830.4	10.84	18.27
2012	920	31.43	4123.3	7.65	22.31
2013	1000	8.70	4566	10.74	21.90
2014	1420	42.00	4798.3	5.09	29.59
2015	1800	26.76	4979.1	3.77	36.29
2016	2200	22.22	4929.2	-1.00	44.63
2017	2549	15.86	4876.7	-1.07	52.27
2018	2955	15.93	5272.5	8.12	56.05

注：乡村旅游收入的数据主要来自各大网站的新闻；农林牧渔增加值来自山东省各年度国民经济和社会发展统计公报。

第二节　山东省乡村旅游发展的建议与对策

一、综合性建议

1. 乡村旅游标准化推动乡村旅游产业可持续发展

（1）乡村旅游标准化对乡村旅游可持续发展作用巨大。

乡村振兴是多种产业在乡村发展中综合作用的发挥。乡村旅游是乡村振兴的重要组成部分，是农业与旅游业相融合发展的产物，必然符合农业和旅游业的双重特点。乡村旅游标准化在乡村旅游过程中的作用着重体现在经营、管理、服务三个方面。

在经营方面，乡村旅游标准化是乡村旅游信息互通的基础，主要包括乡村旅游企业与游客之间、乡村旅游企业与乡村旅游企业之间、乡村旅游企业与政府管理之间的信息互通。乡村旅游在经营项目、服务内容等方面首先要纳入政府各主管部门的相关目录，政府管理属于目录式管理，强调"法无授权不可为"，而市场主体则是"法无禁止皆可为"，这两者间的矛盾属于在标准上的协调和统一。这里所说的标准是以政府为制定主体，市场广泛参与的标准，包括国家标准、行业标准、地方标准。乡村旅游企业与其上下游企业之间的有效协同、有机联系，也需要标准相统一；乡村旅游企业的经营以服务游客为先导，其经营理念、经营项目、经营方式均应与游客的认同、认可相一致。

在管理方面，乡村旅游标准化推动乡村旅游企业产业的不断融合。乡村旅游企业的管理既有农业生产管理的内容，也有旅游管理的内容，在管理程序上更加复杂，单纯以总经理为主的人工管理成本极高。乡村旅游企业需要将农业生产管理与旅游管理有机统一，建立具有农业特点的乡村旅游企业标准体系，同时制定一系列切实可行的乡村旅游企业标准，才能实现乡村旅游企业的有效运行。

在服务方面，乡村旅游标准化可以让游客更好地体验异地性、差异性。乡村旅游遵循付费在前、消费在后的旅游业经营特点，所提供的服务项目和服务内容需要提前让游客有效知悉，标准就显得尤为重要。这也是乡村旅游企业经营质量的对外承诺和游客、政府监督，以及裁定服务质量纠纷的凭据。

（2）乡村旅游标准化是乡村旅游可持续发展的前提。

乡村旅游标准化是一个复杂的工程，涉及各类乡村旅游项目，要做好乡村旅游标准化，可以从以下几个方面入手：

①厘清乡村旅游资源，理顺关系。定义和分类是标准化建设的首要工作。各地对于乡村旅游的内涵、外延、边界、权属、类型、特征、特色等的认识都不相同，需要在国家标准和行业标准层面对乡村旅游基本概念进行界定；各地在此基础上，以地标的形式对各地乡村旅游的特色、特点、业态、产品进行梳理；各乡村旅游企业在产品操作流程、服务项目质量、岗位操作规范等方面以乡村旅游企业标准的形式进行规范。

②制定乡村旅游标准体系和产品标准。标准化管理的前提是有标准，应该参考学习 GB/T24421 和 GB/T1.1，同时根据各地乡村旅游各企业的实际情况，制定乡村旅游标准体系及乡村旅游产品标准。

③依据乡村旅游的有关研究，制定、宣传、实施、监督、改进、修订乡村旅游各个环节的标准，形成乡村旅游标准化管理的闭环，实现服务质量和管理水平的可持续提高。

④建立乡村旅游行业认证制度，建立乡村旅游行业协会，制定相关团体标准。依据国标、行标、地标、团标进行评定和认证，纳入社会产品质量管理总体范畴，形成乡村旅游品牌。

⑤开展乡村旅游标准化示范试点工作，选择做得好的乡村旅游企业，开展标准化提升创建，纳入国家级或省级标准化示范试点范畴，形成乡村旅游行业示范效应。

(3)乡村旅游标准化必须从民宿、景区等方面进行改善。

①乡村旅游民宿标准需要进行改善。

首先是关于乡村民宿概念和特点的分析要更加清晰，区分乡村民宿和农家乐、乡村宾馆在经营、管理、市场客群等方面的异同。乡村民宿绝不是农家乐的升级版，也不是乡村宾馆的变形。

其次是厘清乡村民宿经营包含哪些服务项目，如餐饮、住宿、购物、娱乐等，这些业态本身涉及哪些专业标准，又有哪些方面应着重体现出乡村民宿的特点。

最后是要明确乡村民宿的客群定位以及游客所需要的服务标准。

②乡村旅游景区标准需要进行改善。

乡村旅游景区首要的在于提升服务品质，改变乡村旅游就是"土"的传统观念。乡村景区较之于传统景区，在农业科普、农事体验等方面更具特点和优势，而且今天的农业更多的已经是设施农业和高科技农业，应该制定更高的服务标准，并将乡村元素与现代服务相结合。

③乡村旅游产业链具有更大机遇。

乡村旅游的发展是城市化进程加速的一个重要表现，是城乡二元结构重新分化融合的一个结果。乡村旅游是个总体概念，可以分别在绿色食品供应、传统美食、农家菜、田园居住、空气质量、运动养生、田野教学、科普活动、会议展览等多个方面形成特色服务，而这些方面都需要标准化。

2. 科学、合理、规范地进行乡村旅游规划

总的来说，乡村旅游规划是旅游规划的一种，必须遵从旅游规划的基本原则和技术路线。乡村旅游不同于城市旅游，它具有很强的地域性，不同地域进行的规划不同，其开发内容也不尽相同，这是体验的差异性，是吸引游客的重点。山东省乡村旅游规划过程中务必要注意几点：①加强农村基础设施的建设，提升乡村旅游服务能力，保障乡村旅游基本生活条件与城市旅游接轨，特别是厕所、住宿、吃饭、网络等基

本生活保障，同时改善乡村交通条件，做到尽可能的便利；②充分挖掘乡村气息，将乡村旅游与农村文化融合，让旅游者真正融入乡村中来，发现乡村的文化内涵与底蕴，同时注重开发乡村文化特色产品，让旅游者亲自参与其中；③坚持可持续发展理念，科学、合理开发，坚持保护生态环境，尽可能地做到节能减排，同时在旅游地宣传文明旅游，提升游客素质；④打造山东省乡村旅游精品，把握游客需求，树立乡村旅游品牌，真正优化乡村旅游资源，让乡村旅游真正为农村经济发展做出更大贡献。

3. 山东省乡村旅游的发展要走特色化和创意化路线，形成品牌

乡村旅游是一种新型旅游，各省份都在大力发展乡村旅游，因此山东省乡村旅游的发展必须走出自己的特色化路线。山东省乡村旅游的特色和创意主要在于山东省的乡村文化，在保持乡村文化特色的基础上充分开发，做到"土洋结合""新旧共生"，只有这样才能够更加吸引游客，才能获得存在和发展的空间，从而形成自己的品牌。

山东省地域文化特色比较明显，潍坊国家级非物质文化遗产有杨家埠木版年画、高密茂腔、高密扑灰年画、寒亭柳毅传说、青州花键、核雕等，其他未列入国家级非物质文化遗产的著名文化有仓颉造字传说、农圣贾思勰文化、诸城派古琴、龙虎斗打击等。青岛国家级非物质文化遗产有崂山道教音乐、崂山民间故事、胶州秧歌、孙膑拳、海云庵糖球会、闫家山地秧歌、青岛糖球制作工艺等，其他未列入国家级非物质文化遗产的有国际啤酒节、柳腔、即墨田横镇祭海节、秃尾巴老李传说、平度烛竹马等。烟台国家级非物质文化遗产有蓝关戏、海阳大秧歌、长岛渔号、渔灯节、栖霞八卦鼓舞、莱州草辫技艺、黄金溜槽碓石砌灶冶炼技艺、螳螂拳、福山雷鼓、龙楼粉丝传统手工生产技艺、鲁菜烹饪技艺、戚家拳、八仙过海传说、烟台抽纱技艺、胶东道教音乐、只楚庙鼓、掖县滑石雕刻、东海神庙祭祀活动、大杆号吹奏乐、吕村年画、丘处机传说等。济南国家级非物质文化遗产有鼓子秧歌、章丘芯子、手龙

绣球灯、五月十三祭天习俗、闵子骞传说、花鞭鼓舞等，其他未列入国家级非物质文化遗产的著名文化有济南皮影、蹉地舞、华山华阳宫传说等。淄博国家级非物质文化遗产有蹴鞠、聊斋俚曲、五音戏、鹧鸪戏、周村芯子、阁子里芯子、孟姜女传说、沂源牛郎织女的传说等，其他未列入国家级非物质文化遗产的著名文化有炉神姑的传说、高柴女传说、颜文姜传说、周村烧饼制作技艺、博山八角鼓、博山内画瓶、俚曲等。滨州国家级非物质文化遗产有阳信鼓子秧歌、胡集书会等，其他未列入国家级非物质文化遗产的著名文化有鸳鸯嫁老雕、无棣狮包、阳信梨花会、渔鼓戏、滨州剪纸、泰山奶奶传说、丈八佛传说、白龙湾传说、董永传说等。聊城国家级非物质文化遗产有东昌木版年画、聊城杂技、鱼山梵呗、东昌葫芦雕刻、临清贡砖烧制技艺、临清肘捶等，其他未列入国家级非物质文化遗产的著名文化有阳谷民间剪纸、张秋木版年画、临清琴曲、五鬼闹判、临清云龙会、临清狮舞等。临沂国家级非物质文化遗产有鲁南五大调等，其他未列入国家级非物质文化遗产的著名文化有沂蒙山小调、郯城木版年画、卧冰求鲤的故事、蒙山传说、苍山民歌、三弦平调等。菏泽国家级非物质文化遗产有陶朱公传说、山东古筝乐、鄄城砖塑、菏泽弦索乐、东明佛汉拳等，其他未列入国家级非物质文化遗产的著名文化有山东二夹弦、曹州面人、包楞调、成武担经、伯乐传说、工笔牡丹画、鄄城斗鸡等。济宁国家级非物质文化遗产有祭孔大典、鲁西南鼓吹乐、麒麟传说、鲁班传说、梁祝传说、鲁锦织造技艺等，其他未列入国家级非物质文化遗产的著名文化有微山汉画像石、孔府菜烹饪技艺、古槐的传说、济宁卧牛坑的传说、曲阜楷木雕刻、绾结葫芦技艺、岭儿调等。日照著名文化有岚山民间游戏、现代民间绘画、香塔寺传说、岚山游艺习俗、圣公传说、夹仓传统吹打乐、奎山传说、九仙山传说等。东营国家级非物质文化遗产有广饶吕剧、陈官短穗花鼓等，其他未列入国家级非物质文化遗产的著名文化有枣木杠子乱弹、大码头苇编工艺、垦利虎头鞋制作技艺、内画鼻烟壶、黄河口落子、垦利东路吼、佛头寺陶艺、东营霸王鞭、齐笔制作工艺等。泰安国家级非物质文化遗产有泰山石敢当习俗、腊山道教音乐、泰山道教音乐、微山湖端鼓腔、泰山传说故事、泰山东岳庙会等,其他未列入国家级非物质文化遗产的著名文化有大禹治水的传说、泰山国画石、宁阳斗蟋、宁阳木偶戏、宁阳韩氏剪纸等。

4. 提升山东省乡村旅游的核心竞争力

提升山东省乡村旅游的核心竞争力,必须增强山东省乡村旅游的吸引力。乡村旅游满足人们对农村生活和田园风光的美好需求,可以提升乡村居民的生活质量和居住环境,它承载着地方政府对社会经济发展的殷切期待。优美环境是乡村旅游发展的基础,经济效益是农民的追求,特色文化是品质的支撑。所以,提升山东省乡村旅游核心竞争力的重点是环境,核心是效益,灵魂是文化。山东省人口基数大,农业是支柱产业,乡村旅游资源丰富,交通运输条件大大改善,自然资源与民俗文化相得益彰,发展潜力巨大。

5. 山东省乡村旅游的发展必须重视保护生态环境,增强环保意识

乡村旅游与生态环境是相互制约、相互影响的,只有不断加强乡村旅游经济发展的促进作用和生态环境的支持作用,山东省乡村旅游与生态环境才能协调发展,进而推动农村经济的快速发展。山东省乡村旅游的发展必须重视保护生态环境,增强环保意识,应着重注意几点:

(1) 在乡村旅游开发过程中,加强乡村生态环境保护宣传,深化环保意识,提倡绿色文明旅游。

生态环境保护和建设是旅游开发的根本,更是乡村旅游开发的关键,是农业经济发展的基础,让旅游者认识到生态环境的重要性是前提。因此,必须做到加强农村生态环境保护的宣传教育,深化低碳环保意识,推行环保政策,降低乡村旅游景区生态污染,做到绿色文明旅游。

（2）在乡村旅游进行时，建立乡村生态环境保护监督体制，加大投入改善乡村生态环境质量。

加强乡村生态环境保护，严格管理和保护乡村生态环境是关系山东省乡村旅游发展和生存发展的长远大计，因此必须建立行之有效的乡村生态环境保护监督体制，强化对乡村生态环境保护的监管，加强乡村旅游自然资源开发的规划，做好乡村生态环境保护与恢复治理工作，加强乡村生态环境保护，以及基础设施建设中生态保护工作的监督管理。同时，推进乡村生态环境保护的市场化投资，加大环境保护投入，提高环境保护投资效益。

（3）实施乡村生态环境保护的分块推进，加大科研支持和创新发展。

山东省地域辽阔，乡村生态环境脆弱，承载能力低，因此乡村生态环境保护必须创新发展，要有新思路、新举措，制定环境保护规划，实施分块推进，搞好乡村生态环境调查，加强乡村生态环境保护的科学研究与推广应用，鼓励科技创新发展，推动科研成果转化，提高乡村生态环境保护的科技含量。

（4）建立乡村生态环境保护管理和监督机制，健全乡村生态环境保护法律法规。

明确乡村生态环境保护的责任和义务，实施生态补偿制度，考虑长远的社会效益和环境保护机制，增强公众的参与度，完善乡村旅游与生态环境协调发展的法律法规，制定行业标准和管理制度，让生态旅游规范化、法制化。

6. 加大资金投入，完善山东省乡村旅游基础设施

乡村旅游设施与游客旅游中的基本需求紧密关联，做好乡村的基础设施与服务设施是山东省乡村旅游快速发展的前提，是山东省乡村振兴战略实施过程中对于乡村人居环境的基本要求。因此，必须加大资金投入，完善山东省乡村旅游基础设施。应着重完善以下基础设施：

（1）乡村旅游交通设施。

山东省乡村旅游交通设施主要包括乡村外部交通、村庄内部道路、停车场、服务驿站、特色风景道、引导系统等。乡村旅游交通设施是乡村旅游的前提，关系着山东省乡村旅游各个景点的通达性，决定着山东省乡村旅游吸引的游客数量。

（2）乡村旅游接待服务设施。

乡村接待服务设施主要包括住宿、餐饮、娱乐、购物等，是游客使用量最大、最能够带给游客乡村旅游体验的设施，关乎游客人身、财产安全。

（3）乡村环卫设施。

乡村环卫设施主要包括乡村内部的污水垃圾处理、旅游厕所、供水、供电、通信网络、ATM机、救护系统等，是山东省乡村旅游便利性的保证，每一个环节的缺失都会导致游客的满意度和吸引力下降。

（4）乡村旅游信息服务设施。

乡村信息服务设施主要包括导览标识系统、通信设施等，是游客及时了解乡村旅游信息的重要方式，涉及旅游过程的自主性和便捷性。

7. 吸引专业人士参与山东省乡村旅游发展

山东省乡村旅游快速发展受制于乡村旅游人才的匮乏，推动山东省乡村旅游快速发展的关键就是吸引乡村旅游专业人士加入，从乡村旅游项目规划、开发、产品营销、产品升级、品牌打造等方面聘请专业人士加盟，组建一支高素质、高水平、高技能的山东省乡村旅游团队。乡村旅游专业人才的建设不是一蹴而就的，必须循序渐进，应主要做到：

（1）山东省政府要加强引导和管理，加强乡村旅游专业培训。

山东省职能部门要加大乡村旅游专业人才培养的重视，制定相关文件，加强乡村旅游专业的指导与管理，指导乡村旅游专业人士积极参与到乡村旅游规划与管理中来，积极聘请乡村旅游专业人士为乡村旅游业服务。同时，要加强当前乡村旅游经营者的培训，让乡村旅游参与者真正理解乡村旅游内涵，让农民充分认识乡村文化、民俗活动等乡村资源的旅游价值，加强对乡村旅游从业人员的考核。

（2）与山东省各高校合作，开设乡村旅游专业。

山东省开设旅游专业的高校比较多，每年旅游专业的毕业生人数不少，但真正进入乡村旅游行业的学生不多。因此，乡村旅游地可以与高校合作办学，专门培养适合当地乡村旅游的专业人才，建立当地教学实践基地，提高高校毕业生的实践能力，感受乡村生活的美好，吸引学生毕业后进行乡村旅游工作。

（3）乡村旅游经营者要加大人才投入，改变经营模式。

乡村旅游经营者应该在充分开发的基础上，加大人才投入，吸引专业人士帮助规划、开发和经营，争取收获长远的利益。

8. 加强乡村旅游营销策略，推动乡村旅游产业融合

（1）加强乡村旅游产业融合，推动区域协调发展。

乡村旅游产业融合是指乡村旅游产业与农业或者乡村旅游产业与其他产业之间发生的相互联系，相互渗透的关系，最终形成一个新的产业形态。乡村旅游产业融合充分利用了乡村旅游产业覆盖面广，对相关产业带动力度大的性质。

旅游产业融合在新时代被赋予了新名词"旅游+"，如"旅游+互联网""旅游+文化""旅游+农业""旅游+工业"等，而乡村旅游在新时代也变成"乡村旅游+"，"乡村旅游+"更为形象地表述了乡村旅游产业融合概念，也凸显了新时代乡村旅游产业融合的重要性。乡村旅游产业融合对乡村相关产业的带动力度大，对乡村区域经济发展影响力度大，主要表现在：

①乡村旅游产业融合促进区域产业结构优化。

一方面，乡村旅游产业与第一、第二产业融合形成新型产业，新产业结合区域特色产业优势强强联合，形成区域具有竞争优势的产业，提升区域产业层次；另一方面，乡村旅游产业与区域其他优势产业融合的

过程，间接性地促进区域产业竞争力的提升，形成"鲶鱼效应"，推动区域产业结构优化，促进经济发展。

②乡村旅游产业融合促进企业成长。

从企业发展角度考量，乡村旅游与农业的融合与乡村旅游产业间的融合，都是促进区域优质企业资源整合的过程，是促进区域企业合作、并购的过程，是区域企业成长壮大的过程。企业壮大势必会拉动区域经济发展。

③乡村旅游产业融合促进区域协调发展。

乡村旅游产业融合是不同地方不同产业的融合，是实现乡村旅游全域化的过程，是促进区域协调发展的过程。因此，乡村旅游产业融合有助于实现城乡一体化，促进区域之间经济同步增长。

(2) 乡村旅游与农业融合，推动农业经济发展。

乡村旅游与农业的融合指与大农业范围内的农业、林业、渔业、牧业、副业之间的整合，乡村旅游与农业的融合实质上是旅游与农业产业价值链的纵向整合，从价值链结构角度分析，旅游与农业的结合可以从资源、技术、市场、产品四个方面进行价值链的重塑。

①乡村旅游与农业的资源融合。

乡村旅游与农业产业资源融合指乡村旅游依靠农业产业景观资源、文化资源、农事生产工具、农村建筑等物质文化资源发展乡村旅游，乡村旅游与农业产业资源的融合就是乡村旅游的本质。与所主要依托的农业资源种类不同，乡村旅游类型也不同，如乡村旅游与渔业资源结合所形成的乡村旅游类型与乡村旅游与牧业结合形成的乡村旅游类型不一样，但本质都是资源共用模式下形成的乡村旅游。

乡村旅游景观打造常利用乡村农事生产生活的犁、陶器容器等进行景观布点，用乡村风味的辣椒、南瓜等乡造产品进行装饰点缀，很好地体现了乡村景观资源在乡村旅游打造中的作用。乡村旅游资源中如有农业种植、农业养殖等传统农业文化，并进行相关农事体验活动设置，可以增加游客体验感,是乡村农事生产在乡村旅游中运用的体现。乡村民俗表演、乡村民俗体验、乡村美食等项目充分地挖掘乡村地域文化内涵,是乡村文化资源在乡村旅游运用的体现。

②乡村旅游与农业的技术融合。

乡村旅游与农业产业技术融合体现在两个方面:一方面,农业技术与旅游产品相结合形成农业体验项目;另一方面,农业科技进步带动的生态农业旅游、农业科技园旅游,也属于乡村旅游与农业技术的融合。

国家级生态农业科技园是由农业生产技术延伸的乡村旅游与农业生产技术结合的代表,它以现代化农业生产为主,以农业生产技术展示为辅。农业生产技术与乡村旅游的发展不仅为乡村旅游游客提供了解农业技术的平台,同时对科技园品牌、产品进行了推广。

③乡村旅游与农业的产品融合。

乡村旅游与农业产品功能渗透型科研表现为乡村农业产品可以转变为乡村旅游商品。如乡村种植蔬菜、水果、粮食,养殖的家禽牲畜等产品都可以转换为乡村旅游商品销售给游客,通过旅游产业促进乡村农业产品销售。

④乡村旅游与农业的市场融合。

乡村旅游市场与农业市场融合主要表现为市场群体的融合、产业资金的融合、产业销售渠道的融合等方面。乡村旅游的旅游客源与农业需求客源的融合共同构成乡村旅游的客源市场。乡村旅游与农业产业发展资金的集合形成产业发展的资金渠道,旅游发展增加农业产业的销售渠道,农业产品的品牌价值提升对乡村游客数量的增加有很大促进。

(3) 乡村旅游与其他产业融合,推动社会经济发展。

采取多元融合路径,构建多样化融合模式,是乡村旅游与各产业融合的有效途径。乡村旅游与各产业的融合既需要充分考虑相容产业的不同功能与作用、技术优势、资源特色优势,又要兼顾相容产业的关联性、可融合度，还要充分利用各地区的条件、景观资源禀赋和社会经济支持系统，根据旅游市场需求的变化，找准产业交叉点、企业互动点和产品交汇点，善于创新，在资源融合路径、技术融合路径、市场融合路径和产品融合路径中选择恰当的方式。主要表现为通过资源融合路径、通过技术融合路径、通过市场融合路径以及产品融合路径方式达到产业间的融合。乡村旅游产业间的融合可以用"1+N"模式表述，"N"代表康体养生、会议会展、文化娱乐、房地产、商贸零售，以及加工制造产业。

①"乡村旅游+康体养生"。

乡村旅游与康体养生产业结合的实质是乡村旅游自然生态环境、淳朴民俗风情文化为康体养生奠定基础，而康体养生植入乡村旅游中，为乡村旅游发展拓宽了发展路径，丰富了乡村旅游产品的多样性。乡村旅游与康体养生产业融合是"资源+技术+市场"的结合。

乡村旅游康体养生之道在于：利用乡村景观资源的静，让养生人有"天人合一"的精神感受，达到身心的和谐；乡村高负氧离子的空气也是养生的主要资源；乡村农耕活动体验，采取以动养生，在运动与快乐中养生；乡村绿色有机食品也是养生的重要资源。乡村旅游与康体养生的集合是未来乡村旅游发展的重要方向。

②"乡村旅游+会议会展"。

乡村与会议会展产业融合对客源市场要高，目前国内市场发展不成熟，以莫干山与乌镇西栅较为成功。乡村旅游与会议会展产业的融合是市场与产品的融合过程。乡村旅游可以提供与都市不一样的环境，会议会展产业提供专业市场群体，从而达到产品与市场相结合。

③"乡村旅游+文化娱乐"。

乡村旅游与文化娱乐产业的融合，创新出乡村文化与乡村娱乐旅游产品，乡村文化与乡村娱乐产品的创新不仅为乡村旅游创新提供了旅游吸引物，也为文化娱乐提供了另类体验感。因此，乡村旅游与文化娱乐产业融合是技术、市场群体的融合。

中国进入泛娱乐时代，文化娱乐是当前产业发展的最好机遇。乡村旅游与文化娱乐的结合是资源跨界整合的体现，利用网络热门 IP 植入乡村旅游之中，进行乡村旅游品牌、形象、项目活动以及旅游商品的重组。乡村旅游与文化娱乐都属于精神休闲性质消费，拥有共同的消费市场和主体，两者的结合产生了新的乡村旅游消费产品，激发了消费者购买潜力。

④"乡村旅游＋房地产"。

乡村旅游与房地产结合是乡村旅游发展的必然趋势，乡村度假型景区、乡村田园综合体、乡村养生养老社区等开发模式都是乡村旅游与房地产产业融合的产物。乡村旅游与房地产融合发展主要体现为资源、产品、市场的融合。

乡村旅游与房地产结合模式很多，如 2017 年中央一号文件点名的"发展田园综合体"，田园综合体就是"乡村产业＋乡村旅游＋乡村地产"的综合体。又如乡村特色小镇项目，也是典型的"乡村旅游＋房地产"的结合。

⑤"乡村旅游＋商贸零售"。

乡村旅游与商贸零售产业的结合主要表现为，乡村旅游商品通过商贸零售渠道而到达顾客端，是典型的市场融合模式。

⑥"乡村旅游＋加工制造"。

乡村旅游与加工制造结合可从两个价值链端进行：一是技术融合，即加工制造技艺具有旅游价值，对旅游消费者而言具有观赏体验价值；二是产品的融合，加工制造商品可作为乡村旅游商品进行销售。

二、针对性建议

山东省乡村旅游经济发展迅速，在新旧动能转换中起到主导作用，在推动经济发展和社会进步具有重要作用。旅游消费总额占全省 GDP 的比重逐年增加，旅游经济在全省经济中的地位不断提升。因此，在新旧动能转换大背景下，要加大对乡村旅游的投入和政策支持，促进山东省乡村旅游的建设和发展，进而推动地区经济的快速发展。

1. **政府部门要结合本地实际，制定相关引导政策，加大扶持力度**

乡村旅游是一项具有发展前景的长期工作。具有乡村旅游资源的地方政府应该进行充分调研，做好乡村旅游发展规划，结合自身基础，开发潜能，既要面上推动，又要重点突出。

2. **着眼新农村建设和生态文明发展，保证乡村旅游长远发展，加强乡村旅游与生态环境的协调性**

重视乡村旅游开发地的环境资源保护，特别是大气、水、土地，制定相关政策和法规，限制污染排放企业排污，保证每年空气优良天数达到相关标准，同时预防地下水免遭污染，制止土地污染。

3. **做好乡村旅游经济与新农村建设耦合发展规划，鼓励乡村旅游与农业融合发展**

乡村旅游的发展对于推动新农村建设工作有着正向作用，因此在新农村建设规划中应充分考虑乡村旅游因素，结合乡村自然田园风光，积极发展农业，最好形成规模化种植，为乡村旅游的发展提供保证。

4. **重点突出乡村旅游目的村的旅游特色，增强吸引力**

乡村旅游的吸引力在于它的特色。综观全国乡村旅游模范村可以看出，只有有自身的特色的目的地才会吸引游客前往，如果没有游客就没法发展旅游，乡村旅游发展也成了一句空话。对于乡村旅游资源村来说，必须充分研究与其他地方的不同之处，挖掘出独特的产品作为特色，最好包含观光类旅游产品，休闲、娱乐、参与、体验类活动，旅游纪念品等，同时要与时俱进，稳中求变，不断创新。

5. **优化乡村旅游经济和生态环境空间发展布局，加快新旧动能转换**

（1）优化乡村旅游经济空间发展布局。

山东省作为经济大省、文化大省、人口大省，乡村旅游资源丰富，既有深厚的文化底蕴，又有秀美的自然风光，"齐鲁大地""孔孟之乡"

"海岱胜境""红色圣地""好客山东"五张旅游名片,光彩夺目、声名远播,形成多点开花、全面发展的乡村旅游经济空间发展布局。

(2)优化生态环境空间发展布局。

结合山东省乡村旅游的实际,根据"点上开发,面上保护"原则,以"黄金海岸"旅游区和"山水圣人"旅游区为生态旅游和环境保护的主体,以"齐鲁大地""孔孟之乡""海岱胜境""红色圣地""好客山东"五张旅游名片为生态环境空间发展的核心,构建多层次、多方位的生态环境空间发展格局。

6. 加大乡村旅游资源环境保护力度,丰富乡村产业形态

(1)加大乡村旅游资源的保护力度。

山东省乡村旅游资源丰富,特别是自然资源,在进行资源开发过程中必须注意对自然资源的保护。自然资源一旦遭到破坏,想要修复不仅需要花费巨大的人力物力,更是需要很长的时间才能实现。对于地质地貌景观资源,要尽可能地保持其原有形态,争取做到与自然环境相融合,一定不能在核心地貌区域施工;对于森林旅游资源,要不断植树造林,加强对森林的管理,禁止毁林开荒,在森林资源显著位置设置明显警示牌,注意避免山火;对于水体景观旅游资源,要设置绿化带,避免水土流失,严禁周边企业和居民向河流中排放污水和倾倒垃圾,按照规划有计划地进行建设开发;对于历史文化与文物古迹旅游资源,特别是孔孟文化、农圣文化等,尽量保持原有风貌,不能破坏,如对青州古村、周村等古建筑要按"修旧如旧"的原则,不可随意拆迁,切实保护好文物古迹;对于民俗文化旅游资源,要完善非物质民俗文化旅游资源档案,扶持组建业余民俗演出队,培养非物质文化遗产传承人;对于新兴乡村旅游资源,要加大开发力度,合理科学规划,切不可盲目而为造成资源浪费。

(2)加大乡村旅游环境的保护力度。

旅游环境决定了旅游业发展的可持续性,在山东省新旧动能转换的契机下,加大乡村旅游环境的保护力度能够保障新旧动能的快速转换,

加快推进乡村振兴。要保护好乡村旅游环境，首先要保护好水体环境，完善水质监测，完善水体环境的管理机制，要在重点景区或者游客集中的景区设立污水处理厂，加强水体周围植被的保护；其次要保护大气环境，要加强大气污染源的管理，在景区周边建立大气质量监测站，对周边大气污染企业实施强行关停，在旅游旺季要适当限制车辆出入，倡导景区内绿色交通，同时扩大植被面积；再次是防治噪声污染，营造舒适的旅游环境，采用消音材料，在景区内禁止鸣笛等；最后是对旅游垃圾的处理，宣传教育游客将垃圾放入指定垃圾桶内，景区工作人员要做到及时处理垃圾，对所有垃圾进行分类处理，保证不对景区和周边环境造成污染。

（3）丰富乡村产业的形态。

旧动能要转化，新动能要发展，乡村要振兴，这些都离不开产业。党的十九大报告提出的"实施乡村振兴战略"新发展理念和山东省要进行新旧动能转换的发展战略都为山东旅游业的发展指明了新方向，提出了新要求。为丰富乡村产业的形态，更快更好地实现农业农村产业兴旺、生活富裕，应突出生态田园特色，打造都市农业和乡村旅游发展品牌，加快农业"接二连三"，推动产业增效和居民增收，构建服务保障体系，促进现代都市农业提质增效，强化工作推进，激发现代都市农业发展活力。

7. 构建并完善山东乡村旅游产品体系，打造山东乡村旅游品牌

山东省作为经济大省、文化大省、人口大省，乡村旅游资源丰富，有深厚的文化底蕴，有秀美的自然风光，有热情好客的人民，应以齐鲁文化和泰山品牌为中心完善山东旅游产品体系，整合"齐鲁大地""孔孟之乡""海岱胜境""红色圣地""好客山东"五张旅游名片，打造有山东特色的旅游品牌。

8. 加快智慧旅游建设，完善旅游公共管理和公共服务

随着网络的飞速发展，智慧旅游建设迫在眉睫。智慧旅游的建设可以提高旅游服务的效率，提升景区的知名度，推动旅游经济的发展。同时，要提高山东旅游公共管理和公共服务水平，提高旅游工作人员的服务水平和业务水平，完善山东旅游服务的监督、评价及改进机制，确保山东旅游的建设与发展。

9. 保持旅游资源的生命周期，提高乡村旅游的整体水平

山东省乡村地域辽阔，乡村旅游资源丰富，在开发乡村旅游的过程中要注意保持旅游资源的生命周期，采用乡村生态旅游开发模式，加大对乡村旅游的投入，充分利用乡村旅游资源。

10. 提高生态环境保护，提倡绿色乡村旅游

（1）加强生态环境保护宣传，深化环保意识，提倡绿色旅游。

生态环境保护和建设是旅游开发的根本，有必要让全社会人民了解生态环境的重要性，加强生态环境保护的宣传教育，深化低碳环保意识，推行环保政策，降低景区生态污染，做到绿色旅游，选择环保交通工具出行。

（2）建立生态环境保护监督体制，加大投入改善生态环境质量。

加强生态环境保护，严格管理和保护生态环境是关系山东旅游发展和生存发展的长远大计，因此必须建立行之有效的生态环境保护监督体制，强化对生态环境保护的监管，加强自然资源开发的规划，做好生态环境保护与恢复治理工作，加强城市和农村生态环境保护以及基础设施建设中生态保护工作的监督管理。同时，推进生态环境保护的市场化投资，加大环境保护投入，提高环境保护投资效益。

（3）实施生态环境保护的分块推进，加大科研支持和创新发展。

山东省地域辽阔，生态环境脆弱，承载能力低，因此生态环境保护必须创新发展，要有新思路、新举措，制定环境保护规划，实施分块推进，搞好生态环境调查，加强生态环境保护的科学研究与推广应用，鼓励科技创新发展，推动科研成果转化，提高生态环境保护的科技含量。

11. 推进乡村旅游经济与生态环境协调发展

（1）科学规划乡村旅游经济与生态环境的协调发展，加大生态环境的资源投入。

根据乡村旅游经济与生态环境的不同阶段及时制定相关的乡村旅游经济与生态环境规划，要根据实际情况进行乡村旅游建设与乡村旅游产品开发，适时、适度保护生态环境，确保乡村旅游经济发展与生态环境保护共赢。旅游发展改革委员会要联合财政、社会、企业等，建设全面的乡村旅游环保文化，加大宣传，尽可能地在景区多放置分类垃圾箱，积极开发完善乡村旅游产业链，持续增加环境保护的资金。

（2）建立生态环境保护管理和监督机制，健全生态环境保护法律法规。

明确生态环境保护的责任和义务，实施生态补偿制度，考虑长远的社会效益和环境保护机制，增强公众的参与度，完善乡村旅游经济与生态环境协调发展的法律法规，制定行业标准和管理制度，让生态旅游规范化、法制化。

（3）提高公众生态环境的理性认识，加强宣传教育。

近些年，山东省污染企业较多，导致雾霾等问题的出现，致使山东省生态环境波动较大。很多人认为山东省生态环境很差，缺乏理性认识，都只是片面的感性认知，认为造成山东省生态环境恶化，乡村旅游经济有着不可推卸的责任，但实际上，山东省乡村旅游经济与生态环境整体协调是比较好的。因此，要提高公众生态环境的理性认识，加强对山东省乡村旅游和生态环境的宣传，提升乡村旅游竞争力。

（4）大力发展乡村旅游经济，促进乡村旅游经济的可持续发展。

经济基础决定上层建筑，没有经济的发展就无法进行生态环境的保护。乡村旅游经济能够促进旅游产业优化升级，能够带动社会就业。同时，乡村旅游能反哺生态环境，保证乡村旅游经济与生态环境的协调发展和可持续发展。因此，要不断优化乡村旅游产业结构，提升乡村旅游产品质量和乡村旅游服务，确定乡村旅游经济循环发展的道路，大力发展生态旅游。

附　件

附件一：关于寿光市旅游与生态环境协调发展的调查问卷

关于寿光市旅游与生态环境协调发展的调查问卷

尊敬的女士/先生：

您好！首先感谢您在百忙之中抽出时间回答该调查问卷。本调查问卷的主旨是对寿光市旅游与生态环境协调发展进行调查与分析，希望能够为寿光的旅游与环境事业做出一份贡献。对此，希望能占用您的一点宝贵时间填写此问卷，我们将非常感谢您的合作，祝您身体健康、生活愉快！

1. 您是（　　）

    A. 当地居民　　　　　　　　B. 游客

    C. 景区工作人员　　　　　　D. 管理人员

2. 您的年龄（　　）

    A. 20 岁以下　　　　　　　　B. 20~40 岁

    C. 40~60 岁　　　　　　　　D. 60 岁以上

3. 您的职业（　　）

    A. 学生　　　　　　　　　　B. 工人

    C. 农民　　　　　　　　　　D. 事业单位或公务员

4. 您的学历（　　）

    A. 大专及以下　　　　　　　B. 本科

C. 硕士研究生　　　　　　　D. 博士研究生

5. 您一年平均旅游次数（　　）

　　A. 一次　　　　　　　　　B. 两次

　　C. 三次　　　　　　　　　D. 四次及以上

6. 您最喜欢的寿光景点是（　　）

　　A. 蔬菜博览会　　　　　　B. 弥河公园

　　C. 林海博览园　　　　　　D. 王高塔

　　E. 其他景点

7. 您在旅游过程中对游客的行为最痛恨的是（　　）

　　A. 随意破坏周围环境，如刻字留言等

　　B. 随便乱丢垃圾、随地吐痰、随地大小便等

　　C. 看到喜欢的石头、贝壳等任意带走

　　D. 对景区周围的事物和人员指指点点，挑三拣四

8. 您注重景点的环境质量吗？（　　）

　　A. 注重，如果景点环境不好，会影响心情和旅游

　　B. 注重，但不影响旅游

　　C. 一般，看景点的类型而定，如果不是自然景区，那要求就不高

　　D. 无所谓，不会对旅游造成任何影响

9. 您认为寿光各旅游景点中存在最严重的问题是（　　）

　　A. 空气污染　　　　　　　B. 水污染

　　C. 植被锐减　　　　　　　D. 土地污染

10. 您认为寿光旅游与生态环境之间最重要的影响是（　　）

　　A. 促进效应，促进寿光旅游的发展，形成良性循环

　　B. 胁迫效应，旅游对水、土地、大气和动植物有胁迫影响

　　C. 支持效应，寿光旅游与生态环境相互支持与发展

　　D. 约束效应，恶化的生态环境会导致吸引力降低、游客数量减少，起到制约作用

11. 您认为寿光旅游与生态环境的协调性主要体现在哪方面？（   ）

    A. 游客规模与自然环境承载力的协调

    B. 游客规模与经济环境承载力的协调

    C. 游客规模与社会环境承载力的协调

    D. 旅游资源利用与生态环境的协调

    E. 游客与当地居民、文化的协调

12. 您认为在寿光发展旅游的着重点应放在（   ）

    A. 旅游规模　　　　　　　　B. 生态环境

    C. 旅游与生态环境的协调　　D. 经济收入

13. 当您看到有人在寿光的景区内破坏环境，会采取什么措施？（   ）

    A. 立刻上前阻止，并且劝说不要再有类似行为

    B. 上前阻止，并且会发微博痛斥此行为

    C. 装作没有看到，并且立刻走开，以免有人误会是自己干的

    D 司空见惯，无所谓

14. 您认为寿光发展旅游业，政府最应该采取什么措施保护生态环境？（   ）

    A. 控制景点在各时段的旅游人数，减少环境压力

    B. 合理规划景点开发，宁缺毋滥

    C. 加大环境保护的宣传力度，普及保护生态环境的知识教育

    D. 加大对环境的维护和改善的投入

15. 您如果作为一名游客，感觉到在旅游过程中，必须但又很难做到的是（   ）

    A. 保护当地环境，做到不乱扔垃圾和随地刻画

    B. 不过分利用当地资源，如捕捉当地野生动物等

    C. 提倡并践行生态旅游

十分感谢您的合作，谢谢！

附件二：关于山东省旅游经济与生态环境协调发展影响因素的调查

关于山东省旅游经济与生态环境协调发展影响因素的调查

尊敬的先生/女士：

您好！由衷感谢您在百忙中参与本次问卷调查。

本次调查问卷的目的是了解山东省旅游经济与生态环境协调发展的现状，确定影响山东省旅游经济与生态环境协调发展的主要因素，找寻山东省旅游经济与生态环境协调发展的存在问题及需求，向有关部门提出完善山东省旅游经济与生态环境协调发展的建议和对策，为山东省旅游经济发展和生态环境的保护营造良好的氛围，促进山东省社会经济的健康发展。

本次调查为不记名调查，请您支持我们的调研，对您的回答情况我们将严格保密，且只用于政策研究，请根据您的情况和看法，真诚填写问卷。衷心祝福您一切顺利！

1. 您的性别是（　）A. 男　B. 女
2. 您的年龄为（　）

A. 20岁以下　　B. 20~35岁　　C. 35~50岁　　D. 50岁以上

3. 您的文化程度为（　）

A. 中专及以下　　　　　　B. 大专
C. 大学本科　　　　　　　D. 研究生及以上

4. 您的专业为（　）

A. 旅游管理相关专业　　　B. 生态环境相关专业
C. 其他管理学专业　　　　D. 其他理工、教育学等专业

5. 您的职业为（　）

A. 学生　　　　　　　　　B. 教师
C. 旅游业从业人员　　　　D. 机关干部　　E. 其他

6. 您在山东旅游的频率为（   ）

A. 一周一次及以上　　　　　B. 一月一次

C. 三个月一次　　　　　　　D. 半年及以上一次

E. 从来没有在山东旅游过

7. 您在旅游过程中关注过山东省的生态环境质量吗？（   ）

A. 关注过，生态环境对旅游的心情有很大影响

B. 关注过，不过不太在意，生态环境对旅游影响不大

C. 很少关注，一般只关注景点

D. 无所谓，生态环境的质量与旅游无关

E. 从不关注，不会对旅游造成任何影响

8. 您认为山东省旅游经济的发展情况为（   ）

A. 很好，已经很发达了

B. 较好，还不够发达

C. 一般，基本满足群众的需求

D. 很差，跟不上社会的发展

E. 没有注意，不知道

9. 您认为山东省旅游景点最吸引人的因素是（   ）

A. 交通　　　　B. 服务　　　　C. 旅游设施　　　　D. 景点费用

E. 生态环境

10. （多选题）您认为影响山东省旅游经济与生态环境协调发展的主要因素有哪些？（   ）

A. 社会因素　　　　B. 旅游因素　　　　C. 经济因素

D. 生态环境因素　　E. 国家政策因素　　F. 人口因素

G. 其他_____

11. （多选题）您认为影响山东省旅游的主要指标有哪些？（   ）

A. 旅游总收入　　　B. 游客总人数　　C. 山东省旅游景点个数

D. 铁路、民航、公路客运量　　　E. 旅游商品种类

F. 旅游商品销售总量　　　　G. 旅游餐饮供应总量

H. 旅游客房提供总量　　　　I. 人均消费水平 _____

12. （多选题）您认为影响山东省经济发展的主要指标有哪些？
（   ）

    A. 人均 GDP　　　B. 地区 GDP　　C. 工业产值总量

    D. 第三产业总收入　　E. 财政总收入　F. 进出口总额

    G. 人均消费水平　　H. 人口总数

13. （多选题）您认为影响山东省生态环境的主要指标有哪些？
（   ）

    A. 空气质量　　　　B. 地表水质量　C. 植被覆盖率

    D. 声环境质量　　　E. 负离子浓度　F. 气候舒适度

    G. 生物多样化　　　H. 地面清洁度

    I. 人口密度　　J. 化学产品产量　　K. 年降水量 _____

14. 您对"生态旅游"的了解程度为（   ）

    A. 非常了解　　　　　　B. 略有了解

    C. 不了解　　　　　　　D 无所谓

    E. 没听过

15. （多选题）您认为"生态旅游"包括哪些方面？（   ）

    A. 认识自然生态环境　　　B. 了解当地文化，放松身心

    C. 获得美的感受　　　　　D 保护景区自然生态环境

    E. 尊重当地风俗　　　　　F. 发展当地经济

    G. 提高旅游者的环保意识

16. （多选题）您认为山东省生态环境存在哪些问题？（   ）

    A. "三废"污染严重　　　　B. 旅游产业开发不合理

    C. 违规建筑多　　　　　　D. 化工橡胶造纸等污染企业多

    E. 人工畜禽养殖　　　　　F. 环境保护与治理制度不完善

17. 您认为山东省生态环境是否对旅游经济产生影响？（   ）

A. 影响很大 B. 有一定的影响

C. 没有太大影响 D. 完全不影响

E. 无所谓

18. 您认为山东省旅游经济与生态环境是否协调发展？（ ）

A. 非常协调 B. 比较协调

C. 一般协调 D. 不协调

E. 无所谓

19. 您认为旅游从业人员最应该采取什么措施保护生态环境？（ ）

A. 生态环境保护知识的讲解 B. 控制参团人数，减少环境压力

C. 正确引导游客消费 D. 多开发绿色环保生态旅游线路

E. 健康参与，少坐车

20. 您认为山东省政府部门最应该采用什么措施促进生态环境协调？（ ）

A. 控制游客人数，减少生态环境压力

B. 合理规划，科学开发景点，宁缺毋滥

C. 加大环境保护宣传力度，倡导生态旅游

D. 加大对环境维护和质量的投入

E. 制定并实施破坏生态环境的处罚措施

附件三：关于山东省旅游经济与生态环境协调发展评价指标权重的调查问卷

关于山东省旅游经济与生态环境协调发展评价指标权重的调查问卷
（专家问卷）

尊敬的学者专家：

您好！首先感谢您在百忙之中抽出时间回答该调查问卷。本调查问卷的主旨是对山东省旅游经济与生态环境协调发展的评价指标权重进行确定与计算。恳请您对调查问卷中给定的指标进行重要性比较，并结合山东省旅游经济与生态环境协调发展的实际进行答卷，谢谢您的配合，祝您身体健康、生活愉快！

1~9 标度值

标度 a_{ij}	第 i 指标和第 j 指标比较结果
1	指标 i 与 j 的影响相同
3	指标 i 比 j 的影响稍强
5	指标 i 比 j 的影响强
7	指标 i 比 j 的影响明显强
9	指标 i 比 j 的影响绝对强
2, 4, 6, 8	指标 i 与 j 的影响之比在上述两个相邻等级之间
$\frac{1}{2}, \cdots, \frac{1}{9}$	指标 j 与 i 的影响之比为上面 a_{ij} 的互反数

比较方法见例题。（例题中的数字是随机编写的，请不要受影响）

例题：一级评价指标针对目标的两两比较矩阵。

目标	综合评价			
评价指标	指标一	指标二	指标三	指标四
指标一	1	1/4	1/3	5
指标二	4	1	1/2	9
指标三	3	2	1	6
指标四	1/5	1/9	1/6	1

其中，(i 指的是对应的横向指标，j 指的是对应的纵向指标），3 代表指标三比指标一对目标的影响稍强；4 代表指标二比指标一对目标的影响处于强与明显强之间；9 代表指标二比指标四的影响绝对强。

请根据 1~9 标度值根据实际情况进行比较，填写各题中的比较矩阵值。

1. 一级评价指标针对目标的两两比较矩阵及检验结果

目标	山东省旅游经济与生态环境协调发展评价 P		
一级评价指标	旅游子系统 U_1	经济子系统 U_2	生态环境子系统 U_3
旅游子系统 U_1			
经济子系统 U_2			
生态环境子系统 U_3			

2. 二级评价指标针对一级评价指标旅游子系统 U_1 的两两比较矩阵及检验结果

一级指标	旅游子系统 U_1					
二级评价指标	旅游总收入 U_{11}	旅游者总人数 U_{12}	铁路、民航、公路客运量 U_{13}	旅游商品销售总量 U_{14}	旅游餐饮供应总量 U_{15}	旅游客房供应总量 U_{16}
旅游总收入 U_{11}						
旅游者总人数 U_{12}						
铁路、民航、公路客运量 U_{13}						
旅游商品销售总量 U_{14}						
旅游餐饮供应总量 U_{15}						
旅游客房供应总量 U_{16}						

3. 二级评价指标针对一级评价指标经济子系统 U_2 的两两比较矩阵及检验结果

一级评价指标 二级评价指标	经济子系统 U_2					
	人均GDP U_{21}	第三产业总收入 U_{22}	财政总收入 U_{23}	进出口总额 U_{24}	人均消费水平 U_{25}	工业产值总量 U_{26}
人均 GDP U_{21}						
第三产业总收入 U_{22}						
财政总收入 U_{23}						
进出口总额 U_{24}						
人均消费水平 U_{25}						
工业产值总量 U_{26}						

4. 二级评价指标针对一级评价指标生态环境子系统 U_3 的两两比较矩阵及检验结果

一级评价指标 二级评价指标	生态环境子系统 U_3							
	空气质量 U_{31}	地表水质量 U_{32}	声环境质量 U_{33}	植被覆盖率 U_{34}	负离子浓度 U_{35}	气候舒适度 U_{36}	生物多样性 U_{37}	地面清洁度 U_{38}
空气质量 U_{31}								
地表水质量 U_{32}								
声环境质量 U_{33}								
植被覆盖率 U_{34}								
负离子浓度 U_{35}								
气候舒适度 U_{36}								
生物多样性 U_{37}								
地面清洁度 U_{38}								

附件四：关于乡村旅游对农民影响的调查问卷

关于乡村旅游对农民影响的调查问卷

尊敬的先生/女生：

为准确了解乡村旅游给您所在生活村庄带来的影响，更好地发挥乡村旅游的经济、社会文化和生态的效益，让您能够更好地从乡村旅游发展中收益，我们设计了此项研究项目，您的意见对发展乡村旅游非常重要，希望得到您的支持，请认真填写，有不明白之处请咨询发放者后再填写，谢谢！

该调查问卷仅作为学术研究，请放心填写！

说明：您认为自从本村开展旅游活动，接待游客以来，下列现象发生的变化如何？请根据您的实际情况和意见，在选项前的字母或数字上打"√"，其中选项后的数字，"1"表示"非常不同意"，"2"表示"不同意"，"3"表示"中立"或者"一般"，"4"表示"同意"，"5"表示"非常同意"。

一、您的基本情况

1. 您的性别： A. 男　　B. 女

2. 您的年龄：

A. 18 岁以下　　B. 18～30 岁　　C. 31～40 岁　　D. 41～50 岁

E. 51～60 岁　　F. 60 岁以上

3. 您受教育程度：

A. 小学以下　　B. 小学　　C. 初中　　D. 高中或中专

E. 大专及以上

4. 两年前您的年收入：

A. 500～4000 元　　　　　　B. 4001～8000 元

C. 8001～12000 元　　　　　D. 12001～16000 元

E. 16001～20000 元　　　　 F. 20000～30000 元

G. 30000 元以上

5. 现在您的年收入：

A. 500~4000 元
B. 4001~8000 元
C. 8001~12000 元
D. 12001~16000 元
E. 16001~20000 元
F. 20000~30000 元
G. 30000 元以上

二、乡村旅游对农民的经济影响

序号	问题项	非常同意	同意	中立（一般）	不同意	非常不同意
1	家庭年收入增加	5	4	3	2	1
2	银行存款增多	5	4	3	2	1
3	农产品出售运输成本减少	5	4	3	2	1
4	赚钱的方法多	5	4	3	2	1
5	靠卖农产品（粮食、蔬菜、瓜果、家禽等）赚钱	5	4	3	2	1
6	靠经营农业旅游项目（餐馆、民宿等）赚钱	5	4	3	2	1
7	家电购买增多	5	4	3	2	1
8	改善住房条件，盖了新房，买了楼房	5	4	3	2	1
9	饲养家禽、种植田地、承包农做项目增多	5	4	3	2	1
10	房屋周围的建筑美化	5	4	3	2	1
11	愿意投资经营旅游项目	5	4	3	2	1
12	农地租金价格提高（农产品的价格提高）	5	4	3	2	1
13	宅基地价格上升	5	4	3	2	1
14	生活花费增加	5	4	3	2	1
15	打工的机会增多	5	4	3	2	1
16	外地打工的人数减少	5	4	3	2	1

续表

序号	问题项	非常同意	同意	中立（一般）	不同意	非常不同意
17	外出务工者返乡从业的增多	5	4	3	2	1
18	重新从事农作者增加	5	4	3	2	1
19	打乱了农耕生活,改变了生活节奏	5	4	3	2	1
20	不再只以从事农作谋生	5	4	3	2	1
21	平时变得更加忙碌	5	4	3	2	1
22	露天劳动的时间减少	5	4	3	2	1
23	农产品运到城里出售的频率减少	5	4	3	2	1
24	在家从事旅游项目经营比只从事传统耕作要好	5	4	3	2	1
25	在家农作比在外打工要强	5	4	3	2	1
26	传统手工业生产增多了	5	4	3	2	1
27	现代社会交际、服务水平显得重要	5	4	3	2	1
28	对旅游者消费信息的了解显得重要	5	4	3	2	1

三、乡村旅游对农民的社会影响

序号	问题项	非常同意	同意	中立（一般）	不同意	非常不同意
1	本村的卫生状况改善	5	4	3	2	1
2	村里偷盗事件增多,犯罪现象增加,治安恶化	5	4	3	2	1
3	本村赌博现象增加	5	4	3	2	1
4	本村居民注重对公共设施保护（公德意识增强）	5	4	3	2	1
5	与邻居和乡亲拉家常、接触增多	5	4	3	2	1
6	我很愿意与旅游者分享村里的公共资源	5	4	3	2	1

续表

序号	问题项	非常同意	同意	中立（一般）	不同意	非常不同意
7	我很愿意与旅游者交流	5	4	3	2	1
8	我愿意积极出钱修建村里的道路和公共设施	5	4	3	2	1
9	本村居民比以前团结	5	4	3	2	1
10	本村女性就业机会明显增加	5	4	3	2	1
11	妇女在家庭中的地位提高	5	4	3	2	1
12	日常生活受到影响	5	4	3	2	1
13	邻里关系变得冷漠	5	4	3	2	1
14	本村离婚现象增加	5	4	3	2	1
15	本村居民相互帮助现象增加	5	4	3	2	1
16	本村居民穿着变得时尚、讲究	5	4	3	2	1
17	村民争夺周边的农地激烈	5	4	3	2	1
18	本村的知名度和整体形象提升	5	4	3	2	1
19	村委会组织本村居民进行旅游培训的机会增多	5	4	3	2	1

四、乡村旅游对农民的文化影响

序号	问题项	非常同意	同意	中立（一般）	不同意	非常不同意
1	传统节日观念增强	5	4	3	2	1
2	对传统文化了解增多	5	4	3	2	1
3	村民间合作现象增加	5	4	3	2	1
4	本村居民的教育意识增强	5	4	3	2	1
5	本村居民的文明程度提高	5	4	3	2	1
6	本村普通话水平提高	5	4	3	2	1
7	闲暇文化生活变得丰富	5	4	3	2	1

五、乡村振兴背景下农业科技创新对农民的生态影响

序号	问题项	非常同意	同意	中立（一般）	不同意	非常不同意
1	空气变得浑浊，质量下降	5	4	3	2	1
2	井水、河水污染加重、水质变坏	5	4	3	2	1
3	外来旅游人员增多，噪声增多	5	4	3	2	1
4	生活垃圾增多，环境恶化	5	4	3	2	1
5	毁坏农田、耕地的现象增加	5	4	3	2	1
6	村民砍伐周边树木的现象增加	5	4	3	2	1
7	果园、菜地、鱼塘遭到破坏	5	4	3	2	1
8	村里的公共垃圾处理设备增加	5	4	3	2	1
9	旅游开发促进了本村生态环境的保护	5	4	3	2	1
10	生态环境是发展旅游的基础条件	5	4	3	2	1
11	环境保护是每一个村民的责任	5	4	3	2	1

六、乡村旅游发展的态度和满意度

序号	问题项	非常同意	同意	中立（一般）	不同意	非常不同意
1	我没有从中受益，经营旅游企业（个人）受益多	5	4	3	2	1
2	我对本村旅游开发总体感到满意	5	4	3	2	1
3	总的来说，发展乡村旅游对我们有利的	5	4	3	2	1

感谢您的合作，祝您身体健康，万事如意！

以下由调查人员填写：

调查地点：

调查时间：

调查人员：

附件五：附件四调查问卷 SPSS 处理结果

SPSS 处理结果

一 1

		频率	百分比	有效百分比	累积百分比	百分比 Bootstrap[a]			
						偏差	标准误差	95% 置信区间	
								下限	上限
有效	A	128	42.7	42.7	42.7	0.2	3.0	37.3	49.0
	B	172	57.3	57.3	100.0	-0.2	3.0	51.0	62.7
	合计	300	100.0	100.0		0.0	0.0	100.0	100.0

注：除非特别说明，bootstrap 结果是基于1000个 bootstrap 样本的。

一 2

		频率	百分比	有效百分比	累积百分比	百分比 Bootstrap[a]			
						偏差	标准误差	95% 置信区间	
								下限	上限
有效	A	3	1.0	1.0	1.0	0.0	0.6	0.0	2.3
	B	57	19.0	19.0	20.0	-0.1	2.2	14.7	23.7
	C	95	31.7	31.7	51.7	0.1	2.7	26.3	37.0
	D	98	32.7	32.7	84.3	0.0	2.7	27.7	38.0
	E	34	11.3	11.3	95.7	0.1	1.8	8.0	15.0
	F	13	4.3	4.3	100.0	0.0	1.2	2.0	6.7
	合计	300	100.0	100.0		0.0	0.0	100.0	100.0

注：除非特别说明，bootstrap 结果是基于1000个 bootstrap 样本的。

—3

		频率	百分比	有效百分比	累积百分比	百分比 Bootstrap[a]			
						偏差	标准误差	95% 置信区间	
								下限	上限
有效	A	6	2.0	2.0	2.0	0.0	0.8	0.7	3.7
	B	26	8.7	8.7	10.7	0.1	1.6	5.7	12.0
	C	68	22.7	22.7	33.3	−0.1	2.5	17.7	27.3
	D	132	44.0	44.0	77.3	0.0	2.9	38.3	49.3
	E	68	22.7	22.7	100.0	0.0	2.5	17.7	27.7
	合计	300	100.0	100.0		0.0	0.0	100.0	100.0

注：除非特别说明，bootstrap 结果是基于 1000 个 bootstrap 样本的。

—4

		频率	百分比	有效百分比	累积百分比	百分比 Bootstrap[a]			
						偏差	标准误差	95% 置信区间	
								下限	上限
有效	A	25	8.3	8.3	8.3	0.0	1.7	5.3	12.0
	B	34	11.3	11.3	19.7	0.0	1.9	7.7	15.3
	C	73	24.3	24.3	44.0	0.0	2.5	19.3	29.3
	D	63	21.0	21.0	65.0	0.0	2.4	16.3	25.7
	E	17	5.7	5.7	70.7	0.0	1.3	3.0	8.3
	F	57	19.0	19.0	89.7	0.0	2.3	14.7	23.7
	G	31	10.3	10.3	100.0	0.1	1.8	7.0	14.0
	合计	300	100.0	100.0		0.0	0.0	100.0	100.0

注：除非特别说明，bootstrap 结果是基于 1000 个 bootstrap 样本的。

—5

		频率	百分比	有效百分比	累积百分比	百分比 Bootstrap[a]			
						偏差	标准误差	95% 置信区间	
								下限	上限
有效	A	15	5.0	5.0	5.0	0.0	1.3	2.7	7.7
	B	18	6.0	6.0	11.0	0.0	1.4	3.3	8.7
	C	41	13.7	13.7	24.7	0.0	2.0	10.0	17.7
	D	38	12.7	12.7	37.3	−0.1	1.9	9.3	16.7
	E	44	14.7	14.7	52.0	0.1	2.0	11.0	19.0
	F	65	21.7	21.7	73.7	0.0	2.4	17.3	26.7
	G	79	26.3	26.3	100.0	0.0	2.6	21.3	31.3
	合计	300	100.0	100.0		0.0	0.0	100.0	100.0

注：除非特别说明，bootstrap 结果是基于1000个 bootstrap 样本的。

附件六：关于新旧动能转换背景下乡村旅游竞争力评价指标权重的调查问卷

关于新旧动能转换背景下乡村旅游竞争力评价指标权重的调查问卷

（专家问卷）

尊敬的专家学者：

您好！首先感谢您在百忙之中抽出时间回答该调查问卷。本调查问卷的主旨是对新旧动能转换背景下乡村旅游竞争力的评价指标权重进行确定与计算。恳请您对调查问卷中给定的指标进行重要性比较，并结合新旧动能转换背景下山东省乡村旅游竞争力的实际进行答卷，谢谢您的配合，祝您身体健康、生活愉快！

1~9 标度值

标度 a_{ij}	第 i 指标和第 j 指标比较结果
1	指标 i 与 j 的影响相同
3	指标 i 与 j 的影响稍强
5	指标 i 与 j 的影响强
7	指标 i 与 j 的影响明显强
9	指标 i 比 j 的影响绝对强
2, 4, 6, 8	指标 i 比 j 的影响之比在上述两个相邻等级之间
$\frac{1}{2}, \frac{1}{3}, \cdots, 1/9$	指标 i 比 j 的影响之比为上面 a_{ij} 的互反数

比较方法见例题。（例题中的数字是随机编写的，请不要受影响）

例题：一级评价指标针对目标的两两比较矩阵。

目标	综合评价			
评价指标	指标一	指标二	指标三	指标四
指标一	1	1/4	1/3	5
指标二	4	1	1/2	9
指标三	3	2	1	6
指标四	1/5	1/9	1/6	1

其中，（i 指的是对应的横向指标，j 指的是对应的纵向指标），3 代表指标三比指标一对目标的影响稍强；4 代表指标二比指标一对目标的影响处于强与明显强之间；9 代表指标二比指标四的影响绝对强。

请根据 1～9 标度值根据实际情况进行比较，填写各题中的比较矩阵值。

1. 一级评价指标针对目标的两两比较矩阵

目标	新旧动能转换背景下山东省乡村旅游竞争力评价 P			
一级评价指标	旅游环境因子 U_1	农业产业因子 U_2	农民水平因子 U_3	乡村旅游资源因子 U_4
旅游环境因子 U_1				
农业产业因子 U_2				
农民水平因子 U_3				
乡村旅游资源因子 U_4				

2. 二级评价指标针对一级评价指标旅游环境因子 U_1 的两两比较矩阵

一级评价指标	旅游环境因子 U_1						
二级评价指标	住宿和餐饮业就业人数 U_{31}	接待入境游客人数 U_{12}	入境游客消费额 U_{13}	国内游客人数 U_{14}	国内游客消费 U_{15}	旅行社个数 U_{16}	星级饭店餐馆个数 U_{17}
住宿和餐饮业就业人数 U_{11}							
接待入境游客人数 U_{12}							

一级评价指标	旅游环境因子 U_1					
二级评价指标	住宿和餐饮业就业人数 U_{31}	接待入境游客人数 U_{12}	入境游客消费额 U_{13}	国内游客人数 U_{14}	国内游客消费 U_{15}	旅行社个数 U_{16}	星级饭店餐馆个数 U_{17}
入境游客消费额 U_{13}							
国内游客人数 U_{14}							
国内游客消费 U_{15}							
旅行社个数 U_{16}							
星级饭店餐馆个数 U_{17}							

3. 二级评价指标针对一级评价指标农业产业因子 U_2 的两两比较矩阵

一级指标	农业产业因子 U_2					
二级评价指标	农村人口数 U_{21}	农林牧渔业总产值 U_{22}	农作物播种面积 U_{23}	交通旅客客运量 U_{24}	乡村社会消费品零售总额 U_{25}	文化站个数 U_{26}
农村人口数 U_{21}						
农林牧渔业总产值 U_{22}						
农作物播种面积 U_{23}						
交通旅客客运量 U_{24}						
乡村社会消费品零售总额 U_{25}						
文化站个数 U_{26}						

4. 二级评价指标针对一级评价指标农民水平因子 U_3 的两两比较矩阵

一级评价指标	农民水平因子 U_3		
二级评价指标	农村居民消费 U_{31}	农村居民可支配收入 U_{32}	公路密度 U_{33}
农村居民消费 U_{31}			
农村居民可支配收入 U_{32}			
公路密度 U_{33}			

5. 二级评价指标针对一级评价指标乡村旅游资源因子 U_4 的两两比较矩阵

一级评价指标	乡村旅游资源因子 U_4			
二级评价指标	A级及以上景区个数 U_{41}	农业旅游示范点 U_{42}	好客人家农家乐数量 U_{43}	旅游强乡镇特色村数量 U_{44}
A级及以上景区个数 U_{41}				
农业旅游示范点 U_{42}				
好客人家农家乐数量 U_{43}				
旅游强乡镇特色村数量 U_{44}				

附件七：关于新旧动能转换背景下潍坊市乡村旅游竞争力的调查

关于新旧动能转换背景下潍坊市乡村旅游竞争力的调查

尊敬的先生/女士：

您好！由衷感谢您在百忙中参与本次问卷调查。

本次调查问卷的目的是了解新旧动能转换背景下潍坊市乡村旅游竞争力的基本情况，以确定潍坊市乡村旅游竞争力的等级，找寻潍坊市乡村旅游发展的存在问题及需求，向有关部门提出完善潍坊市乡村旅游发展的建议和对策，为提高潍坊市乡村旅游竞争力营造良好的氛围，促进潍坊市社会经济的健康发展。

本次调查为不记名调查，请您支持我们的调研，对您的回答情况我们将严格保密，且只用于政策研究，请根据您的情况和看法，真诚填写问卷。衷心祝福您一切顺利！

1. 您的性别是（ ）

    A. 男　　　　　B. 女

2. 您的年龄为（ ）

    A. 16 周岁以下　　　　　B. 16~30 周岁

    C. 30~50 周岁　　　　　D. 50 周岁以上

3. 您的年收入为（ ）

    A. 5 万元以下　　　　　B. 5 万~10 万元

    C. 11 万~20 万元　　　　D. 20 万元以上

4. 您的工作为（ ）

    A. 公务员　　　B. 企事业单位　　C. 农民　　　　D. 其他

5. 您的学历为（ ）

    A. 大专及以下　　B. 本科　　　　C. 硕士研究　　D. 博士研究生

6. 您每年外出旅游的次数为（ ）

A. 2 次及以下　　B. 3~5 次　　　C. 6~10 次　　　D. 10 次以上

7. 您每年选择乡村旅游的次数为（　）

A. 2 次及以下　　B. 3~5 次　　　C. 6~10 次　　　D. 10 次以上

8. 您认为潍坊市乡村旅游竞争力评价的二级指标住宿和餐饮业就业人数属于哪个级别？（　）

A. 很强　　B. 强　　C. 一般　　D. 弱　　E. 很弱

9. 您认为潍坊市乡村旅游竞争力评价的二级指标接待入境游客人数属于哪个级别？（　）

A. 很强　　B. 强　　C. 一般　　D. 弱　　E. 很弱

10. 您认为潍坊市乡村旅游竞争力评价的二级指标入境游客消费额属于哪个级别？（　）

A. 很强　　B. 强　　C. 一般　　D. 弱　　E. 很弱

11. 您认为潍坊市乡村旅游竞争力评价的二级指标国内游客人数属于哪个级别？（　）

A. 很强　　B. 强　　C. 一般　　D. 弱　　E. 很弱

12. 您认为潍坊市乡村旅游竞争力评价的二级指标国内游客消费额属于哪个级别？（　）

A. 很强　　B. 强　　C. 一般　　D. 弱　　E. 很弱

13. 您认为潍坊市乡村旅游竞争力评价的二级指标旅行社个数属于哪个级别？（　）

A. 很强　　B. 强　　C. 一般　　D. 弱　　E. 很弱

14. 您认为潍坊市乡村旅游竞争力评价的二级指标星级饭店餐馆个数属于哪个级别？（　）

A. 很强　　B. 强　　C. 一般　　D. 弱　　E. 很弱

15. 您认为潍坊市乡村旅游竞争力评价的二级指标农村人口数属于哪个级别？（　）

A. 很强　　B. 强　　C. 一般　　D. 弱　　E. 很弱

16. 您认为潍坊市乡村旅游竞争力评价的二级指标农林牧渔业总产值属于哪个级别？（ ）

    A. 很强　　B. 强　　C. 一般　　D. 弱　　E. 很弱

17. 您认为潍坊市乡村旅游竞争力评价的二级指标农作物播种面积属于哪个级别？（ ）

    A. 很强　　B. 强　　C. 一般　　D. 弱　　E. 很弱

18. 您认为潍坊市乡村旅游竞争力评价的二级指标交通旅客客运量属于哪个级别？（ ）

    A. 很强　　B. 强　　C. 一般　　D. 弱　　E. 很弱

19. 您认为潍坊市乡村旅游竞争力评价的二级指标乡村社会消费品零售总额属于哪个级别？（ ）

    A. 很强　　B. 强　　C. 一般　　D. 弱　　E. 很弱

20. 您认为潍坊市乡村旅游竞争力评价的二级指标文化站个数属于哪个级别？（ ）

    A. 很强　　B. 强　　C. 一般　　D. 弱　　E. 很弱

21. 您认为潍坊市乡村旅游竞争力评价的二级指标农村居民消费属于哪个级别？（ ）

    A. 很强　　B. 强　　C. 一般　　D. 弱　　E. 很弱

22. 您认为潍坊市乡村旅游竞争力评价的二级指标农村居民可支配收入属于哪个级别？（ ）

    A. 很强　　B. 强　　C. 一般　　D. 弱　　E. 很弱

23. 您认为潍坊市乡村旅游竞争力评价的二级指标公路密度属于哪个级别？（ ）

    A. 很强　　B. 强　　C. 一般　　D. 弱　　E. 很弱

24. 您认为潍坊市乡村旅游竞争力评价的二级指标A级及以上景区个数属于哪个级别？（ ）

    A. 很强　　B. 强　　C. 一般　　D. 弱　　E. 很弱

25. 您认为潍坊市乡村旅游竞争力评价的二级指标农业旅游示范点属于哪个级别？（ ）

  A. 很强 B. 强 C. 一般 D. 弱 E. 很弱

26. 您认为潍坊市乡村旅游竞争力评价的二级指标好客人家农家乐数量属于哪个级别？（ ）

  A. 很强 B. 强 C. 一般 D. 弱 E. 很弱

27. 您认为潍坊市乡村旅游竞争力评价的二级指标旅游强乡镇特色村数量属于哪个级别？（ ）

  A. 很强 B. 强 C. 一般 D. 弱 E. 很弱

附件八：关于新旧动能转换背景下山东省乡村旅游竞争力的调查

关于新旧动能转换背景下山东省乡村旅游竞争力的调查

尊敬的先生/女士：

您好！由衷感谢您在百忙中参与本次问卷调查。

本次调查问卷的目的是了解新旧动能转换背景下山东省乡村旅游竞争力的基本情况，以确定山东省乡村旅游竞争力的等级，找寻山东省乡村旅游发展的存在问题及需求，向有关部门提出完善山东省乡村旅游发展的建议和对策，为提高山东省乡村旅游竞争力营造良好的氛围，促进山东省社会经济的健康发展。

本次调查为不记名调查，请您支持我们的调研，对您的回答情况我们将严格保密，且只用于政策研究，请根据您的情况和看法，真诚填写问卷。衷心祝福您一切顺利！

1. 您的性别是（　）

A. 男　　　　　　　　　　B. 女

2. 您的年龄为（　）

A. 16 周岁以下　　　　　　B. 16～30 周岁

C. 30～50 周岁　　　　　　D. 50 周岁以上

3. 您的年收入为（　）

A. 5 万元以下　　　　　　 B. 5 万～10 万元

C. 11 万～20 万元　　　　　D. 20 万元以上

4. 您的工作为（　）

A. 公务员　　　　　　　　B. 企事业单位

C. 农民　　　　　　　　　D. 其他

5. 您的学历为（　）

A. 大专及以下　　　　　　B. 本科

C. 硕士研究 　　　　　　　　D. 博士研究生

6. 您每年外出旅游的次数为（　　）

A. 2 次及以下 　　　　　　　B. 3~5 次

C. 6~10 次 　　　　　　　　D. 10 次以上

7. 您每年选择乡村旅游的次数为（　　）

A. 2 次及以下 　　　　　　　B. 3~5 次

C. 6~10 次 　　　　　　　　D. 10 次以上

8. 您认为山东省乡村旅游竞争力评价的二级指标住宿和餐饮业就业人数属于哪个级别？（　　）

　　A. 很强　　B. 强　　C. 一般　　D. 弱　　E. 很弱

9. 您认为山东省乡村旅游竞争力评价的二级指标接待入境游客人数属于哪个级别？（　　）

　　A. 很强　　B. 强　　C. 一般　　D. 弱　　E. 很弱

10. 您认为山东省乡村旅游竞争力评价的二级指标入境游客消费额属于哪个级别？（　　）

　　A. 很强　　B. 强　　C. 一般　　D. 弱　　E. 很弱

11. 您认为山东省乡村旅游竞争力评价的二级指标国内游客人数属于哪个级别？（　　）

　　A. 很强　　B. 强　　C. 一般　　D. 弱　　E. 很弱

12. 您认为山东省乡村旅游竞争力评价的二级指标国内游客消费额属于哪个级别？（　　）

　　A. 很强　　B. 强　　C. 一般　　D. 弱　　E. 很弱

13. 您认为山东省乡村旅游竞争力评价的二级指标旅行社个数属于哪个级别？（　　）

　　A. 很强　　B. 强　　C. 一般　　D. 弱　　E. 很弱

14. 您认为山东省乡村旅游竞争力评价的二级指标星级饭店餐馆个数属于哪个级别？（　　）

A. 很强　　B. 强　　C. 一般　　D. 弱　　E. 很弱

15. 您认为山东省乡村旅游竞争力评价的二级指标农村人口数属于哪个级别？（　　）

A. 很强　　B. 强　　C. 一般　　D. 弱　　E. 很弱

16. 您认为山东省乡村旅游竞争力评价的二级指标农林牧渔业总产值属于哪个级别？（　　）

A. 很强　　B. 强　　C. 一般　　D. 弱　　E. 很弱

17. 您认为山东省乡村旅游竞争力评价的二级指标农作物播种面积属于哪个级别？（　　）

A. 很强　　B. 强　　C. 一般　　D. 弱　　E. 很弱

18. 您认为山东省乡村旅游竞争力评价的二级指标交通旅客客运量属于哪个级别？（　　）

A. 很强　　B. 强　　C. 一般　　D. 弱　　E. 很弱

19. 您认为山东省乡村旅游竞争力评价的二级指标乡村社会消费品零售总额属于哪个级别？（　　）

A. 很强　　B. 强　　C. 一般　　D. 弱　　E. 很弱

20. 您认为山东省乡村旅游竞争力评价的二级指标文化站个数属于哪个级别？（　　）

A. 很强　　B. 强　　C. 一般　　D. 弱　　E. 很弱

21. 您认为山东省乡村旅游竞争力评价的二级指标农村居民消费属于哪个级别？（　　）

A. 很强　　B. 强　　C. 一般　　D. 弱　　E. 很弱

22. 您认为山东省乡村旅游竞争力评价的二级指标农村居民可支配收入属于哪个级别？（　　）

A. 很强　　B. 强　　C. 一般　　D. 弱　　E. 很弱

23. 您认为山东省乡村旅游竞争力评价的二级指标公路密度属于哪个级别？（　　）

A. 很强　　B. 强　　C. 一般　　D. 弱　　E. 很弱

24. 您认为山东省乡村旅游竞争力评价的二级指标 A 级及以上景区个数属于哪个级别？（　　）

A. 很强　　B. 强　　C. 一般　　D. 弱　　E. 很弱

25. 您认为山东省乡村旅游竞争力评价的二级指标农业旅游示范点属于哪个级别？（　　）

A. 很强　　B. 强　　C. 一般　　D. 弱　　E. 很弱

26. 您认为山东省乡村旅游竞争力评价的二级指标好客人家农家乐数量属于哪个级别？（　　）

A. 很强　　B. 强　　C. 一般　　D. 弱　　E. 很弱

27. 您认为山东省乡村旅游竞争力评价的二级指标旅游强乡镇特色村数量属于哪个级别？（　　）

A. 很强　　B. 强　　C. 一般　　D. 弱　　E. 很弱

参考文献

[1] 隆国强. 新旧动能转换的意义、机遇和路径[J]. 中国发展观察, 2017(21):28-31.

[2] 黄少安. 新旧能动转换与山东经济发展[J]. 山东社会科学, 2017(9):101-108.

[3] 马会. 乡村旅游:山东新旧能动转换新动力[N]. 中国经济时报, 2017-06-28.

[4] Christaller W. Some considerations of tourism location in Europe: The peripheral regions – under – developed countries – recreation areas [J]. Papers of the Regional Science Association, 1964, 12(1):95-105.

[5] Craig – Smith S. J., Fagence M. Tourism training needs in the Asia Pacific region[J]. Annals of Tourism Research, 1995, 22(3):703-704.

[6] Holland J., Burian M., Dixey L. Tourism in Poor Rural Areas Diversifying the product and expanding the benefits in rural Uganda and the Czech Republic[J]. 2003.

[7] Baidal J. A. I. La planificación turística de los espacios regionales en España[D]. Universidad de Alicante, 2001.

[8] Prideaux B. Cyber – tourism: A New Form of Tourism Experience [J]. Tourism Recreation Research, 2015, 30(3):5-6.

[9] Rittichainuwat B. Ghosts: A travel barrier to tourism recovery [J]. Annals of Tourism Research, 2011, 38(2):437-459.

[10] Seetaram N. Immigration and international inbound tourism: Empirical

evidence from Australia ☆[J]. Tourism Management,2012,33(6):1535-1543.

[11]方叶林,黄震方,王坤,等. 基于PCA—ESDA的中国省域旅游经济时空差异分析[J]. 经济地理,2012,32(8):149-154.

[12]吴冰,马耀峰,高楠. 基于Theil指数的陕西入境旅游经济区域时空差异研究[J]. 干旱区资源与环境,2013,27(7):186-191.

[13]史春云. 旅行模式对目的地旅游经济影响的空间差异——以长三角世博旅游线路为例[J]. 旅游学刊,2013,28(6):102-110.

[14]李在军,管卫华,蒲英霞,等. 山东省旅游经济的时空演变格局探究[J]. 经济地理,2013,33(7):176-181.

[15]庄汝龙,叶持跃,马仁锋,等. 旅游经济发展时空差异演进研究——以浙江省为例[J]. 宁波大学学报(理工版),2014(4):71-77.

[16]胡文海,孙建平,余菲菲. 安徽省区域旅游经济发展的时空格局演变[J]. 地理研究,2015,34(9):1795-1806.

[17]蔡碧凡,陶卓民,方叶林. 中国大陆入境旅游与国内旅游经济时空差异研究[J]. 中国人口·资源与环境,2016(s1):297-300.

[18] Kovshar A. F. Rare birds and beasts of Kazakhstan [J]. Zookeys, 1991.

[19]Klein RJT, MacIver DC. Adaptation to climate variability and change: methodological issues IN [J]. Mitigation and Adaptation Strategies for Global Change 4,1999(34):189-198.

[20] Smith, Michaelp. Transnational urbanism: locating globalization [J]. Blackwell Publishers,2001,107(1): 247-249.

[21]Stelzenmüller V., Lee J., Garnacho E., et al. Assessment of a Bayesian Belief Network – GIS framework as a practical tool to support marine planning [J]. Marine Pollution Bulletin,2010, 60(10): 1743-1754.

[22]Gutierrez B. T., Plant N. G., Thieler ER. A Bayesian network to predict coastal vulnerability to sea level rise[J]. Journal of Geophysical Research. 2011, 116,F02009,doi:10.1029/2010JF001891.

[23] Smith A. M., Kolden C. A., Tinkham WT, et al. Remote sensing the vulnerability of vegetation in naturalterrestrial ecosystems[J]. Remote Sensing of Environment,2014,154:322-337.

[24] Roberta A., Teodoro S., Irene P., et al. Mapping ecological vulnerability to re for effective conservation management of natural protected areas[J]. Ecological Modelling,2015,295:163-175.

[25] Caniani D., Labella A., Lioi D. S., et al. Habitat ecological integrity and environmental impact assessment of anthropic activities: A GIS-based fuzzy logic model for sites of high biodiversity conservation interest[J]. Ecological Indicators,2016,67:238-249.

[26] Mary A. B. Ecological vulnerability indicators[J]. Ecological Indicators,2016,60:329-334.

[27] Mc Neeley S. M., Even T. L, Gioia J. B.,et al. Expanding vulnerability assessment for public lands: The social complement to ecological approaches[Z]. Climate Risk Management(2017), http://dx.doi.org/10.1016/j.crm.2017.01.005.

[28] 牛文元. 生态环境脆弱带 ECOTONE 的基础判定[J]. 生态学报,1989,9(2):97-105.

[29] 赵跃龙,刘燕华. 中国脆弱生态环境类型划分及其范围确定[J]. 云南地理环境研究,1994(2):34-44.

[30] 王让会,宋郁东,樊自立,等. 3S 技术在新疆塔里木河下游生态环境动态研究中的应用[J]. 南京林业大学学报(自然科学版),2000,24(4):59-63.

[31] 杨建平,丁永建,陈仁升,等. 长江黄河源区生态环境脆弱性评价初探[J]. 中国沙漠, 2007,V27(6):1012-1017.

[32] 徐庆勇,黄玫,陆佩玲,等. 基于 RS 与 GIS 的长江三角洲生态环境脆弱性综合评价[J]. 环境科学研究,2011,24(1):58-65.

[33] 韦晶,郭亚敏,孙林,等. 三江源地区生态环境脆弱性评价[J]. 生态学杂志,2015,34(7):1968-1975.

[34] Lee B. J., Regier H. A., Rapport D. J. Ten ecosystem approaches to the planning and management of the Great LakesP[J]. Journal of Great Lakes Research, 1982, 8(3):505-519.

[35] Pears D. W., Turner K. Economics of Natural Resources and the Environment[J]. Harvester Wheatsheaf, New York, 1990:215-289.

[36] Dietz T., Rosa E. A. Rethinking the environmental impacts of population, affluence and technology[J]. Human ecology review, 1994. 1:277-300.

[37] Druzhinin R. V., Shkiperova G. T. Ecological and economic models and predictions in the regional management system[J]. Studies on Russian Economic Development, 2012, 23(1):66-72.

[38] Rosenbaum W. A. Environmental politics and policy[M]. Cq Press, 2013:34-36.

[39] Hermann R., Baumgartner R. J., Sarc R., et al. Landfill mining in Austria: Foundations for an integrated ecological and economic assessment[J]. Waste Management & Research, 2014, 32(9):48-58.

[40] Jorgenson A. K., Dietz T. Economic growth does not reduce the ecological intensity of human well-being[J]. Sustainability Science, 2015, 10(1):149-156.

[41] Andrew Jorgenson Juliet Schor, Xiaorui Huang. Income Inequality and Carbon Emissions in the United States: A State-level Analysis, 1997-2012[J]. Ecological Economics, 2017, (134):40-48.

[42] 周华荣. 新疆生态环境质量评价指标体系研究[J]. 中国环境科学, 2000, 20(2):150-153.

[43] 吴开亚, 李如忠, 陈晓剑. 区域生态环境评价的灰色关联投影模型[J]. 长江流域资源与环境, 2003, 12(5):473-478.

[44] 胡炳清, 孟伟. 体现可持续发展的生态环境质量管理技术模型[J]. 环境保护, 2004(1):24-29.

[45] 王军, 陈振楼, 许世远. 长江口滨岸带生态环境质量评价指标体系

与评价模型[J].长江流域资源与环境.2006,15(5):659-664.

[46]陈傲.中国区域生态效率评价及影响因素实证分析——以2000—2006年省际数据为例[J].中国管理科学,2008(s1):566-570.

[47]陈享莉,丁桑岚,李智.基于灰色关联投影的四川省生态环境质量定量研究[J].资源开发与市场,2010,26(4):312-314.

[48]陈群元,宋玉祥.城市群生态环境的特征与协调管理模式[J].城市问题,2011(2):8-11.

[49]孙慧宗.基于产权理论研究视角的中国城市化与生态环境协调发展的影响因素分析[J].税务与经济,2013(1).

[50]安迪.论县域生态环境质量阶段性考核指标体系的构建[J].环境保护.2014.42(12):51-52.

[51]魏伟,石培基,周俊菊.基于GIS和组合赋权法的石羊河流域生态环境质量评价[J].干旱区资源与环境.2015.29(1):175-180.

[52]李洁.生态文明背景下长三角制造业结构变迁对环境的影响和对策[J].江淮论坛.2016(2):38-43.

[53]Wall G., Wright C. The Enviromental Impact of Outdoor Recreation[R]. Ontario：University of Waterloo,1977.

[54]Colin Hunter. Sustainable tourism and the touristic ecological footprint[J]. Environm ent Developm ent and Sustainability. 2002.4(1):7-20.

[55]李向农,丁艳平.旅游经济与生态环境共生互动模式研究[J].经济师,2007(10):244-245.

[56]崔峰.上海市旅游经济与生态环境协调发展度研究[J].中国人口·资源与环境,2008,18(5):64-69.

[57]庞闻,马耀峰,唐仲霞.旅游经济与生态环境耦合关系及协调发展研究——以西安市为例[J].西北大学学报:自然科学版,2011,41(6):1097-1101.

[58]吴耀宇,崔峰.南京市旅游经济与生态环境协调发展关系测度及分析[J].旅游论坛,2012,05(2):79-83.

[59]耿松涛,谢彦君.副省级城市旅游经济与生态环境的耦合关系研究[J].城市发展研究,2013,20(1):91-97.

[60]郭晓东,李莺飞.中国旅游经济与生态环境协调发展水平的空间差异与演变特征[J].中国人口·资源与环境,2014,v.24;No.165(s2):356-359.

[61]徐凯,李悦铮.中国沿海八大经济区城市旅游经济与生态环境协调发展评价[J].资源开发与市场,2015,31(6):712-717.

[62]闵曙辉,张郴.江苏省旅游经济与生态环境协调发展评价研究[J].南京工业职业技术学院学报,2016,16(1):54-58.

[63]张洪,司家慧,时浩楠.皖江城市带旅游经济与生态环境的耦合协调发展研究[J].上海经济,2017(4):58-67.

[64]金江军.新旧动能转换读本[M].北京:中共中央党校出版社.2018.

[65]文化旅游概念与模式研究现状分析[J].旅游纵览月刊,2013(09).2015-11-24.

[66]孙金荣.《齐民要术》研究[D].济南:山东大学,2014.

[67]谢季坚,刘成平.模糊数学方法及其应用(第三版)[M].武汉:华中科技大学出版社,2006.

[68]周杰.山东省乡村旅游发展现状及可持续发展的思考[J].山东经济,2007,(9):139-142.

[69]王兵.从中外乡村旅游的现状对比看我国乡村旅游的未来[J].旅游学刊,1999,(2):38-42.

[70]程遂营.中国乡村旅游:现状、热点与薄弱环节[J].旅游学刊,2006,(4):10.

[71]梅青,张志全,孙淑荣.山东省乡村旅游的发展阶段及现状问题研究[J].旅游经济,2009,(10):88-91.

[72]黄艳华,张兵,李佳.北美乡村旅游发展特点及对我国的启示[J].昆明大学学报,2006,(2):53-56.

[73]闫娟,何佳美. 乡村旅游发展分析——以山东省为例[J]. 现代管理,2006,(11):202-203.

[74]鲁宜苓,孙根年. 山东省旅游重心的演变及驱动机制定量分析[J]. 资源开发与市场,2017,33(6):754-758.

[75]张岩. 区域乡村旅游发展潜力研究——以山东省为例[D]. 曲阜:曲阜师范大学.2016.

[76]廖重斌. 环境与经济协调发展的定量评判及其分类体系[J]. 热带地理,1999(2):171-177.

[77]部洪强,刘志刚.模糊数学综合评判法在区域地质环境质量评价中的应用[J].水文地质工程地质,1996.6:44-55

[78]孟庆松,韩文秀. 复合系统协调度模型研究[J]. 天津大学学报,2000(33):444-446.

[79]蒋良奎. 模糊一致矩阵在层次分析法中的应用[J]. 上海海运学院学报,1998,19(2):55-60.

[80]吕跃进. 基于模糊一致矩阵的模糊层次分析法的排序[J]. 模糊系统与数学.2002,16(2):79-85.

[81]伟舟,景慧丽,王惠珍.基于多层次模糊综合评判的自主学习能力评价系统研究与设计[J].计算机与数字工程,2016,44(10):1880-1883.

[82]潘正华.模糊知识的三种否定及其集合基础[J].计算机学报,2012,35(7):1421-1428.

[83]张胜礼,李永明.否定知识的代数表示及在模糊系统设计中的应用[J].计算机学报,2016,39(12):2527-2546.

[84]张胜礼.基于广义模糊集的模糊规则库的设计及其应用[J].模糊系统与数学,2015,29(5):109-121.

[85]张胜礼,潘正华.模糊知识中否定知识处理的一种改进的集合描述[J].山东大学学报(理学版),2011,49(5):103-109.

索 引

A

案例研究法 19

B

比较矩阵 55

C

层次分析 19
促进作用 69

D

调查分析法 17
对策与建议 20

E

EGM 预测 19

F

仿真计算 92

G

GDP 3

H

环境 2
灰色关联 36

J

贾思勰 81
经济影响 27

K

可持续发展 2

L

旅游环境 13
旅游竞争力 2
旅游经济 2
旅游经济学 49
旅游经济与生态环境协调发展 2

M

模糊集　21
模糊评价　56

N

农民　4
农圣文化　137

P

评价　2

Q

《齐民要术》　173
权重　17

S

社会经济环境　137
社会文化环境　137
社会文化影响　120
生态环境　2
生态影响　123
世界遗产　130
世界遗产资源丰度　264
数学建模法　19
实证分析　16

W

文化旅游　3
文献研究法　16

X

乡村旅游　2
乡村旅游概况　131
乡村旅游竞争力　2
乡村旅游收入　19
协调发展　2
胁迫作用　70
新旧动能　1
新旧动能转换　1

Y

一致性检验　55
因子分析　19
影响因素　19
约束作用　71

Z

中央一号文件　4
自然环境　37

后 记

时光荏苒，不经意间，我主持的山东省社会科学规划研究项目旅游发展研究专项《新旧动能转化背景下乡村旅游竞争力研究》（编号：18CLYJ25）已经完成快一年了，但我仍然保持着进行这个课题研究时的激情和兴奋，久久不能忘怀。

对乡村旅游的关注由来已久，我喜欢旅游，更喜欢乡村旅游，在新旧动能转换和乡村振兴的当下，乡村旅游的发展举足轻重。乡村旅游如果能够被合理地规划，中国农村的发展将更加美好，将会吸引更多的农民工在家自主创业，中国的发展会更加稳定。因此，必须重视乡村旅游问题。

我对乡村旅游的研究起步于潍坊科技学院周衍庆教授的山东省社会科学规划研究项目，正是这个研究让我进一步了解到乡村旅游的魅力，让我体验到乡村旅游的乐趣，让我萌发进一步深入研究的想法，为此，我加入潍坊科技学院乡村文化与旅游研究中心。我生长在农村，对农村有一种特殊的爱，进而对乡村旅游也有一种莫名的情愫。鉴于对乡村旅游的热爱，我一直对乡村旅游非常关注，并进行了一系列相关研究。我先后主持完成了山东社会科学规划课题旅游发展研究专项"新旧动能转换背景下乡村旅游竞争力研究"，山东省软科学研究计划一般项目"新旧动能转化背景下山东旅游经济与生态环境协调发展的决策分析研究"，山东省教育厅高等学校科研发展计划 A 项目"山东省旅游与生态环境协调发展的评价与相关性研究"，山东省统计科研重点课题"新常态下社会经济发展的综合评价研究"，潍坊市社会科学规划重点研究课题"贾思勰《齐民要术》文化的价值评价研究"，潍坊市社会科学规划重点研究课题"潍坊市GDP预测及影响因素研究"，潍坊市软科学研究计划项目"潍坊城市旅游竞争力现状及影响因素分析"，潍坊科技学院哲学社会科学青年基金项目"乡村振兴时代寿光休闲农业旅游对农民影响研究"等多项与乡村旅游相关的课题，发表"基于EGM模型的山东省乡村旅游预测研究"（吉林农业）、"城市旅游竞争力文献研究"（当代旅游）、"山东省旅游与生态环境协调发展影响因素调查研究"（旅游纵览）、"旅游与生态环境协调发展的文献研究"（度假旅游）、"新旧动能转化下山东旅游经济的预测与分析"（潍坊工程职业学院学报）、"基于模糊层次法的乡村旅游经济社会综合效益评价"（潍坊工程职业学院学报）、"寿光市旅游经济与生态环境协调发展现状研究"（当代旅游）等多篇相关论文，在乡村旅游研究方面有了一定的积累。

  目前呈现给读者的这本专著是针对山东省乡村旅游竞争力所进行的比较全面系统的研究，对提升山东省乡村旅游的竞争力具有实际意义。本书中所用数据来自《山东统计年鉴》《山东旅游年鉴》《山东省乡村旅游手册》等官方数据，调研资料和数据大多来自山东省乡村旅游的实际调查，有着鲜活的特质。为更加准确实际地了解山东省乡村旅游的现实状况，我在撰写本书的过程中，发挥了自己的数学特长，对数据进行了分析和处理，并建立相关模型，使之具有科学性、合理性和针对性。

  由于工作量较大，加之涉及的内容较多，本人的能力和视野有一定的局限，因此，本书可能有一定的瑕疵和不足，敬请读者批评指正。

  在我对乡村旅游研究的过程中，得到了潍坊科技学院领导、同事和学生们的支持和帮助。周衍庆教授带我走入乡村旅游的研究，高宏赋教授为我指出研究不足和研究方向，苗丽娥、葛晓军、李莉、王洋等老师对我的研究提供了多方面的帮助。在调研过程中，电气自动化学院的2016级电气工程及其自动化专业123班全体102名同学利用暑假深入山东省各个地市进行问卷调查。在此，深表感谢！

在我学术研究的过程中，得到了山东师范大学经济学院乔翠霞教授、潍坊学院历史文化与旅游学院院长任怀国教授、潍坊学院王俊芳教授、潍坊学院迟永满老师的无私帮助。

在本书的出版过程中，中国经济出版社贺静、杨元丽等编辑用心工作、鼎力相助。

感谢本书出版过程中所有提供帮助的人！！

李　涛

2020 年 5 月于潍坊科技学院